Personagens e a Moral do Século

Título original Alemão: *Les caractères ou les Moeurs de ce siècle*
Copyright da tradução © Editora Lafonte Ltda., 2010

Todos os direitos reservados.
Nenhuma parte deste livro pode ser reproduzida sob quaisquer
meios existentes sem autorização por escrito dos editores.

Direção Editorial — Ethel Santaella
Organização Editorial — Ciro Mioranza
Revisão — Rita del Monaco
Diagramação — Jéssica Diniz
Capa — Marcos Sousa
Texto de Capa — Dida Bessana
Imagem de Capa — Ruben Cukier / Shutterstock.com

Dados Internacionais de Catalogação na Publicação (CIP)
(Câmara Brasileira do Livro, SP, Brasil)

```
La Bruyère, Jean de, 1645-1696
    Personagens e a moral do século / Jean de La
Bruyère ; tradução Antonio Geraldo da Silva. --
São Paulo : Lafonte, 2022.

    Título original: Les caractères ou les Mœurs de
ce siècle
    ISBN 978-65-5870-244-3

    1. França - Usos e costumes - Século 17
    2. França - Usos e costumes - Século 18
    3. Literatura francesa I. Título.

22-102974                                    CDD-840
```

Índices para catálogo sistemático:

1. Literatura francesa   840

Cibele Maria Dias - Bibliotecária - CRB-8/9427

Editora Lafonte

Av. Profª Ida Kolb, 551, Casa Verde, CEP 02518-000, São Paulo-SP, Brasil – Tel.: (+55) 11 3855-2100
Atendimento ao leitor (+55) 11 3855-2216 / 11 3855-2213 – atendimento@editoralafonte.com.br
Venda de livros avulsos (+55) 11 3855-2216 – vendas@editoralafonte.com.br
Venda de livros no atacado (+55) 11 3855-2275 – atacado@escala.com.br

Jean de La Bruyère

Personagens e a Moral do Século

Tradução
Antonio Geraldo da Silva

Lafonte

2022 - Brasil

Índice

Prefácio 9

Das obras do Espírito 13

Do mérito pessoal 31

Das mulheres 43

Do coração 59

Da sociedade e da conversa 69

Dos bens de fortuna 87

Da cidade 105

Da corte 115

Dos grandes 137

Do soberano ou da república 151

Do homem 165

Dos juízos 201

Da moda 229

De alguns costumes 239

Do púlpito 253

Dos espíritos fortes 261

Admonere voluimus, non mordere;
prodesse, non laedere;
consulere moribus hominum,
non officere.
Erasmo

Queríamos alertar, não atacar;
ser úteis, não prejudicar;
provocar reflexão sobre os costumes,
não constranger.

Prefácio

Restituo ao público o que ele me deu; dele peguei emprestado a matéria desta obra; é justo que, depois de a ter concluído com todo o respeito pela verdade de que sou capaz e que merece de minha parte, eu faça ao público esta restituição. Poderá contemplar com prazer este retrato, que dele fiz segundo o original e, se reconhecer alguns dos defeitos que aponto, procurar corrigir-se. É o único objetivo que se deve ter ao escrever e também o resultado que menos se deve esperar, mas, assim como os homens não desistem do vício, não se deve tampouco deixar de recriminá-los por isso. Talvez seriam piores, se viessem a faltar-lhes censores e críticos; é o que faz com que se fale e se escreva. O orador e o escritor não poderiam esconder a alegria que sentem ao ser aplaudidos, mas deveriam envergonhar-se de si próprios se, por seus discursos ou escritos, só tivessem procurado elogios; a aprovação mais sincera e menos equívoca é resultante da mudança de costumes e da reforma moral daqueles que os leem ou escutam. Não se deve falar, não se deve escrever senão para instruir e, se ocorrer que se agrade, não é caso de arrepender-se, se isso servir para insinuar e fazer acatar as verdades próprias para instruir.

Quando, pois, forem lançadas num livro alguns pensamentos ou reflexões que não tenham o calor, nem a elegância, nem a vivacidade das outras, ainda que pareçam ali inseridas só por sua variedade, para distrair o espírito, para torná-lo mais presente e atento ao que vai seguir-se, exceto se forem delicadas, naturais e instrutivas e ao alcance do povo simples, cuja opinião não se deve desprezar, o leitor pode condená-las, e o autor deve aboli-las: esta é a regra.

Há ainda outra que eu gostaria que fosse seguida e que consiste em não perder de vista meu título, de pensar sempre e em toda a leitura desta obra, que são os personagens e a moral deste século que descrevo. De fato, embora eu os tire muitas vezes da corte da França e dos homens de meu país, não se pode, contudo, restringi-los a uma só corte, nem encerrá-los num só país, sem que meu livro perca muito de seu alcance e de sua utilidade, e não se afaste do plano que tracei de descrever os homens em geral, obedecendo a determinada ordem de capítulos e a certa sequência insensível de reflexões que os compõem.

Depois de tomar essa precaução tão necessária e da qual é fácil supor as consequências, creio poder protestar contra toda lamentação, toda queixa, toda interpretação maldosa, toda falsa aplicação e toda censura, contra os frios zombeteiros e os leitores mal-intencionados: é preciso saber ler e em seguida calar-se, ou poder contar o que se leu, e nem mais nem menos do que aquilo que se leu; e se, algumas vezes, há como fazê-lo, não é o bastante; é necessário ainda querer fazê-lo. Sem essas condições, que um autor sincero e escrupuloso tem o direito de exigir como recompensa de seu trabalho, duvido que deva continuar a escrever, pelo menos se prefere a própria satisfação à utilidade de muitos e ao zelo pela verdade.

Confesso, por outro lado, que hesitei desde o ano de 1680, e antes da quinta edição, entre a impaciência de dar a meu livro maior harmonia e melhor forma pela introdução de novos personagens e o receio de levar alguns a dizer: "Não acabarão nunca esses personagens não veremos outra coisa desse escritor?" Pessoas sensatas me diziam, em primeiro lugar: "O assunto é profundo, útil, agradável, inesgotável; viva com ele muito tempo, desenvolva-o sem interrupção enquanto viver: o que poderia fazer de melhor? Anos em que a loucura dos homens não podem lhe oferecer volume". Outros, com muita razão, faziam-me temer os caprichos da multidão e a leviandade do público, de quem eu tenho, no entanto, tanta razão para estar contente, e não deixavam de me sugerir que, não havendo há trinta anos quase ninguém que não lesse senão por ler, os homens necessitavam de novos capítulos e um novo título para diverti-los, pois essa indolência havia enchido as livrarias e havia povoado o mundo, depois de todo esse tempo, de livros frios e aborrecidos, de mau estilo e sem recurso algum, sem normas e sem a menor correção, contrários à moral e às conveniências, escritos com precipitação e lidos do mesmo modo, unicamente por sua novidade. E que se eu não soubesse senão aumentar um livro razoável, faria melhor em descansar.

Tomei então alguma coisa desses dois conselhos tão opostos e mantive uma posição equidistante. Não deixei de acrescentar algumas novas observações àquelas que já tinham aumentado para o dobro a primeira edição de minha obra; mas, para que o público não fosse obrigado a percorrer o que era antigo para passar ao que era novo e para que encontrasse sob seus olhos apenas o que desejava ler, tomei o cuidado de designar por uma marca especial (*um asterisco entre parênteses duplos* – N. do T.) este segundo acréscimo. Pensei também que não seria inútil distinguir o primeiro acréscimo por outro mais simples (*um asterisco entre parênteses simples* – N. do T.) que serviria para mostrar o progresso de meu *Personagens* para ajudar sua escolha na leitura que quisesse fazer. E, como o público poderia recear que esse progresso pudesse não ter fim, acrescentei a todas essas indicações uma promessa sincera de não tentar mais nada desse gênero.

Se alguém me acusar de ter faltado à minha palavra, inserindo nas três edições que se seguiram um número bastante grande de novas reflexões, poderá constatar, no entanto, que pensei menos em fazer ler coisas novas do que em deixar talvez uma obra sobre a moral mais completa, mais acabada, mais regular, à posteridade, uma vez que, para evitar a confusão com antigas, suprimi muitas delas.

Não são máximas o que pretendi escrever. São como que leis dentro da moral, e confesso que não tenho suficiente autoridade nem bastante talento para me arvorar em legislador. Sei até mesmo que teria pecado contra o uso das máximas, que exige que, à semelhança dos oráculos, sejam curtas e concisas. Algumas dessas reflexões são curtas, outras são mais extensas: as coisas são pensadas de uma maneira diferente e são explicadas de modo também diferente, por uma sentença, por um raciocínio, uma metáfora ou qualquer outra figura, por um paralelo, por uma simples comparação, por um fato completo, por um só traço, por uma descrição: disso procede a extensão ou a brevidade de minhas reflexões. Enfim, aqueles que se dedicam a escrever máximas querem ser acreditados. Eu concordo, pelo contrário, que digam de mim que às vezes não observei bem, desde que me provem ter observado melhor.

Das obras do Espírito

1. Tudo já foi dito. Chega-se sempre muito tarde, pois os homens existem e pensam há mais de sete mil anos. No tocante à moral, o mais belo e o melhor já foi dito; nada mais se faz do que repetir os antigos e os hábeis entre os modernos.

2. Deve-se procurar somente pensar e falar com acerto, sem querer sujeitar os outros a nosso gosto e a nossos sentimentos. É um trabalho demasiado grande.

3. Escrever um livro é praticar um ofício, como fazer um relógio: não basta o espírito para ser autor. Um magistrado galgava por seu mérito a mais alta dignidade; era um homem desembaraçado e prático em seus negócios. Publicou uma obra sobre moral que se tornou rara pelo ridículo.

4. Não é tão fácil conseguir fama publicando uma obra perfeita, mais fácil é ter sucesso com uma obra medíocre pelo nome que o autor já alcançou.

5. Uma obra satírica ou que contém fatos, distribuída clandestinamente sob condição de ser espalhada do mesmo modo, se é medíocre, passa por maravilhosa. A impressão é a armadilha.

6. Se tirarmos de muitas obras de moral o aviso ao leitor, a dedicatória, o prefácio e o índice, quase não ficam páginas bastantes para merecerem o nome de livro.

7. Há certas coisas cuja mediocridade é insuportável: a poesia, a música, a pintura e os discursos públicos. Que suplício ouvir declamar pomposamente um discurso frio ou pronunciar versos medíocres com toda a ênfase de mau poeta!

8. Certos poetas são dados, no estilo dramático, a longas tiradas de versos pomposos que parecem fortes, elevados e cheios de grandes sentimentos. O povo escuta avidamente, olhos enlevados, boca aberta, acredita que isso lhe agrada, e quanto menos compreende mais o admira; não tem tempo para respirar, tem apenas o de exclamar e aplaudir. Outrora, quando era muito novo, imaginei que essas passagens eram claras e compreensíveis para os atores, para a plateia e para o anfiteatro, que os próprios autores se entendiam a si mesmos, e que apesar de toda a atenção que eu prestava à sua recitação, me sentia culpado por não compreender nada. Já me desenganei.

9. Ainda não se viu até hoje uma obra-prima do espírito que fosse obra de muitos. Homero fez a *Ilíada,* Virgílio, a *Eneida,* Tito Lívio, suas *Décadas,* e o orador romano, suas *Orações.*

10. Há na arte um ponto de perfeição, como de bondade ou de maturidade na natureza. Aquele que o sente e o ama tem o gosto perfeito; aquele que não o sente e ama, isso ou aquilo, tem o gosto defeituoso. Há, portanto, um bom e um mau gosto, e é com razão que se discutem os gostos.

11. Há muito mais vivacidade do que gosto entre os homens ou, melhor dizendo, há poucos homens cujo espírito seja acompanhado de um gosto seguro e de uma crítica judiciosa.

12. A vida dos heróis enriqueceu a história, e a história embelezou as ações dos heróis. Assim, não sei quem são os mais devedores: aqueles que escreveram a história para aqueles que lhes forneceram tão nobre assunto, ou esses grandes homens a seus historiadores.

13. Amontoado de epítetos, péssimos louvores: são os fatos que elogiam, bem como a maneira de contá-los.

14. Todo o espírito de um autor consiste em bem definir e bem descrever. Moisés, Homero, Platão, Horácio, não estão acima dos outros escritores senão por suas expressões e suas imagens: é preciso expressar a verdade para escrever com naturalidade, força e delicadeza.

15. Teve-se de fazer para o estilo o que havia sido feito para a arquitetura. Abandonou-se inteiramente o estilo gótico que a barbárie havia introduzido nos palácios e nos templos; voltou-se ao dórico, ao jônico e ao coríntio; o que se via somente nas ruínas da antiga Roma e da velha Grécia, voltando a ser moderno, brilha em nossos pórticos e em nossos peristilos. Do mesmo modo, ao escrever, não se poderia atingir a perfeição e, se possível, ultrapassar os antigos senão imitando-os.

Quantos séculos se passaram antes que os homens, nas ciências e nas artes, pudessem voltar ao gosto dos antigos e retomar enfim o simples e o natural.

Nós nos alimentamos dos antigos e dos hábeis modernos, nós os cercamos, roubamos-lhes o mais que podemos, com eles recheamos nossas obras; e quando, finalmente, somos autores e julgamos caminhar sozinhos, nos erguemos contra eles, nós os maltratamos, precisamente como aquelas crianças vigorosas e fortes, graças ao leite mamaram, e que acabam batendo na ama que os amamentou.

Um autor moderno prova geralmente que os antigos nos são inferiores de duas maneiras, pela razão e pelo exemplo: tira a razão de seu gosto particular e o exemplo de suas obras.

Afirma que os antigos, por desiguais e poucos corretos que sejam, têm belas passagens; ele as cita e são tão belas que levam a crítica a lê-las.

Alguns habilidosos se pronunciam a favor dos antigos contra os modernos; mas são suspeitos e parecem julgar em causa própria, de tal modo suas obras são elaboradas no gosto das antigas. Acabam sendo recusadas.

16. Deveríamos gostar de ler nossas obras para aqueles que sabem bastante para corrigi-las e avaliá-las. É pedantismo não aceitar ser aconselhado nem corrigido na própria obra. Um autor deve receber com igual modéstia os elogios e a crítica a suas obras.

17. Entre todas as diferentes expressões que podem traduzir um só de nossos pensamentos, há uma única que é boa. Nem sempre a encontramos ao falar ou ao escrever; entretanto, ela existe, e tudo o que não for isso é fraco, e não satisfaz um homem de talento que quer fazer-se ouvir.

Um bom autor, e que escreve com cuidado, nota muitas vezes que a expressão que há tanto tempo procurava sem a encontrar e que, por fim, a encontrou, era afinal a mais simples, a mais natural, que devia ter-lhe ocorrido de imediato e sem esforço.

Aqueles que só escrevem quando estão de bom humor, ficam sujeitos a ter de retocar suas obras: como o humor não é sempre igual e varia conforme as ocasiões, perdem logo o entusiasmo pelas expressões e pelas palavras de que mais tinham gostado.

18. A mesma correção de espírito que nos leva a escrever coisas boas leva-nos a recear que elas não sejam boas bastante para merecer serem lidas. Um espírito medíocre julga escrever divinamente; um espírito sensato julga que só escreve razoavelmente.

19. "Convidaram-me, disse Arito, a ler minhas obras a Zoilo: eu o fiz. Interessaram-no em princípio e, antes que tivesse ocasião de as achar ruins, elogiou-as moderadamente em minha presença e não as elogiou depois diante de mais ninguém. Desculpo-o e não espero outra coisa de um autor. Lastimo-o até por ter escutado coisas belas que ele não fez."

Aqueles que, por sua condição, estão isentos dos ciúmes de autor têm interesses ou necessidades que os distraem e os tornam frios ao ouvir os conceitos dos outros; quase ninguém, pela disposição de seu espírito, de seu coração e de sua fortuna está em condições de se entregar ao prazer que dá a perfeição de uma obra.

20. O prazer da crítica nos tira aquele de sentir vivamente coisas muito belas.

21. Muitas pessoas chegam ao ponto de apreciar o valor de um manuscrito que lhes leem, mas não se declaram a seu favor, enquanto não veem qual será sua sorte, depois de impresso, entre o público ou qual será sua sorte entre os críticos: não arriscam seus sufrágios e querem ser guiados pela maioria e arrastados pela multidão. Dizem então que foram os primeiros a aprovar essa obra e que o público está de acordo com eles.

Essas pessoas deixam escapar a melhor ocasião de nos convencer que têm capacidade e inteligência, que sabem julgar, achar bom o que é bom, e melhor o que é melhor. Uma bela obra cai em suas mãos. É a primeira de autor que ainda não conseguiu fama, não tem nada que seja a seu favor. Não se trata de fazer a corte ou de lisonjear os grandes, aplaudindo seus escritos; não se pede, ó Zelotes, de clamar: "É uma obra-prima do espírito; a humanidade não pode ir mais longe; é o máximo limite a que a palavra humana pode elevar-se; no futuro não se julgará o gosto de alguém senão pelo apreço que alcançar esta obra". Frases exageradas, sem gosto, que trazem interesses escondidos, nocivas àquilo mesmo que é louvável e que se pretendem elogiar. Por que não dizer apenas: "Aqui está um bom livro"? Certamente haverão de dizê-lo, com a França inteira, com os estrangeiros e com seus compatriotas, quando for publicado em toda a Europa e traduzido em diversas línguas. Tarde demais.

22. Alguns daqueles que leram um livro narram certas passagens, cujo sentido não compreenderam, alterando-as ainda com tudo o que lhe acrescentam por conta; essas passagens, assim corrompidas e desfiguradas, que não são outra coisa senão os próprios pensamentos e suas expressões, eles as expõem à crítica, sustentam que são ruins e todos concordam que são realmente ruins; mas a passagem do livro que esses críticos julgam citar, e que na realidade não citam, nem por isso será pior.

23. "O que me diz do livro de Hermodoro?
– Que é ruim – responde Antimo.
– É ruim?
– É mesmo – continua –, não é um livro, sequer merece que se fale dele.
– Mas já o leu?
– Não", diz Antimo.
Por que não acrescenta que Fúlvio e Melânia o condenaram sem tê-lo lido e que é amigo de Fúlvio e de Melânia?

24. Arsênio, do alto de seu espírito, contempla os homens, e da distância que os vê, fica como que assustado por sua pequenez; louvado, exaltado, erguido aos céus por certas pessoas que juraram admirar-se mutuamente, crê, com algum mérito que tem, possuir tudo aquilo que é possível ter e que nunca terá; ocupado e envolto em suas ideias sublimes, mal tem tempo de pronunciar algumas profecias; elevado por seu caráter acima dos juízos humanos, deixa às almas comuns o mérito de uma vida simples e uniforme e não se sente responsável de suas extravagâncias senão perante esse círculo de amigos, que as adoram: só eles sabem julgar, sabem pensar, sabem escrever, devem escrever; não há qualquer outra obra de talento tão bem recebida no mundo e tão universalmente apreciada pelas pessoas honestas, não digo que ele aplauda, mas que leia: incapaz de ser corrigido por essa descrição que não haverá de ler.

25. Teócrino sabe coisas bastante inúteis; tem sentimentos sempre singulares; é menos profundo que metódico; só exercita sua memória; é abstrato, desdenhoso, e parece sempre zombar daqueles que julga não lhe darem valor. Por acaso, li um dia uma obra minha e ele escutou. Mal acabei, falou-me da sua. Perguntam-me então: "Mas o que pensou ele de teu trabalho?". Já respondi, ele me falou do dele.

26. Não há obra, por mais perfeita, que a crítica não a destrua por completo, se o autor se dispõe a acreditar nos censores. Cada um deles corta a passagem que menos lhe agrada.

27. É uma experiência feita que, se forem encontradas dez pessoas que riscam de um livro qualquer expressão ou episódio, outras tantas que as reclamam. Estas exclamam: "Por que suprimir essa ideia? É nova, é bela, é bem escrita"; as outras afirmam, ao contrário, que teriam desprezado essa ideia, ou que lhe teriam dado outra forma. "Há em sua obra, dizem alguns, um termo que traduz a ideia com muita naturalidade; há uma palavra, dizem outros, que é duvidosa, que não significa bem o que você queria talvez dar a entender"; e todos falam da mesma passagem, da mesma palavra e dão-se ares de conhecedores e passam como tais. Que outra opção resta então para um autor, senão a de ousar acatar a opinião daqueles que o aplaudem?

28. Um autor sério não é obrigado a encher seu espírito com todas as extravagâncias, todas as palavras sórdidas e torpes que possam ser ditas e com todas as aplicações ineptas que possam ser feitas de algumas passagens de sua obra, e ainda menos de suprimi-las. Está convencido de que alguma escrupulosa exatidão que subsista em sua maneira de escrever, a crítica fria daqueles que não se agradam é um mal inevitável e que as melhores coisas não lhe servem muitas vezes senão para expressar uma tolice.

29. Se acreditássemos no que dizem certos espíritos vivos e decididos, seriam demais as palavras para exprimir os sentimentos: seria necessário falar-lhes por sinais, ou fazer-se ouvir sem falar. Por mais cuidado que tenhamos em ser breves e concisos, e por melhor que seja nossa reputação sob esse aspecto, ainda nos acham prolixos.

Devemos mostrar-lhes só esboços e escrever só para eles. Pela primeira palavra de uma frase, imaginam um período inteiro, e por um período, um capítulo completo; se lermos para eles uma só passagem da obra, é o bastante para que entrem no assunto e compreendam a obra toda. Um aglomerado de enigmas lhes seria uma leitura divertida; e têm sincera pena de que seja tão raro esse estilo estropiado que os arrebata e de que haja tão poucos escritores que o empreguem. As comparações em que aparece um rio cujo curso, ainda que rápido, é igual e contínuo, ou um incêndio que, impelido pelo vento, se propaga numa floresta consumindo pinheiros e carvalhos, não lhes fornecem nenhuma ideia de eloquência. Mostrem-lhes fogos de artifício que os surpreendam ou um relâmpago que os deslumbre, e logo vão dizer que isso sim é belo e bom.

30. Que prodigiosa distância entre uma bela obra e uma obra perfeita ou correta! Não sei se ainda há algumas deste último gênero. É talvez menos difícil aos raros homens de gênio encontrar o grandioso e o sublime do que evitar toda espécie de erros. Uma só voz houve ao aparecer o *Cid*, a da admiração; ergueu-se mais forte que a autoridade e a política, que em vão tentaram destruí-lo; reuniu a seu favor espíritos sempre divididos por opiniões e sentimentos, os grandes e o povo, todos querem sabê-lo de cor e antecipar-se no teatro aos atores que o representam. *O Cid* é, enfim, um dos mais belos poemas que existe, e uma das melhores críticas que jamais se fez sobre qualquer assunto, é aquela do Cid.

31. Quando uma leitura eleva o espírito, inspira sentimentos nobres e de coragem, não se deve procurar outra regra para julgar a obra; é boa e feita por mão de mestre.

32. Capys, que se erige em juiz do belo estilo e que julga escrever como Bouhours e Rabutin, resiste à voz do povo e diz sozinho que Damis não é um bom autor. Damis cede à multidão e diz ingenuamente com o público que Capys é escritor frio.

33. É dever do autor de novelas dizer. "Há um livro que corre por aí, publicado por Cramoisy, num certo tipo de letra, em bom papel, bem encadernado e que custa tanto." Tem de conhecer até mesmo o logotipo da livraria que o vende e sua maior loucura será fazer a crítica desse livro.

O sublime do autor de novelas é o vazio de seu raciocínio sobre política.

O autor de novelas deita tranquilamente, imaginando uma novela que durante a noite se corrompe e que, pela manhã, quando acorda, já não presta, e a abandona.

34. O filósofo emprega a vida a observar os homens e cansa seu espírito a reconhecer-lhes os defeitos e o ridículo; se em seguida exprime suas opiniões, é menos por vaidade de autor do que para revelar à luz do dia a verdade que descobriu, necessária para impressionar e que deve servir a seu objetivo. Alguns leitores julgam, no entanto que lhe pagam largamente, se disserem com pedantismo que leram seu livro e que o acharam interessante; mas ele rejeita todos os seus elogios, porque não os procurou com seu trabalho e suas vigílias. Confere objetivos mais elevados a seus projetos e trabalha para um fim mais destacado. Pede aos homens um êxito maior e mais raro que os elogios e mesmo que a recompensa, que é de torná-los melhores.

35. Os tolos leem um livro e não o compreendem; os espíritos medíocres julgam compreendê-lo perfeitamente; os espíritos superiores não o compreendem às vezes totalmente: acham obscuro o que é obscuro, como acham claro o que é claro; os pedantes querem achar confuso o que não é e não compreendem o que é claramente inteligível.

36. Um autor procura em vão fazer-se admirar por sua obra. Os tolos às vezes admiram, mas são tolos. As pessoas inteligentes trazem consigo as sementes de todas as verdades e de todos os sentimentos; nada é novidade para eles; pouco admiram, mas aprovam.

37. Não sei se alguma vez se poderia colocar nas cartas mais talento, mais forma, mais complacência e mais estilo do que se vê naquelas de Balzac e de Voiture; são vazias de sentimento, reinaram somente em sua época e devem às mulheres seu surgimento. Este sexo chega mais longe que o nosso nesse gênero de literatura. Elas encontram com sua pena formas e expressões que muitas vezes em nós não são o efeito senão de longo trabalho e de penosa pesquisa; elas são felizes na escolha dos termos e os colocam tão corretamente que, por mais conhecidos que sejam, têm o charme da novidade, parecem ser feitos somente para o uso que elas lhes atribuem; só elas conseguem fazer ler numa só palavra todo um sentimento e tornar delicado um pensamento que é delicado; elas possuem uma concatenação de discurso inimitável, que flui naturalmente e que só é ligado pelo sentido. Se as mulheres fossem sempre corretas, ousaria dizer que algumas de suas cartas são talvez o que temos de melhor em nossa língua.

38. Para ser perfeito, Terêncio deveria ser menos frio: que pureza, que exatidão, que delicadeza, que elegância, que Personagens! A Molière só faltou evitar a gíria e o barbarismo e escrever corretamente: que ardor, que ingenuidade, que fonte do bom humorismo, que imitação de moral, que imagens e que flagelo do ridículo! Mas que homem extraordinário não se poderia ter criado da união desses dois cômicos.

39. Li Malherbe e Teófilo. Ambos conheceram a natureza, com a diferença de que o primeiro, num estilo amplo e uniforme, mostra ao mesmo tempo o que ela tem de mais belo e mais nobre, de mais singelo e mais simples. O outro, sem gosto, sem exatidão, num estilo livre e desigual, ora carrega suas descrições, torna-se pesado nos detalhes e faz uma anatomia; ora finge, exagera, ultrapassa a verdade na natureza; e assim faz o romance.

40. Ronsard e Balzac tiveram, cada um em seu gênero, muita coisa boa e ruim para formar, a seu exemplo, grandes homens em prosa e verso.

41. Marot, por sua forma e seu estilo, parece ter escrito seguindo Ronsard; não há quase, entre o primeiro e nós, senão a diferença de algumas palavras.

42. Ronsard e seus autores contemporâneos prejudicaram mais o estilo do que o serviram: retardaram-no no caminho da perfeição; expuseram-no a falhar sempre e a não mais se recuperar. É assustador que as obras de Marot, tão naturais e tão fáceis, não conseguissem fazer de Ronsard, além de mais cheio de verve e entusiasmo, um poeta maior que Ronsard e que Marot; e, ao contrário, que Belleau, Jodelle e Bartas tenham sido logo seguidos por um Racan e por um Malherbe, e que nossa língua, apenas corrompida, tenha conseguido recuperar-se.

43. Marot e Rabelais são inescusáveis por terem semeado a imundície em seus escritos; ambos possuíam bastante gênio e talento para deixá-la de lado, mesmo com relação àqueles que procuram menos admirar do que rir num autor. Rabelais, sobretudo, é incompreensível; seu livro é um enigma, melhor dizendo, inexplicável; é uma quimera, é o rosto de uma bela mulher com pés e rabo de serpente, ou de qualquer outro animal mais disforme; é um conjunto monstruoso de uma moral fina e engenhosa e de uma sórdida corrupção. Onde é mau, passa para além do pior, é o encanto da canalha; onde é bom, atinge o delicioso e o excelente, aparenta ser o mais delicado dos manjares.

44. Dois escritores em suas obras recriminaram Montaigne, que não creio bem como eles, isento de qualquer espécie de recriminação; parece que ambos não se agradaram dele de forma alguma. Um não pensava bastante para saborear um autor que pensa muito; o outro pensa de modo demasiado sutil para adaptar-se a pensamentos que são naturais.

45. Um estilo grave, sério, escrupuloso vai longe; são lidos Amyot e Coeffeteau; qual de seus contemporâneos é lido? Balzac, pelos termos e pela expressão, é menos velho que Voiture, mas se este último, por sua forma, por seu talento e por sua naturalidade, não é moderno e não se assemelha em nada a nossos escritores, é porque tem sido mais fácil negligenciá-lo do que imitá-lo, e que o reduzido número daqueles que correm atrás dele não podem alcançá-lo.

46. O HG está imediatamente abaixo do nada. Há muitas outras obras que se assemelham. Há tanta invenção em enriquecer-se por um livro tolo, que é tolice comprá-lo; é ignorar o gosto do povo não arriscar por vezes grandes futilidades.

47. Vê-se bem que a ópera é o esboço de um grande espetáculo; dá-nos dele uma pequena ideia. Não sei como a ópera, com uma música tão perfeita e de tão alta categoria, conseguiu aborrecer-me. Há trechos de ópera que nos levam a desejar outras; às vezes chegamos a ansiar pelo fim do espetáculo; é a ausência de teatro, de ação, de coisas que interessam. Até hoje, a ópera não é um poema, são versos; nem um espetáculo, desde que as máquinas desapareceram, graças aos cuidados de Amphion e de seu grupo; é um concerto ou são vozes acompanhadas de instrumentos. Deixa-se enganar e tem gosto errado quem diz que a máquina teatral é apenas um brinquedo de crianças e que só serve para os fantoches; ela aumenta e embeleza a ficção, alimenta nos espectadores essa doce ilusão que é o maior prazer do teatro; acrescenta-lhe ainda o maravilhoso. Não precisam de voos, nem de carros, nem de mudanças de cenário, Berenice e Penélope: mas as óperas precisam, e o objetivo desses espetáculos é o de manter o espírito, os olhos e os ouvidos num mesmo encantamento.

48. Criaram o teatro, esses homens dinâmicos, as máquinas, os balés, os versos, a música, todo o espetáculo, até a sala onde o espetáculo é apresentado, incluindo o teto e as quatro paredes desde seus fundamentos. Quem duvida que a caça sobre a água, o encantamento da mesa, a maravilha do labirinto não sejam também sua invenção? Julgo isso pelo afã a que se entregam e pelo ar contente com que aplaudem todo sucesso. Se me engano e se não contribuíram em nada para essa festa tão soberba, tão espetacular, mantida por tanto tempo e para a qual foi suficiente um só tanto pelo projeto como pela execução, admiro duas coisas: a tranquilidade e a fleuma daquele que removeu tudo, bem como o embaraço e a ação daqueles que nada fizeram.

49. Os conhecedores, ou aqueles que assim se julgam, dão opinião deliberativa e decisiva sobre os espetáculos, separam-se também e se dividem em partidos contrários. Cada um, levado por outro interesse que não é o do público ou da equidade, admira este poema ou esta música, e vaia todos ou outros. Prejudicam igualmente, por esse calor em defender certas opiniões, a facção oposta e o próprio partido; desanimam por mil contradições os poetas e os músicos, detêm o progresso das ciências e das artes, tirando-lhes os frutos que podiam resultar da emulação e da liberdade que teriam alguns excelentes artistas de realizar, cada um em seu gênero e segundo seu talento, obras de muito valor.

50. Qual a razão de no teatro todos rirem, terem tanta facilidade em rir, e tanta vergonha de chorar? Seria menos natural comover-se com o que é triste do que rir do que é ridículo? É a alteração das feições que nos contêm? Mas o riso imoderado transtorna bem mais do que a dor mais amarga, e escondemos sempre o rosto para rir e para chorar na presença de todos aqueles que respeitamos. Custa tanto mostrar que temos a fraqueza de ser sensíveis, principalmente num assunto fictício, parecendo assim que nos deixamos iludir? Mas, sem falar nas pessoas sisudas ou nos espíritos fortes, que tanto acham fraqueza rir como chorar demais, o que se pode esperar de qualquer cena trágica? Que faça rir? E não haverá ali tanta verdade como no teatro cômico? A alma não chega até o verdadeiro num e noutro gênero, antes de se comover? É tão fácil contentá-la? Não é necessário ainda o verossímil? Como não é coisa bizarra ouvir levantar-se em todo o anfiteatro um riso universal por uma passagem de uma comédia e como isso supõe, pelo contrário, que é agradável e executado com toda a singeleza, também a extrema violência que cada um se perpetra para conter as lágrimas e o mau riso provam claramente que o efeito natural da grande tragédia seria de que todos chorassem francamente e às claras, uns diante dos outros, sem outra preocupação que não fosse a de enxugar as lágrimas, além de que, depois de concordar em abandonar-se a essas emoções, se provaria ainda que, muitas vezes, no teatro é melhor chorar do que aborrecer-se.

51. O poema trágico comove desde o início, mal deixando a liberdade em seu desenrolar de respirar e de recompor-se; ou, se por momentos essa impressão nos abandona, é para nos tornar a mergulhar em novos abismos e sobressaltos. Conduz ao terror pela piedade, ou reciprocamente à piedade pelo terror; conduz pelas lágrimas, pelos soluços, pela incerteza, pela esperança, pelo receio, pelas surpresas e pelo horror até a catástrofe. Não é, portanto, um tecido de belos sentimentos, de meigas declarações, de diálogos galantes, de imagens agradáveis, de palavras melífluas, ou às vezes bastante espirituosas para fazer rir, seguidas de uma cena final, em que os rebeldes se revoltam e, por amor às conveniências, há, enfim, sangue derramado e algum infeliz que perde a vida.

52. Não basta que a moral do teatro não seja má, mas é preciso que seja decente e instrutiva. O ridículo pode ser por vezes tão vil e grosseiro ou mesmo insípido e sem interesse, que não mereça a atenção do poeta, nem dos espectadores para se divertirem. O camponês ou o beberrão sugere ao comediante algumas cenas, mas não atinge o verdadeiro cômico: como havia de ser ele o tema e a ação principal da comédia? "Essas figuras são naturais", dizem alguns. Assim, segundo essa regra, logo teríamos de encher o anfiteatro de um criado assobiando, de um doente fechado em seu quarto, de um bêbado que dorme ou vomita: pode haver coisa mais natural? É próprio do efeminado levantar-se tarde, passar parte do dia na toalete, olhar-se no espelho, perfumar-se, enfeitar-se, receber bilhetes e responder. Ponham toda essa cena no palco. Quanto mais tempo a prolongarem, um ato ou dois, mais natural e mais conforme ao original será; mas será também cada vez mais fria e insípida.

53. Parece que o romance e a comédia são tão úteis quanto nocivos. Encontram-se neles tão grandes exemplos de constância, de virtude, de ternura e de desinteresse, personagens tão belos e perfeitos, que, quando uma pessoa jovem lança dessas alturas um olhar sobre o que a rodeia, encontrando somente seres indignos e muito inferiores ao que justamente admirou, fico surpreso se ela for capaz de sentir por eles a mínima ternura.

54. Corneille não pode ser igualado em suas melhores passagens: tem então um caráter original e inimitável; mas é desigual. Suas primeiras comédias são secas, arrastadas, e não deixavam prever que ele fosse tão longe depois; assim também suas últimas peças nos deixam admirados por ter caído de tão alto. Em algumas de suas melhores peças há erros imperdoáveis contra a moral, um estilo declamatório que impede e arrasta a ação, descuidos incompreensíveis nos versos e na expressão, que não podem ser admitidos em tão grande autor. O que ele teve de mais eminente foi o espírito, que era sublime, e ao qual deve certos versos dos mais felizes que jamais podem ser lidos em outros; o feliz arranjo do seu teatro, em que por vezes se insurgiu contra as regras dos antigos, e enfim seus finais. Nem sempre se amoldou ao gosto dos gregos e à sua grande simplicidade: pelo contrário, preferiu sobrecarregar a ação de cenas que realizava quase sempre com êxito; é sobretudo admirável pela extrema variedade que se encontra no grande número de poemas que compôs. Parece haver maior verossimilhança nos poemas de Racine, que tendem todos para um mesmo fim, mas é igual, constante, sempre sem alteração, quer seja na intenção e na ação de suas peças, que são exatas, regulares, nascidas do bom senso, quer nos versos, que são corretos, ricos em suas rimas, elegantes, fartos e harmoniosos: imitador fiel dos antigos, dos quais seguiu escrupulosamente a clareza e a simplicidade de ação, não lhe faltando mesmo a grandeza e o maravilhoso, assim como a Corneille, nem a emoção e o patético. Onde encontraremos mais ternura do que em todo o Cid, em Polieucto e nos Horácios? Que grandeza se nota nos personagens de Mitridates, de

Porus e de Burrus! Essas paixões favoritas dos antigos, que os trágicos gostavam de trazer à cena, o terror e a piedade, foram bem conhecidas desse dois poetas. Orestes, na Andrômaca de Racine e Fedro do mesmo autor, com o Édipo e os Horários de Corneille, são as provas disso. Se é, no entanto, permitido fazer qualquer comparação entre eles e distinguir em cada um no que seja mais pessoal nas respectivas obras, talvez se pudesse dizer o seguinte: "Corneille nos amolda a seus personagens e a suas ideias, Racine se adapta às nossas. Aquele descreve os homens como deveriam ser, este descreve-os como eles são. Encontramos mais no primeiro aquilo que admiramos e que devemos mesmo imitar; encontramos mais no segundo o que reconhecemos nos outros e o que sentimos em nós mesmos. Um exalta, surpreende, domina e educa; o outro agrada, emociona, toca, penetra. O que há de mais belo, mais nobre e mais imperioso na razão é administrado pelo primeiro; pelo segundo, o que há de mais lisonjeiro e de mais delicado na paixão. O primeiro maneja máximas, regras e preceitos; o segundo fala mais dos gostos e sentimentos. As peças de Corneille ocupam-nos mais o espírito; as de Racine comovem-nos e enternecem-nos mais. Corneille é mais moral. Racine é mais natural. Um parece imitar Sófocles, o outro assemelha-se mais a Eurípides".

55. O povo chama eloquência à facilidade que alguns têm de falar sozinhos e por longo tempo, com gestos arrebatados, voz vibrante e pulmões resistentes. Os pedantes só a admitem no discurso oratório e não a distinguem do amontoado de figuras, do uso de palavras complicadas e da extensão dos períodos.

Parece que a lógica é a arte de convencer sobre qualquer verdade; e a eloquência é um dom de alma que nos torna senhores do coração e do espírito dos outros, podendo desse modo exaltá-los ou persuadi-los de tudo aquilo que nos agrada. A eloquência pode encontrar-se na conversa e em qualquer gênero literário. Raramente está onde a procuramos e está às vezes onde não a procuramos.

A eloquência é para o sublime o mesmo que o todo para a sua parte. O que é o sublime? Parece que ainda ninguém o definiu. É uma figura? Nasce das figuras de estilo ou pelo menos de algumas figuras? O sublime aparece em todo o gênero literário ou existe apenas nos assuntos elevados? Será possível ver brilhar na écloga outra coisa que não seja um estilo belo e natural, e nas cartas e na conversa familiares mais do que uma grande delicadeza? Ou não serão o natural e delicado o sublime das obras cuja perfeição realizam? O que é o sublime? Onde está o sublime?

Os sinônimos são formas variadas ou frases diferentes que têm o mesmo significado. A antítese é a oposição de duas verdades que se esclarecem uma à outra. A metáfora ou a comparação vai procurar numa coisa estranha a imagem pura e natural de uma verdade. A hipérbole ultrapassa a verdade, levando, assim, o espírito a conhecê--la melhor. O sublime representa só a verdade, mas em estilo nobre; descreve-a completa, em sua causa e em seus efeitos; é a expressão ou imagem mais digna dessa mesma verdade. Os espíritos medíocres não encontram a expressão única e servem-se dos sinônimos. Os jovens, deslumbrados pelo brilho da antítese, empregam-na. Os espíritos corretos e que gostam de formar imagens límpidas, caem naturalmente na comparação e na metáfora. Os espíritos vivos, ardentes e que uma vasta imaginação transporta para além das regras e da correção, não podem saciar-se com a hipérbole. Quanto ao sublime, não há, mesmo entre os grandes gênios, senão os mais elevados podem dar-lhe vida.

56. Todo escritor, para escrever corretamente, deve colocar-se no lugar de seus leitores, examinar a própria obra como alguma coisa nova, que lê pela primeira vez, na qual não toma parte alguma, e que outro autor submetesse à sua crítica; e convencer-se em seguida de que não somos entendidos só porque nos entendemos, mas porque o texto é de fato inteligível.

57. O autor escreve para ser compreendido; mas é preciso que realize, ao escrever, coisas belas. Deve-se ter uma dicção pura, usar termos apropriados, é certo; mas essas expressões devem transmitir pensamentos nobres, vivos, sólidos, contendo um sentido realmente belo. Faz-se da pureza e da clareza do discurso um mau uso, empregando-as em assunto árido, estéril, que não tem sal nem utilidade, sem novidade. De que serve ao leitor compreender facilmente e sem custo coisas frívolas e pueris, muitas vezes insípidas e vulgares, e ficar menos incerto sobre o pensamento do autor do que aborrecido por sua obra? Se injetarmos em certas obras alguma profundidade, se acrescentarmos certa elegância, e às vezes uma delicadeza exagerada, é unicamente pela boa opinião que temos de nossos leitores.

58. Ao ler os livros de autores partidários e facciosos, sofre-se o incômodo de nem sempre ver onde está a verdade. Apresentam os fatos deturpados, as razões recíprocas não são divulgadas com toda a sua força, nem com total exatidão; e, o que é fatigante mesmo para a paciência mais tenaz, deve-se ler uma longa série de termos duros e injuriosos, escritos por homens graves, que fazem de pontos doutrinários ou de fatos contestados uma questão pessoal. Essas obras têm a particularidade de não merecer nem o êxito prodigioso que conseguem por um período, nem o profundo esquecimento em que caem quando se extingue o entusiasmo e o sectarismo que as provocou. Passam então a ser apenas almanaques do ano anterior.

59. A glória ou o mérito de certos homens é de escrever bem; de outros, é de não escrever.

60. Escreve-se regularmente desde os vinte anos, tornando-se escravo da construção, enriquecendo a língua com novos termos, sacudindo o jugo do latinismo e reduzindo o estilo à frase puramente francesa. Quase foi encontrado o número que Malherbe e Balzac haviam encontrado por primeiros e que tantos autores, depois deles, perderam. Acabou-se, finalmente, no discurso com qualquer ordem e nitidez de que fosse capaz: isso levou insensivelmente a usar o talento.

61. Há artistas e autores cujo espírito é tão vasto como a arte ou ciência a que se dedicam; retribuem-lhes com vantagem, pelo gênio e pela invenção, o que delas e de seus princípios tiraram; se acaso se desviam das regras da arte para enobrecê-la, se se afastam das regras é porque estas não os conduzem ao que é grande e que é sublime; avançam sós, sem companhia, mas sobem bem alto e vão bem longe, sempre seguros e confirmados pelo sucesso e pelas vantagens que tiram às vezes da irregularidade. Os espíritos justos, serenos moderados não só não os atingem, nem os admiram, mas não os compreendem e ainda menos desejariam imitá-los; ficam tranquilos na esfera de sua ação, avançam até o limite máximo de sua capacidade e de suas luzes; não vão mais longe porque nada veem além desse ponto; quando muito, serão os primeiros de uma segunda classe e poderão sobressair-se no medíocre.

62. Há certos espíritos, se assim posso chamá-los, inferiores e subalternos, que parecem ser feitos só para recolher, registrar e ajuntar todas as produções dos outros gênios; são plagiários, tradutores, compiladores; não pensam, dizem o que os autores pensaram. Como a escolha de ideias é invenção, têm um gosto mau, pouco justo, que os leva a tratar de muitas coisas e não de coisas boas; não têm nada original e pessoal; não sabem o que aprenderam e só aprenderam o que todos querem ignorar, uma ciência árida, sem interesse e utilidade, que não vem a propósito na conversa e que está fora de comércio, semelhante a uma moeda que deixou de ter valor: fica-se ao mesmo tempo estupefato e aborrecido com sua conversa ou com suas obras. São esses que os poderosos e o povo confundem com os sábios e que os sábios os remetem entre os pedantes.

63. Nem sempre a crítica é uma ciência; é um ofício em que é necessário ter mais saúde que espírito, mais trabalho que capacidade. Se é feita por um homem de menos discernimento que leitura e é exercida sobre certos capítulos, corrompe os leitores e o escritor.

64. Aconselho a qualquer autor que nasceu copista e que tenha a extrema modéstia de trabalhar sobre modelo alheio, que escolha só os exemplares daquelas obras em que haja espírito, imaginação ou mesmo erudição; se não consegue igualar os originais, ao menos se aproxime deles e consiga ser lido. Deve, ao contrário, evitar a armadilha de imitar aqueles que escrevem por capricho, a quem o coração fala e inspira as expressões e as imagens e que, por assim dizer, arrancam das entranhas o que transcrevem no papel: são modelos perigosos, próprios para fazer cair no desinteresse, por terra e no ridículo quem se interessa em segui-los. Com efeito, não deixaria de rir de um homem que quisesse falar seriamente no meu tom de voz ou que pretendesse parecer-se comigo na fisionomia.

65. O homem que nasceu cristão e francês sente-se constrangido na sátira; os assuntos sérios são para ele proibidos: tenta-os às vezes, mas logo os abandona para se dedicar a pequenas coisas, que seu talento e a beleza de seu estilo realçam.

66. Deve-se evitar o estilo vazio e pueril, com receio de assemelhar-se a Dorilas e Handburg. Pode-se, pelo contrário, arriscar certas expressões, empregar termos ousados e que descrevam vivamente e lamentar aqueles que não sentem o prazer de usá-los ou de ouvi-los.

67. Aquele que, ao escrever, tem sempre em vista agradar aos contemporâneos, considera mais sua pessoa que suas obras: deve-se tender sempre à perfeição e então essa justiça que por vezes nos é recusada por nossos contemporâneos, a posteridade saberá nos rendê-la.

68. Não devemos ver o ridículo onde não existe: estragamos o gosto e corrompemos nosso juízo e aquele dos outros; mas, quando o ridículo se encontra em qualquer lugar, devemos notá-lo, apontá-lo com elegância e de uma maneira que agrade e instrua.

69. *Horácio* ou *Boileau* já o disseram antes.

– Acredito em sua palavra, mas eu o disse como se fosse pensamento meu. Não me será permitido pensar depois deles uma verdade, que outros ainda depois de mim haverão de pensar também?

Do mérito pessoal

1. Quem, mesmo com o mais raro talento e o mérito mais elevado, não estará convencido de sua inutilidade, pensando que ao morrer deixa um mundo que não sente sua perda e em que há tanta gente para o substituir?

2. Há muitas pessoas de quem só o nome vale alguma coisa. Quando as vemos de muito perto, são menos que nada; de longe, se impõem.

3. Apesar de estar convencido de que os homens escolhidos para diferentes empregos, cada um segundo seu talento e sua profissão, desempenham bem suas funções, ouso dizer que pode haver no mundo muitas pessoas conhecidas ou desconhecidas que ninguém emprega e que seriam muito competentes. Sou levado a dizer isso pelo maravilhoso êxito de gente que só o acaso colocou em certos lugares e de quem até então nunca se havia esperado grande coisa.

Quantos homens admiráveis, que possuíam real talento e que morreram sem que ninguém falasse deles! E quantos vivem ainda de quem ninguém fala e de quem jamais se haverá de falar!

4. Que dificuldade enorme tem um homem que, sem padrinhos nem patronos, e não pertencendo a nenhum grupo, possuindo como única recomendação seu valor, alcança através das trevas em que vive a luz que ambiciona e chega ao nível do vaidoso que todos consideram!

5. Raro é aquele que nota, por si só, o mérito de outrem. Os homens, sempre ocupados consigo mesmos, não se dão ao trabalho de perscrutar e compreender os outros. Disso decorre que grande mérito e maior modéstia ainda são motivos suficientes para viver muito tempo ignorado.

6. Muitas vezes faltam gênio e talento, outras vezes, apenas ocasiões: estes podem ser louvados pelo que fizeram e aqueles pelo que poderiam ter feito.

7. É menos raro encontrar verdadeiro espírito do que gente que se sirva daquele que o tem ou que faça valer o dos outros, empregando-o de qualquer maneira.

8. Há mais ferramentas que operários e, destes últimos, são mais os maus que os bons: que pensar daquele que pretende serrar com uma plaina e que pega a serra para aplainar?

9. Não há no mundo tarefa mais árdua que a de conseguir fama: mal a vemos surgir, logo a vida se acaba.

10. Que fazer de Egesipo que pede um emprego? Vamos metê-lo nas finanças ou na tropa? É indiferente, só o interesse deve decidir, pois é capaz tanto de administrar o dinheiro e fazer contas, como de manejar armas. "Tem aptidões para tudo", dizem os amigos, o que quer dizer que ele não tem mais jeito para uma coisa do que para outra ou, em outras palavras, que não tem habilidade para nenhuma. Assim, a maior parte dos homens, quando são jovens, se preocupam unicamente consigo, corrompidos pela preguiça e pelo prazer, e têm a convicção errada de que, em idade mais avançada, lhes bastará ser inúteis ou indigentes, para que a república seja obrigada a colocá-los ou a socorrê-los. Raros são os que aproveitam dessa lição tão importante, a de que os homens deveriam empregar os primeiros anos da vida para progredir pelo estudo e pelo trabalho, que a própria república precisasse de sua indústria e de seus conhecimentos, que os considerasse elemento necessário à sua unidade e que fosse levada no próprio interesse a dar-lhes a fortuna ou a aumentá-la.

Devemos trabalhar para nos tornarmos bem dignos de qualquer emprego. O resto não nos diz respeito, é problema dos outros.

11. Convém fazer-nos valer por coisas que não dependam dos outros, mas unicamente de si mesmo, ou então desistir de ter qualquer valor: máxima inestimável e de infinitos recursos na prática, útil aos fracos, aos virtuosos, àqueles que têm espírito e que os torna senhores de sua fortuna e de seu sossego; prejudicial para os grandes, pois diminuiria sua corte, ou antes, o número de seus escravos e lhes tiraria seu orgulho com parte de sua autoridade, reduzindo-os quase unicamente a seus manjares e a suas carruagens; que os privaria do prazer que sentem quando são implorados, rogados, solicitados, quando fazem esperar, ou quando recusam, quando prometem e não dão; o que haveria de lhes tirar o gosto que têm às vezes de colocar em evidência os tolos e aniquilar o mérito, se acaso o descobrem; que baniria dos palácios as intrigas, os favores, os maus criados, a baixeza, lisonja, a trapaça; que transformaria uma corte tempestuosa, cheia de movimentos e de intrigas, como uma peça cômica ou mesmo trágica, da qual os sábios não passariam de espectadores; que dignificaria as diferentes condições dos homens e enobreceria suas fisionomias; que ampliaria sua liberdade; que despertaria neles, com os dons naturais, o hábito do trabalho e da atividade; que excitaria a emulação, o desejo de glória, o amor da virtude; que, em lugar de cortesãos vis, inquietos, inúteis, muitas vezes onerosos para a república, faria deles pessoas previdentes, ou bons pais de família, ou juízes íntegros, ou bons empregados, ou grande capitães, ou oradores, ou filósofos; e que não traria a todos nenhum outro inconveniente que não fosse, talvez, o de deixar a seus herdeiros menos tesouros que bons exemplos.

12. Na França, é necessária muita firmeza e uma grande visão para ficar sem cargos e sem empregos, permitindo assim ficar em casa sem nada fazer. Quase ninguém tem mérito suficiente para desempenhar esse papel com dignidade, nem fundos suficientes para preencher o vazio do tempo, sem que o povo chame isso de negócios. Entretanto, para a ociosidade do sábio só falta um designativo melhor, pois que meditar, falar, ler e ficar tranquilo se denomina trabalhar.

13. Um homem de valor e em boa situação nunca se torna importuno por sua vaidade; preocupa-se menos com o cargo que ocupa do que se sente humilhado pensando em outro melhor que não ocupa e do qual se julga digno: sentindo-se mais facilmente inquieto que altivo ou desdenhoso para com os outros, só para ele mesmo é desagradável.

14. Custa a um homem com mérito frequentar assiduamente a corte, mas por uma razão bem oposta àquela que se pudesse supor:

não é assim senão uma grande modéstia, que o afasta de pensar que seja minimamente agradável aos príncipes se acaso cruzar sua passagem, posta-se diante dos olhos deles e mostra seu rosto; está mais perto de persuadir-se que os importuna e tem necessidade de todas as razões tiradas do uso e de seu dever para resolver-se a mostrar-se. Aquele, ao contrário, que tem ótima opinião de si mesmo e que o povo o chama de glorioso, sente prazer em mostrar-se e percorre os salões da corte com tanto maior confiança quanto é incapaz de imaginar que os grandes pelos quais é visto pensam precisamente o contrário de sua pessoa daquilo que possa julgar.

15. Um homem honesto recebe seu pagamento pelo trabalho que lhe dá o cumprimento de seu dever, pelo prazer que sente em cumpri-lo e não lhe interessam os elogios, a estima e o reconhecimento que por vezes não encontra.

16. Se ousasse fazer uma comparação entre duas condições totalmente desiguais, diria que um homem de coração pensa em cumprir seus deveres tanto como o pedreiro em cobrir os telhados: nem um nem outro procuram expor inutilmente sua vida, nem são demovidos pelo perigo. A morte é para eles um inconveniente do ofício, mas nunca um obstáculo. Não há, no primeiro, maior inutilidade que aparecer na trincheira levando a cabo um trabalho ou forçando uma fortificação, como no segundo quando sobe a telhados altos ou ao topo de um campanário. Ambos pensam unicamente em cumprir um dever, ao passo que o fanfarrão trabalha só para que digam que fez tudo muito bem.

17. A modéstia está para o mérito o que as sombras são para as imagens num quadro: confere-lhe força e relevo.

Um exterior simples é o traje dos homens do povo, talhado para eles, sob medida; mas é um adorno para aqueles que praticaram na vida grandes ações; comparo-os a uma beleza descuidada, mas mais atraente.

Certos homens, contentes consigo mesmos, por qualquer ação ou obra em que não foram mal sucedidos e, tendo ouvido dizer que a modéstia fica bem aos grandes, ousam ser modestos, imitando os simples e os sinceros: assemelham-se às pessoas de estatura diminuta que se abaixam ao passar por uma porta, receando bater com a cabeça.

18. Teu filho é gago. Não o faças subir na tribuna. Tua filha nasceu para o mundo; não a enclausures entre as vestais. Xantus, teu protegido, é fraco e tímido; não litigues, retira-o das legiões e da milícia. "Quero que progrida", dizes. Cumula-o de bens, dá-lhe terras em quantidade, títulos e posses em profusão; aproveita o tempo; vivemos num século em que esses bens lhe darão mais honra que a virtude. "Me custaria muito", acrescentas. Fala-lhe seriamente, Crassus. Imagina que é uma gota de água que retiras do Tibre para enriquecer Xantus que amas e para prevenir as vergonhosas sequelas de um engajamento para o qual não é apto.

19. Só devemos procurar em nossos amigos a virtude que nos une a eles, sem pensar em sua boa ou má sorte. Quando nos sentirmos capazes de acompanhá-los em sua desgraça, devemos então frequentá-los com ousadia até em sua maior prosperidade.

20. Se é usual sentirmo-nos vivamente impressionados pelas coisas raras, por que é que nos comove tão pouco a virtude?

21. Se é uma felicidade ter uma nobre origem, não é menor ser alguém de tal fibra que ninguém ouse perguntar de onde viemos.

22. De tempos em tempos aparecem neste mundo homens raros e preciosos, que brilham por sua virtude e de cujas qualidades eminentes emana um esplendor prodigioso. Semelhantes a essas estrelas extraordinárias das quais se ignora as causas e das quais não se sabe o que se tornam depois de desaparecer, eles não têm antepassados nem descendentes: sozinhos compõem toda a sua raça.

23. O bom espírito indica qual é nosso dever e nossa obrigação de cumpri-lo, arriscando-nos se houver perigo: inspira a coragem ou a supre.

24. Quando alguém excede em sua arte e que lhe é conferida toda a perfeição de que é capaz, saímos de alguma maneira e nos igualamos ao que há de mais nobre e mais marcante. V é um pintor, C um músico e o autor de Píramo é um poeta; mas Mignard é Mignard, Lulli é Lulli e Corneille é Corneille.

25. Um homem livre, sem mulher, se tem alguma inteligência, pode elevar-se acima de sua sorte, introduzir-se no mundo e andar ao lado das pessoas mais honestas. Mas isso já é menos fácil para aquele que está comprometido: parece que o casamento põe cada um em seu devido lugar.

26. Deve-se confessar que, depois do mérito pessoal, são as eminentes dignidades e os grande títulos que conferem mais distinção e mais brilho aos homens. Quem não souber ser um Erasmo deve pensar em tornar-se bispo. Alguns, para demonstrar seu prestígio, carregam-se de títulos, colares de ordens, primazias, púrpura e teriam necessidade de uma tiara. Mas que necessidade tem Trófimo de ser cardeal?

27. Dizes que o ouro brilha nas vestes de Filemon?
– Brilha da mesma forma nas lojas dos mercadores.
– Mas ele se veste com os mais belos tecidos.
– Acaso têm menos beleza expostos nas lojas?
– Mas os bordados e ornamentos ainda o tornam mais magnificente.
– Devo elogiar então o trabalho do artífice.
– Se lhe perguntar as horas, Filemon apresenta um relógio que é uma obra-prima; o punho de sua espada é de ônix; traz no dedo um enorme brilhante, reluzente e perfeito; não lhe falta nenhuma dessas joias que se usam mais por vaidade que por necessidade, nem todo tipo de enfeite usual num jovem que casou com uma velha rica.
– Conseguiste enfim despertar minha curiosidade; tenho de ver coisas tão preciosas; manda-me essas vestes e essas joias de Filemon. Não preciso da pessoa dele.

Enganas-te, Filemon, se julgas conquistar maior estima com essa carruagem brilhante, com esse numeroso séquito de criados e com esses seis cavalos que te arrastam. Esquecendo todo esse aparato estranho, percebemos quem és e vemos que não passas de um tolo.

Devemos às vezes perdoar aquele que, com grande séquito, ricas vestes e uma carruagem magnífica, se julga de melhor família e com mais talento: lê essa certeza na atitude e no olhar daqueles que lhe falam.

28. Ao homem da corte, e às vezes da cidade, que usa um belo casaco de seda ou um tecido importado da Holanda, um cinto largo colocado com elegância, sapatos de marroquim, barrete igual, colete bem talhado e bem engomado, cabelo cuidado de tintura roxa, e que, além disso, faz algumas considerações sobre metafísica, explica o que é o esplendor da glória, e sabe precisamente como se vê a Deus, chama-se um doutor. Uma pessoa humilde, que se fecha em seu escritório, que medita, pesquisa, consulta, confronta, lê ou escreve durante toda a sua vida, é um homem douto.

29. Em nosso país, o soldado é valente e o homem de toga é sábio; não vamos mais longe. Entre os romanos, o homem de toga era valente e o soldado era sábio: um romano era ao mesmo tempo homem de toga e de farda.

30. Parece que o herói é homem de uma só profissão, o da guerra; o grande homem é capaz de todas as profissões ou da toga, da espada, do escritório ou da corte: dois desses grandes homens reunidos não valem um homem de bem.

31. Na guerra, a distinção entre o herói e o grande homem é sutil: ambos possuem todas as virtudes militares. Parece, no entanto, que o primeiro é jovem, empreendedor, de alto valor, firme no perigo, intrépido; e que o outro é superior por sua vasta previdência, por uma grande capacidade, e por uma longa experiência. Talvez Alexandre não fosse mais que um herói, e César era um grande homem.

32. Emílio nasceu tal como os homens mais eminentes só o conseguem ser à custa de regras, de meditação e de exercícios. Em seus primeiros anos, não fez mais do que expandir seus dons naturais e entregar-se a seu talento. Fez, agiu, antes de saber como, melhor, antes que soubesse o que nunca tinha aprendido. Por que não dizer que suas brincadeiras de criança foram outras tantas vitórias? Uma vida de extrema felicidade junto a uma longa experiência seria ilustre pelos atos que praticara desde jovem. Todas as ocasiões que se ofereciam de vencer, ele as aproveitava; e aquelas que não apareciam, sua virtude e sua boa estrela faziam-nas surgir: admirável até mesmo pelas coisas que fez e por aquelas que poderia ter feito. Consideravam-no como um homem incapaz de ceder perante o inimigo, de vergar sob o número ou sob os obstáculos; como alma de primeira ordem, cheia de recursos e de luzes, que via mais longe que todas as outras; como aquele que, à frente das legiões, era para elas um prenúncio de vitória e que valia por si só muitas legiões; quer era grande na prosperidade, maior ainda quando a sorte lhe foi contrária (o levantamento de um cerco, uma retirada o enobreceram mais que um triunfo; só é posto após as batalhas ganhas e as cidades conquistadas). Eu fugia com a mesma graça que se dizia: Nós o batizamos; um homem devotado ao Estado e à família, chefe de família, sincero com Deus e com os homens, tão grande admirador do merecimento como se esse não lhe fosse próprio e familiar; um homem verdadeiro, simples, magnânimo, a quem só faltaram as virtudes mínimas.

33. Os filhos dos Deuses, por assim dizer, fogem às regras da natureza, são como que uma exceção. Não esperam quase nada do tempo e dos anos. Neles, o mérito se antecipa à idade. Nascem instruídos; e atingem mais cedo sua perfeição de homem que o comum dos homens consegue sair da infância.

34. A vista curta, quero dizer, os espíritos limitados e apertados em sua pequena esfera não podem compreender essa diversidade de talentos que se encontram às vezes numa só pessoa: onde notam o agradável, excluem o sólido; onde julgam descobrir os encantos do corpo, a agilidade, a flexibilidade, a destreza, não admitem a existência dos dons da alma, a profundidade, a reflexão, a sabedoria: eliminam da história de Sócrates a informação de que ele dançava.

35. Não há homem, por mais perfeito e querido dos seus, que não tenha um defeito que o faça ser menos chorado.

36. Um homem inteligente e de caráter simples e reto pode cair em qualquer ardil; não pensa que pretendem enganá-lo e que vão escolhê-lo para esse fim: essa confiança o torna menos cauteloso e os mal-intencionados apanham-no por esse lado. Só têm a perder aqueles que tentassem uma segunda vez: ele só se deixa enganar uma vez.

Evitaria com cuidado ofender alguém, pois sou justo; mas, acima de qualquer coisa, um homem inteligente, se ainda tenho amor a meus interesses.

37. Não há gesto, por mais simples e imperceptível, que não revele nossa personalidade. Um imbecil não entra, nem sai, nem senta, nem levanta, nem se cala, nem se mantém de pé como um homem inteligente.

38. Conheço Mopse de uma visita que me fez sem me conhecer; pede a pessoas que não conhece que o levem à casa de gente que não conhece; escreve a mulheres que apenas conhece de vista. Insinua-se numa roda de pessoas respeitáveis, que não sabem quem ele é e, sem esperar que o interroguem, nem sentir que interrompe conversas, fala muito e de modo ridículo. Outra vez entra numa assembleia, senta-se ao acaso, sem atender a ninguém, nem a si mesmo; fazem-no levantar do lugar destinado a um ministro, vai sentar-se naquele de um duque ou par; é o homem de quem todos riem e que se conserva sempre grave e sisudo. Enxotem um cão da cadeira do rei, imediatamente o animal se instala na cadeira do pregador. Mopse olha o mundo com indiferença, imperturbável, sem pudor; não há para ele, assim como para o imbecil, nada que o faça corar.

39. Celso é medíocre, mas os grandes o toleram; não é sábio, mas tem relações com sábios; não tem méritos, mas conhece pessoas de grande merecimento; não é inteligente, mas tem língua para servir de intérprete e dois pés que podem levá-lo a qualquer lugar. É um homem que nasceu para andar de um lado para o outro; para escutar e repetir conceitos; para dizer mais do que ouviu, e ser por isso censurado; para reconciliar pessoas que logo à primeira entrevista se zangam; para ser bem-sucedido num negócio e falhar em mil; para se atribuir toda a honra da vitória e para fazer recair sobre os outros o odioso de um fracasso. Conhece as intrigas que correm e os boatos da cidade; não faz nada, diz ou escuta o que os outros fazem e espalha as novidades; sabe até o segredo das famílias; penetra os mais altos mistérios; é capaz de dizer o motivo por que aquele foi exilado e porque se fala deste; conhece a fundo as causas da desavença de dois irmãos e da discórdia de dois ministros. Não foi ele quem preveniu os primeiros das tristes consequências de sua desavença? Não foi ele quem disse que não seria de longa duração o bom entendimento entre aqueles dois? Não assistiu a certa conversa? Não tomou parte numa espécie de negociação? Quem quis acreditar nele? Por acaso o escutaram? A quem falar dessas coisas? Quem mais que Celso tomou parte em todas essas intrigas da corte? E se não tivesse sido assim, se não as tivesse ao menos sonhado ou imaginado, pensaria em confidenciá-las? Teria acaso o ar importante e misterioso de um homem egresso de uma Embaixada?

40. Menipo é a ave que ostenta penas vistosas que não lhe pertencem. Não fala nem sente; repete sentimentos e palavras, serve-se com tanta naturalidade do espírito dos outros que se ilude a si próprio e que julga às vezes manifestar seu gosto ou expressar sua ideia, quando na verdade não é mais que o eco de alguém encontrado pouco antes. É um homem que se mantém brilhante durante um quarto de hora e que logo desce, degenera, perde o pouco brilho que lhe dava um pouco de memória e decai. Só ele ignora a distância que o separa do sublime e do heroico; incapaz de compreender até onde ascende o espírito, tem a crença ingênua de que possui todo o espírito que é conferido ao homem. Por isso mostra o ar e o porte daquele que nada tem a desejar nesse capítulo e que não causa inveja a ninguém. Fala consigo mesmo, não se esconde, aqueles que passam o veem e parece sempre estar tomando partido ou definir que determinado assunto não tem resposta. Se às vezes é cumprimentado, logo fica embaraçado sem saber se deve ou não responder ao cumprimento e, enquanto resolve o caso, o outro já está fora de seu alcance. Sua vaidade fez dele um homem honesto, colocou-o acima de si próprio, transformou-o. Ao vê-lo, todos julgam que só se preocupa com sua pessoa; que sabe que tudo lhe fica bem e que sua aparência é especial; que julga que todos os olhares o observam e que todos se aprumam para contemplá-lo.

41. Aquele que, possuindo um palácio com aposentos para as duas estações, vai dormir separado numa sobreloja do Louvre, não procede por modéstia; outro que, para conservar um corpo esbelto, se abstém de vinho e só faz uma refeição, não é sóbrio nem frugal; e um terceiro que, importunado por um amigo pobre, a quem por fim dá qualquer ajuda, todos dizem que comprou seu sossego e não é generoso. Só em sua finalidade reside o mérito das ações dos homens e no desinteresse, sua perfeição.

42. A falsa grandeza é esquiva e inacessível. Como percebe sua fraqueza, se esconde ou, pelo menos, não se mostra abertamente e só aparece o bastante para se impor e para não parecer o que realmente é, quero dizer, uma verdadeira insignificância. A verdadeira grandeza é livre, doce, familiar, popular; ela se deixa tocar, auscultar, não perde nada em ser vista de perto; quanto mais a conhecem, mais a admiram. Por bondade se curva para seus inferiores e, sem esforço, volta a seu natural; abandona-se às vezes, desleixa-se, descuida-se de sua superioridade, estando sempre pronta a retomá-la e fazê-la valer; ri, graceja e brinca, mas com dignidade; revela-se ao mesmo tempo com liberdade e com reserva. Seu caráter é nobre e simples, inspira respeito e confiança, e faz com que os príncipes nos pareçam grandes, bem grandes, sem nos fazer sentir que somos pequenos.

43. O sábio se cura da ambição pela própria ambição; aspira a tão grandes coisas, que não o satisfazem os tesouros, os postos, a fortuna e seus favores: não vê nada nessas fracas honras, nada bastante sólido para saciar seu coração, para merecer seus cuidados e seus desejos; tem mesmo de fazer um esforço para não mostrar que as despreza. O único bem capaz de tentá-lo é essa espécie de glória que nasce da virtude pura e simples; mas os homens não a concedem, e ele passa sem ela.

44. É bom todo homem que faz o bem aos outros; se sofre pelo bem que faz, ele é muito bom; se sofre por aqueles a quem faz esse bem, é de uma bondade tão grande que esta só podia ser maior se acaso seu sofrimento aumentasse; e se morre em consequência desse sofrimento, sua virtude não poderia chegar mais longe: é heroica, é perfeita.

Das mulheres

1. Raras vezes os homens e as mulheres estão de acordo sobre o valor da mulher: seus interesses são muito diferentes. As mulheres não agradam umas às outras pelos mesmos motivos que agradam aos homens: mil coisas que despertam neles grandes paixões, são para elas motivo de aversão e de antipatia.

2. Certas mulheres possuem uma grandeza artificial que se revela no movimento dos olhos, nas feições do rosto, no modo de andar e que não vai mais além; um espírito cintilante que deslumbra, mas só apreciado por não ser profundo. Em outras há uma grandeza simples, natural, independente do gesto e do porte, que nasce do coração e é como a resultante de sua elevada origem; um encanto calmo, mas sólido, acompanhado de mil virtudes que a maior modéstia não consegue encobrir, que se mostram e que brilham aos olhos de todos.

3. Já vi uma moça, uma linda moça, que dos treze ao vinte e dois anos sonhava em ser mulher e, daí por diante, desejava ser homem.

4. Há pessoas jovens que não apreciam bastante a felicidade de ter um belo porte e como lhes seria útil mostrá-lo às claras; enfraquecem esses dons do céu, tão raros e tão frágeis, com modos afetados e pouco naturais: sua maneira de falar, sua maneira de andar são copiadas e procuram diante do espelho aprender o mais possível a não ser naturais. Não é sem trabalho que conseguem agradar menos.

5. Confesso que acho uma falta menor uma mulher enfeitar-se, pintar-se, do que dizer o contrário do que pensa. Mas pior é travestir-se, mascarar-se, fazer-se passar pelo que não é, pensando somente em esconder-se e em fazer-se ignorar. É procurar impor-se aos olhos, querer aparecer pelo exterior, contra a verdade; é uma espécie de mentira. Deve-se julgar a mulher exclusivamente do sapato ao cabelo, mais ou menos como se mede o peixe, da cauda à cabeça.

6. Se as mulheres querem unicamente ser belas a seus próprios olhos e agradar só a si mesmas, podem certamente, na maneira de se embelezar, na escolha dos arranjos e dos vestidos, deixar-se guiar por seu gosto e capricho; mas se é aos homens que desejam agradar, se é por eles que se pintam e se preparam, sei o que os homens pensam a esse respeito e em nome de todos eles declaro: que a pintura do rosto as torna horríveis e desagradáveis, que a pintura só as envelhece e as estraga; que os homens odeiam tanto vê-las de rosto mascarado, como com dentes postiços e com bolas de cera nas maçãs do rosto; que protestam energicamente contra todos os artifícios usados por elas para se tornar mais feias; e que, certos de que Deus não levará isso à conta de pecado, lhes está garantido esse meio seguro e infantil de se livrarem das mulheres. Se as mulheres fossem na realidade como são depois de todos os artifícios que usam, perderiam de um momento para o outro todo o frescor, mostrando a pele estragada e o rosto gorduroso de pomadas. Não há dúvida de que então se sentiriam inconsoláveis.

7. Uma mulher refinada não resiste ao prazer de agradar, sobretudo se se julga bela; imagina o tempo e os anos como alguma que somente enruga e torna feias as outras mulheres; esquece pelo menos que a idade está escrita no rosto. Os mesmos enfeites que em outros tempos fizeram realçar sua beleza, desfiguram-na agora, revela os estragos da idade. Os requebros e a afetação acompanham-na até o fim: morre enfeitada e toda pintada.

8. Lisa ouve dizer de uma mulher refinada como ela que se ri em parecer jovem e querer vestir trajes que não convêm a uma mulher de quarenta anos. Lisa já os completou, mas os anos para ela têm menos de doze meses e não a envelhecem; assim o crê e, enquanto se olha no espelho, se pinta e põe adereços postiços, pensa que é ridículo querer passar por jovem depois de certa idade, e que Clarisse, com suas pinturas e seus arrebiques, é ridícula.

9. As mulheres se preparam para seus amantes, se os esperam, mas, se forem apanhadas de surpresa, esquecem como estão, e nem pensam mais nisso. Procedem de outra maneira com os indiferentes; sentem como estão mal arrumadas, ajeitam-se até mesmo diante deles ou então desaparecem por uns instantes e voltam bem postas.

10. Um rosto bonito é o mais belo de todos os espetáculos, e a melodia mais suave é a voz daquela que se ama.

11. O dom da simpatia é arbitrário; a beleza é qualquer coisa de mais real e mais independente do gosto e da opinião.

12. Pode-se ficar impressionado com certas belezas tão perfeitas e tão encantadoras; o homem se limita a olhar e a tentar falar.

13. Uma mulher bonita, com as qualidades de um homem honesto, é tudo o que há de mais agradável no mundo: encontra-se nela todo o encanto dos dois sexos.

14. Escapa facilmente a uma jovem pequenas amabilidades que no fundo têm sua importância, pois lisonjeiam a quem são dirigidas. Aos homens quase nada escapa; suas carícias são voluntárias; eles falam, agem, são atenciosos e convencem menos.

15. O capricho na mulher é muito próximo da beleza, como seu contraveneno, e para que ela prejudique menos aos homens, que nunca se curariam sem esse remédio.

16. As mulheres se afeiçoam aos homens pelos favores que elas lhes fazem; os homens se curam por esses mesmos favores.

17. Uma mulher esquece de um homem de quem não gosta mais, até mesmo o amor que lhe dedicou.

18. Uma mulher que tem só um admirador se julga pouco vaidosa; aquela tem muitos, julga-se apenas vaidosa.

A mulher que, para fugir à fama de galanteadora, procura um único amor firme, passa por louca por sua péssima escolha.

19. Um antigo galã vale tão pouco, que cede a um novo marido; este dura tão pouco, que um novo galã lhe toma o posto.

Um antigo galã teme ou despreza um novo rival, de acordo com o caráter da pessoa a quem serve.

Muitas vezes não falta a um antigo galã, junto de uma mulher que o aceita, senão o nome de marido; é muito, e estaria totalmente perdido sem essa circunstância.

20. Parece que o galanteio numa mulher lhe dá ares de leviana. Um homem leviano, ao contrário, é bem pior que um homem galanteador. O homem leviano e a mulher galanteadora formam um belo par.

21. Há poucos amores secretos. Muitas mulheres não são mais conhecidas pelo nome dos maridos do que por aquele de seus amantes.

22. Uma mulher amorosa quer que a amem; a uma leviana basta que a julguem amável e bonita. Aquela procura estabelecer compromisso; esta contenta-se em agradar. A primeira passa sucessivamente de um compromisso a outro; a segunda tem ao mesmo tempo distrações variadas. Os sentimentos dominantes de uma são a paixão e o prazer; na outra, são a vaidade e a leviandade. O galanteio é uma fraqueza do coração ou talvez um defeito de temperamento; a leviandade é um desequilíbrio do espírito. A mulher vaidosa é temida, e a leviana é odiada. Desses dois personagens, pode-se compor um terceiro, o pior de todos.

23. A mulher fraca é aquela a quem se recrimina uma falta que ela mesma se recrimina por isso; seu coração luta contra a razão, deseja curar-se, mas não conseguirá nunca ou tarde demais.

24. A mulher inconstante é aquela que já não ama; a leviana, aquela que já ama outro; a inconstante, aquela que não sabe se ama e a quem ama; a indiferente, aquela que não ama ninguém.

25. A perfídia, ouso dizer, é uma mentira da pessoa inteira; na mulher é a arte de dizer uma palavra, de praticar uma ação que ilude, e às vezes de usar de juramentos e promessas que não lhe custam fazer nem quebrar.

Uma mulher infiel, se a pessoa interessada a conhece como tal, é apenas infiel; se a supõe fiel, é pérfida.

Há uma vantagem na perfídia das mulheres: cura os ciúmes.

26. Algumas mulheres têm de cumprir, no decorrer da sua vida, um duplo compromisso, igualmente difícil de romper e de dissimular. A um, só falta o contrato; ao outro, o coração.

27. A julgar pela beleza, pela juventude, pelo orgulho e pelo desdém dessa mulher, ninguém duvida de que só um herói um dia haverá de cativá-la. Mas já fez sua escolha: um pequeno monstro, sem inteligência.

28. Algumas mulheres, que já perderam o viço, pela idade ou pelo mau caráter, são naturalmente o recurso dos jovens com pouco dinheiro. Não sei a quem mais lastimar, se a mulher já avançada em idade, que necessita um cavalheiro, ou se um cavalheiro que precisa de uma velha.

29. O refugo da corte é recebido na cidade num beco, onde destitui o magistrado de gravata e terno cinza, assim como o burguês de casaca, afasta-os e se torna senhor do lugar; é ouvido e amado; não se questiona mais que um momento um homem de capa dourada e caneta branca, um homem que fala com o rei e vê os ministros. Cria invejosos, é admirado, causa inveja; a quatro léguas de distância, causa dó.

30. Um homem da cidade é para uma mulher da província o que é para uma mulher da cidade um homem da corte.

31. Ao homem vazio, indiscreto, falador e desagradável, que fala de si mesmo com confiança e dos outros com desdém, impetuoso, altivo, empreendedor, sem moral nem probidade, sem opinião e de imaginação livre, só lhe falta, para ser adorado por muitas mulheres, belas feições e belo porte.

32. Será por causa do segredo ou por um gosto hipocondríaco que essa mulher ama um criado, aquela um monge, e Dorinne, seu médico?

33. Roscius entra em cena disposto; sim, Lélia; e acrescenta ainda que tem as pernas bem feitas, que representa bem e longos papéis, e que para declamar perfeitamente só lhe falta, como se diz, abrir a boca para falar. Mas é só ele que causa prazer naquilo que faz? E o que faz, será a coisa mais nobre e mais honesta que se possa fazer? Roscius, além disso, não pode ser teu, é de outra; se isso não fosse assim, ele é tímido. Cláudia espera, para tê-lo, que ele se separa de Messalina. Toma Batila, Lélia. Onde encontrarias, não digo na ordem dos cavaleiros que desprezas, mas mesmo entre os comediantes um jovem que se eleva tão alto ao dançar e que melhor executa a cambalhota? Queres o ginasta Cobus que, jogando seus pés para frente, faz uma volta no ar antes de pousar no chão? Ignoras que ele não é mais jovem? Para Batila, dizes, a urgência é muito grande e ele recusa mais mulheres que ninguém; mas tens Dracon, o tocador de flauta; ninguém mais dessa profissão enche com mais decência as bochechas ao soprar o oboé ou o flautim, pois é infinito o número de instrumentos que ele faz falar; simpático, por outro lado, faz rir até as crianças e as meninotas. Quem come e bebe melhor que Dracon numa só refeição? Inebria toda uma companhia e é o último a se render. Suspiras, Lélia. Será que Dracon já escolheu ou infelizmente alguém te teria desencorajado? Teria ele assumido compromisso com Cesônia, que tanto o envolveu, que sacrificou por ele uma fila de amantes, diria até toda a flor dos romanos? Cesônia, que é de família patrícia, que é tão jovem, bela e séria? Lamento, Lélia, se foste contagiada por esse novo gosto que tantas mulheres romanas têm, aquele pelos homens públicos e expostos por sua posição à vista de todos. Que farás, quando o melhor deles te for tirado? Resta ainda Bronte, o algoz; o povo só fala de sua força e de seu porte; é um jovem de ombros largos e compleição vigorosa, aliás, um negro, um homem negro.

34. Para as mulheres da sociedade, um jardineiro é um jardineiro e um pedreiro é um pedreiro; para outras mais recatadas, um pedreiro é um homem e um jardineiro também. Tudo é tentação para quem a teme.

35. Algumas mulheres se relacionam com os conventos e com seus amantes; amorosas e benfeitoras, têm até no recinto do altar locais e oratórios onde leem ternos bilhetes e ninguém pode saber se não estão rezando a Deus.

36. O que é uma mulher que se domina? É uma mulher mais complacente com seu marido, mais doce com seus criados, mais dedicada à sua família e a seus afazeres, mais ardente e mais sincera com seus amigos; mulher que seja menos escrava de seu humor, menos apegada a seus interesses; que goste menos das comodidades da vida; que seja, não digo, generosa para com seus filhos que já são ricos, mas que, opulenta e cumulada do supérfluo ela própria, lhes forneça o necessário e lhes faça justiça; que seja mais isenta de amor de si e de afastamento dos outros; que seja mais livre de todos os apegos humanos? "Não, não é nada disso", dizem alguns. Insisto e pergunto: "O que é, portanto, uma mulher que se domina?" Entendo, é uma mulher que tem um diretor de consciência.

37. Se o confessor e o diretor de consciência não concordam sobre uma regra de conduta, quem será o terceiro que uma mulher haverá de convidar por árbitro?

38. Para uma mulher, o essencial não é ter um diretor de consciência, mas sim de levar uma vida tão simples que possa passar sem ele.

39. Se uma mulher pudesse relatar a seu confessor, com suas outras fraquezas, aquelas que sente por seu diretor de consciência, e o tempo que perde em sua confissão, talvez lhe fosse dada por penitência renunciar a ele.

40. Gostaria muito que me fosse permitido gritar a esses santos que as mulheres em tempos passados interessaram: "Fujam das mulheres, não as aconselhem, deixem a outros o cuidado da salvação das suas almas".

41. É peso demais para um marido ter uma mulher leviana e carola; deveria obrigá-la a optar.

42. Custei a dizê-lo, sofri, mas enfim me escapou e espero que minha franqueza seja útil para aquelas que já tendo o bastante com um confessor de sua conduta não usem de discernimento algum na escolha de seus diretores. É grande a admiração e o espanto que provocam em mim certas pessoas cujos nomes não direi; abro bem os olhos para as observar, contemplo-as, elas falam e eu presto atenção; colho informações, contam-me fatos e os guardo; não compreendo como os homens, em que sempre observei tantas coisas diametralmente opostas ao bom espírito, ao sentido de retidão, à experiência do mundo, ao conhecimento dos homens, à ciência da religião e da moral, presumem que Deus deve repetir em nossos dias a maravilha do apostolado e fazer um milagre nesses homens, tornando-os capazes, por mesquinhos que sejam, no ministério das almas, de todos o mais delicado e sublime. Se, pelo contrário, julgam que nasceram para missão tão elevada, tão difícil e a tão poucos concedida, e estão persuadidos de que apenas desenvolvem seus talentos naturais e seguem uma vocação usual, compreendo ainda menos. Bem sei o prazer que há em ser depositário do segredo das famílias, em saber reconciliar desavenças, em proporcionar lugares ou colocar criados, em encontrar abertas em frente de si as portas de todas as casas dos grandes, em comer com frequência em boas mesas, em passear de carruagem pela cidade e em ter deliciosas férias no campo, em ver numerosas pessoas distintas se interessarem por nossa saúde e por nossa vida e em administrar para os outros e para si todos os interesses humanos. Eu sei que só isso originou o pretexto aceitável e plausível do cuidado das almas e semeou no mundo esse viveiro inesgotável de diretores.

43. A devoção surge em alguns, sobretudo nas mulheres, como uma paixão ou como o ponto fraco de certa idade ou como uma moda a seguir. Outrora elas contavam uma semana para os dias de jogo, de espetáculo, de concerto, de baile de máscara ou de um belo sermão; na segunda iam perder seu dinheiro na casa de Ismênia, na terça seu tempo na casa de Climenes, e na quarta, sua reputação na casa de Celimene; desde a véspera sabiam toda a alegria que deveriam ter no dia seguinte e no terceiro; usufruíam ao mesmo tempo do prazer presente e daquele que não poderia lhes faltar; teriam desejado poder reuni-los todos num só dia; essa era pois sua única inquietude e todo o objetivo de suas distrações; se por vezes se encontravam na ópera, lamentavam a comédia. Outros tempos, outra moral; exageram a austeridade e o retiro; não abrem mais os olhos que lhes foram dados para ver; não dispõem mais de seus sentidos para qualquer uso; e, coisa incrível, falam pouco; pensam ainda e bastante bem de si mesmas, como bastante mal das outras; há nelas uma emulação de virtude e de reforma que chega até a causar ciúme; não detestam primar nesse novo gênero de vida, como faziam naquele que acabam de deixar, por política ou por desgosto. Elas se perdiam alegremente pelos amores, pela boa comida e pela ociosidade; hoje se perdem tristemente pela presunção e pela vontade.

44. Se eu casar com Hermas, mulher avarenta, não haverá de me arruinar; se escolher uma jogadora, poderá enriquecer-me; se com uma sábia, saberá instruir-me; se com uma sisuda, nunca se exaltará; se com uma exaltada, exercitará minha paciência; se com uma vaidosa, vai querer agradar-me; se com uma amorosa, sê-lo-á talvez enquanto me amar; se for com uma beata, responde, Hermas, que devo esperar de uma mulher que pretende enganar a Deus e que se engana a si mesma?

45. Uma mulher é fácil de dirigir, contanto que seja um homem que se dê a esse trabalho. Até mesmo um só governa diversas; cultiva seu espírito e sua memória, fixa e determina sua religião; até mesmo se atreve a governar seu coração. Elas não aprovam nem desaprovam, não elogiam nem condenam, sem antes consultar os olhos e a expressão de seu mestre. É o confidente de suas alegrias e tristezas, de seus desejos, de seus ciúmes, de seus ódios e de seus amores; só ele as obriga a romper com seus amantes; provoca as desavenças e reconciliações com os maridos e aproveita os interregnos. Trata de seus negócios, de seus processos e fala com os juízes; indica a elas o médico, o fornecedor, os operários; arranja-lhes casa, mobília e encomenda-lhes a carruagem. É visto com elas em suas carruagens, pelas ruas da cidade e em passeios, bem como no mesmo banco da igreja ouvindo o sermão e no mesmo camarote do teatro; faz as mesmas visitas que elas, acompanha-as nos banhos, nas águas, nas viagens. O quarto mais cômodo nas casas de campo é reservado para ele. Envelhece sem que sua autoridade diminua: para conservá-la, basta-lhe um pouco de inteligência e muito tempo a perder; os filhos, os herdeiros, a nora, a sobrinha, os criados, todos dependem dele. A princípio é estimado, no fim, é temido. Esse amigo, tão velho, tão útil, morre sem que ninguém o chore; e dez mulheres que viviam sob sua tirania, recebem, com sua morte e como herança, a liberdade.

46. Algumas mulheres quiseram esconder sua conduta sob o véu da modéstia e tudo o que cada uma delas pôde ganhar por uma contínua afetação, e que jamais foi desmentida, foi levar os outros a dizer delas: Parecia uma vestal.

47. Nas mulheres, é uma violenta prova de boa reputação, nítida e estável, o fato de não as manchar a mais leve mácula por causa da intimidade com outras mulheres de conduta bem diferente. Com toda a tendência que há para interpretações maldosas, é bom sinal que se não recorra a motivos menos aceitáveis para explicar esse convívio.

48. Um cômico exagera o ridículo; um poeta carrega suas descrições; um pintor, que trabalhou com a natureza, força e exagera uma paixão, um contraste, atitudes; e aquele que copia, se não usar do compasso para conservar as devidas proporções, aumenta as figuras, dá aos elementos que compõem seu quadro um volume maior do que aquele do original: assim também o falso pudor é uma imitação da sabedoria. Há uma falsa modéstia que é vaidade, uma falsa glória que é leviandade, uma falsa grandeza que é pequenez, uma falsa virtude que é hipocrisia, uma falsa sabedoria que é simulação.

Uma mulher afetada mostra-o no porte e nas palavras; a mulher sábia se revela na conduta. Aquela obedece ao caráter e à sua natureza; esta, à razão e ao coração. Uma é séria e austera; a outra se mostra nas diversas ocasiões precisamente como deve ser. A primeira esconde suas fraquezas sob uma aparência séria; a segunda encobre tesouros sob um semblante livre e natural. O falso pudor constrange o espírito, não oculta a idade nem a feiura; muitas vezes as deixa adivinhar; pelo contrário, a sabedoria atenua os defeitos do corpo, enobrece o espírito, torna a juventude mais picante, e a beleza, mais perigosa.

49. Por que havemos de atribuir aos homens a responsabilidade da ignorância das mulheres? Quais leis, quais ordens, quais rescritos proíbem as mulheres de abrir os olhos e de ler, de reter o que leram e de reproduzi-lo em suas conversas ou em suas obras? Não foram elas próprias que fomentaram essa opinião de que nada sabem, pela fraqueza de sua compleição, ou por preguiça do espírito, ou pelos cuidados que dedicam a sua beleza, ou por certa inconstância que não as deixa seguir um estudo longo, ou pelo talento e gênio que só demonstram para os trabalhos manuais, ou pela distração que as envolve o trabalho doméstico, ou por natural aversão a tudo o que é difícil e sério, ou por uma curiosidade bem diferente daquela que satisfaz o espírito, ou por qualquer outro gosto que aquele de exercer a memória? Mas, qualquer que seja o motivo que os homens possam atribuir a essa ignorância feminina, eles se sentem felizes que as mulheres, que aliás os dominam em tantos aspectos, tenham sobre eles essa vantagem a menos.

Admiramos uma mulher sábia do mesmo modo que admiramos uma bela arma: é artisticamente cinzelada, de brilho refulgente e de trabalho perfeito; é um objeto de luxo, que mostramos aos curiosos, que não usamos, que não serve nem para a guerra nem para caça, como um cavalo de picadeiro, embora o mais amestrado do mundo.

Se encontro reunidas numa só pessoa a ciência e a sabedoria, não procuro saber a que sexo pertence: admiro. Se alguém me disser que uma mulher modesta nunca pensa em tornar-se sábia ou que a mulher sábia não é modesta, certamente já esqueceu o que acabou de ler: que só uns certos defeitos afastam as mulheres da ciência. Deve-se, portanto, concluir que, quanto menos defeitos elas tiverem, mais modestas serão; assim, a mulher modesta é mais apta a tornar-se sábia ou a mulher que venceu muitos de seus defeitos e conseguiu tornar-se sábia, é ainda mais sensata que todas.

50. Manter a neutralidade entre duas mulheres que são igualmente nossas amigas, embora tenham rompido por motivos que não nos dizem respeito, é um ponto delicado: na maioria das vezes temos de escolher entre as duas, ou perdê-las ambas.

51. Há mulheres que gostam mais de seu dinheiro que de seus amigos, e de seus amantes mais do que seu dinheiro.

52. Causa espanto ver no coração de certas mulheres um sentimento mais vivo e mais forte que o amor pelos homens, quero dizer, a ambição e o jogo. Essas mulheres tornam os homens castos; do sexo frágil têm apenas as roupas.

53. As mulheres estão sempre nos extremos: são melhores ou piores que os homens.

54. A maioria das mulheres não tem princípios; elas se deixam guiar pelo coração e dominar por aqueles a quem amam.

55. No amor, as mulheres são superiores à maioria dos homens; mas, na amizade, elas são inferiores. Os homens são a causa pela qual as mulheres não se amam.

56. É perigoso arremedar alguém. Lisa, já velha, quer pôr no ridículo uma jovem e ela mesma se deforma e me assusta: para imitá-la, faz caretas e se contorce toda. Fica tão feia, que torna mais bonita aquela de quem está zombando.

57. Pretende-se, na cidade, que muitos idiotas são inteligentes e, na corte, que não possui espírito, muita gente que realmente o tem; entre as pessoas desta última categoria, é difícil a uma mulher bonita escapar à censura entre as demais mulheres.

58. Um homem guarda melhor o segredo alheio que o seu. Uma mulher, ao contrário, guarda melhor o próprio segredo que o alheio.

59. Não há no coração de uma jovem um amor tão violento, ao qual o interesse ou a ambição não acrescente alguma coisa.

60. Há uma oportunidade única em que as mulheres ricas devem escolher marido; aquelas que deixam escapar as primeiras ocasiões, arrependem-se depois; parece que a fama de seus bens diminui com a fama de sua beleza. Pelo contrário, tudo favorece uma jovem, até a própria opinião dos homens, que gostam de lhe atribuir todos os encantos que possam torná-la mais desejável.

61. Quantas mulheres a quem sua grande beleza só serviu para viver na esperança de grande fortuna!

62. Os amantes de mulheres bonitas, que são maltratados por elas, são vingados por feios, por velhos ou por maridos indignos.

63. A maioria das mulheres aprecia o merecimento e a elegância dos homens pela impressão exterior que estes causam e não encontram nem merecimento nem elegância naqueles que não as impressionam.

64. Um homem que pretenda saber se está mudado, quando começa a envelhecer, pode consultar o olhar de uma jovem que o aborda e o tom de voz com que lhe fala: logo saberá o que receia. Rude escola!

65. Deixa sempre igual impressão a mulher que nunca tira os olhos da mesma pessoa ou que sempre os desvia.

66. Custa pouco às mulheres dizer o que não sentem; custa menos ainda aos homens dizer o que sentem.

67. Acontece às vezes a uma mulher esconder a certo homem o grande amor que tem por ele, enquanto, por outro lado, o homem finge sentir por ela toda uma enorme paixão que não existe.

68. Suponhamos um homem indiferente, mas que quer despertar numa mulher uma paixão que ele não sente; pergunta-se se não seria mais fácil impor-se àquela por quem é amado do que à outra que não o ama?

69. Um homem pode iludir uma mulher fingindo amá-la, desde que não tenha um verdadeiro amor por outra.

70. Um homem se irrita com a mulher que já não o ama, e logo se consola; uma mulher faz menos barulho quando é deixada, e fica por muito tempo inconsolável.

71. Só a vaidade ou o amor curam as mulheres de sua preguiça.

Pelo contrário, nas mulheres impulsivas, a preguiça é um presságio de amor.

72. É evidente que a mulher que escreve com arrebatamento está exaltada; não é tão certo que esteja comovida. Parece que as paixões fortes são calmas e silenciosas, e o desejo mais ardente de uma mulher que já não é livre, o desejo que mais a agita, não é tanto persuadir quem ela ama, mas assegurar-se de que é amada.

73. Glicéria não gosta das mulheres, detesta suas atitudes e suas visitas, esconde-se delas e muitas vezes de seus amigos, cujo número é pequeno, com quem é severa, lhes impõe uma ordem, sem permitir a eles nada do que ultrapasse a amizade; é distraída com eles, responde com monossílabos e parece procurar desfazer-se deles; é solitária e cruel em sua casa; sua porta é vigiada e seu quarto é mais inacessível que aqueles de Monthoron e de Héniery. Uma só é esperada, Corinne, e é recebida a qualquer hora; é abraçada repetidamente, é amada, falam-lhe ao ouvido num aposento em que estão sós; há mais que dois ouvidos para escutá-la; queixam-se a ela das outras, dizem de tudo sem contar nada; ela priva da confiança de ambos. Glicéria é vista partir em carruagem para o baile, para o teatro nos jardins públicos, a caminho de Venouze, onde se alimenta; às vezes sozinha na liteira na estrada da periferia, onde possui um pomar delicioso, ou à porta de Canidie, que tem tão belos segredos, que promete às jovens mulheres segundas núpcias, que revela as ocasiões e as circunstâncias. Ela aparece geralmente com um penteado simples e negligente, vestida singelamente, sem adereços e de chinelo; é linda assim e não lhe falta viço. Nota-se nela, contudo, um rico laço que oculta com cuidado dos olhos de seu marido. Ela o adula, o acaricia, inventa-lhe todos os dias novos nomes, não tem outra cama senão a de seu querido esposo e não quer dormir fora de casa. A manhã, divide-a entre sua toalete e alguns bilhetes que precisa escrever. Um criado vem falar com ela em segredo; é Parmenon, o favorito, que ela sustenta apesar da antipatia do senhor e da inveja dos domésticos. Quem, na verdade, leva a conhecer melhor as intenções e dá melhor resposta do que Parmenon? Quem fala menos daquilo que é preciso calar? Quem sabe abrir uma porta secreta com menos barulho? Quem conduz com mais destreza pela escada estreita? Quem consegue fazer sair pelo mesmo lugar pelo qual entrou?

74. Não compreendo como um marido que se deixa dominar por seu mau humor e por seu gênio, que não esconde nenhum de seus defeitos, e que, pelo contrário, mostra todos os seus pontos fracos, que é avarento, desleixado no trajar, brusco nas respostas, grosseiro, frio e taciturno, pode esperar defender o coração de uma jovem mulher contra os ataques de um galanteador, que emprega elegância e generosidades, cuidados, amabilidades, presentes e elogios.

75. Um marido não tem rival que não seja obra sua, como um presente que ele deu outrora a sua mulher. Ele o elogia diante dela por seus belos dentes e sua bela cabeça; ele aceita as amabilidades, recebe suas visitas; não há nada melhor para ele que a caça e as trufas que esse amigo lhe envia. Quando oferece um jantar em casa, diz aos convidados: "Provem isto; foi Leandro que me mandou, só me custou um muito obrigado".

76. Há um tipo de mulher que aniquila ou enterra seu marido, a ponto de nunca se falar nele: está vivo ainda? Já morreu? Duvida-se. Na própria família serve apenas como exemplo de tímido silêncio e de uma perfeita submissão. Não tem dotes nem merece respeito. Por causa disso, embora não possa gerar filhos, ele é a mulher, e ela o marido. Passam meses inteiros na mesma casa, sem o menor perigo de se encontrarem; é verdade que são apenas dois vizinhos. O senhor paga o assador e o cozinheiro, mas é sempre na casa da senhora que se vai jantar. Não têm nada em comum, nem a cama, nem a mesa, nem mesmo o nome: vivem à moda romana ou grega, cada um tem o seu; e não é senão com o tempo e depois que se espalharam bisbilhotices do lugar, que finalmente se sabe que o sr. B... é publicamente há vinte anos o marido da sra. L...

77. A mulher que não mortifica o marido com a desordem de seus hábitos, dispõe-se a fazê-lo com sua nobreza e com seus parentes, pelo rico dote que levou, pelos encantos de sua beleza, por seu merecimento e por aquilo que alguns chamam virtude.

78. Há poucas mulheres tão perfeitas, que não levem o marido a arrepender-se, pelo menos uma vez por dia, de ter casado ou a pensar que é mais feliz o homem solteiro.

79. As dores mudas e estúpidas estão fora de moda: chora-se, grita-se, repete-se aos brados a dor; a morte do marido impressionou tanto, que não se esquece a menor circunstância do ocorrido.

80. Não seria possível descobrir a arte de se fazer amar pela própria mulher?

81. Uma mulher insensível é aquela que ainda não viu aquele que deve amar.

Havia em Esmirna uma mulher muito linda chamada Emira e que era conhecida em toda a cidade, não tanto por sua beleza como pela austeridade de seu comportamento e principalmente pela indiferença que mostrava a todos os homens. Dizia que podia vê-los sem correr perigo, pois sentia por eles o mesmo que por suas amigas ou por seus irmãos. Não acreditava na minoria de suas loucuras que em todos os tempos o amor provoca; e aquelas a que assistia eram para ela incompreensíveis. Só conhecia a amizade. Uma jovem encantadora dedicava-lhe uma amizade tão doce, que seu único desejo era que esse sentimento perdurasse, não imaginando sequer que pudesse haver outro sentimento que pudesse esfriar essa estima e confiança que a deixavam tão contente. Só falava de Eufrosina; era o nome dessa fiel amiga, e toda Esmirna só falava dela e de Eufrosina, dessa amizade proverbial. Emira tinha dois irmãos jovens, de marcante beleza, por quem todas as mulheres da cidade se apaixonavam; é verdade que sempre os amou como uma irmã gosta de seus irmãos.

Um sacerdote de Júpiter frequentava a casa de seu pai, apaixonou-se por ela e ousou confessá-lo. Só encontrou desprezo. Um velho, confiando em sua nobre nascença e em sua grande fortuna, teve a mesma audácia e recebeu igual tratamento. Emira continuava triunfante, vivendo insensível entre seus irmãos, um sacerdote e um velho. Parece que o céu quis submetê-la a mais duras provas, que serviram apenas para torná-la mais arrogante e confirmar a ela a fama de mulher invulnerável ao amor.

De três apaixonados que seus encantos conquistaram e a quem deixou expandir sua paixão, o primeiro, num arroubo de paixão, traspassou o coração aos pés dela; o segundo, cheio de desespero porque não lhe dava ouvidos, foi morrer na guerra de Creta; e o terceiro morreu de dor e de insônia. Não aparecera ainda aquele que teria de vingá-los. O velho, que tinha sido tão infeliz em seus amores, se havia curado refletindo sobre sua idade e sobre o caráter da mulher que quisera agradar; desejou continuar a vê-la, e ela o tolerava. Um dia ele levou seu filho, que era jovem, de aspecto agradável e de elegante porte. Emira olhou-o com interesse. E como o jovem se conservasse calado por muito tempo diante de seu pai, ela lamentou que não fosse bastante inteligente e almejava que realmente tivesse um pouco mais. Mas o jovem apareceu um dia, sozinho, falou bastante e com desenvoltura; como a olhou pouco e falou menos dela e de sua beleza, ficou surpresa e indignada que um homem tão elegante e espirituoso não usasse de galanteios. Falou dele à sua amiga, que logo o quis ver. Ele só olhava para Eufrosina, dizendo-lhe que a achava linda; Emira, tão indiferente, ficou cheia de ciúme, compreendeu que Ctésifon falava com sinceridade e que não só sabia dizer galanteios, mas que era também afetuoso. Desde então passou a ter menos confiança em sua amiga. Quis vê-los juntos uma segunda vez para se convencer e uma segunda entrevista lhe fez ver ainda mais o que receava presenciar, acabando por transformar as suspeitas em certeza. Afasta-se então de Eufrosina, não lhe reconhecendo mais a simpatia que a havia encantado, perde o gosto por sua conversa; não gosta mais dela e essa transformação lhe faz sentir que o amor tomara em seu coração o lugar da amizade. Ctésifon e Eufrosina passam a ver-se todos os dias, se amam, pensam em casar e casam. A notícia se espalha por toda a cidade e propaga-se que houve enfim duas pessoas que realizaram essa felicidade tão rara de casar por amor. Emira fica sabendo do caso e se desespera. Sente despertar em si todo o seu amor; visita Eufrosina só pelo prazer de encontrar Ctésifon; mas casado há pouco, esse jovem marido é ainda o amante de sua mulher e encontra na jovem esposa uma verdadeira amante; em Emira só vê a amiga da pessoa que ama. A infeliz mulher perde o sono, não quer mais comer; enfraquece; seu espírito se transtorna, imagina que Ctésifon é seu irmão, fala-lhe com ternura como a um amante; ao reparar no erro, cora; logo recai em desvarios mais intensos, já não cora, porque não repara no que diz e no que faz. Então passa a temer os homens; demasiado tarde; um dia endoidece. Tem ainda intervalos de lucidez em que sua razão retorna e ela geme por recuperá-la. Os jovens de Esmirna, que a viram tão arrogante e insensível, acreditam que os deuses foram realmente implacáveis na punição que lhe aplicaram.

Do coração

1. Há na amizade pura um perfume que aqueles que são medíocres não podem respirar.

2. A amizade pode subsistir entre pessoas de sexos diferentes, livre de toda grosseria. Entretanto, uma mulher vê sempre um homem como um homem e, reciprocamente, um homem vê sempre uma mulher como uma mulher. Essa ligação não é paixão nem amizade: cria uma classe à parte.

3. O amor nasce subitamente, sem qualquer reflexão, por temperamento ou por fraqueza: um traço de beleza o provoca, o desencadeia. Pelo contrário, a amizade se forma aos poucos, com o tempo, com o hábito, com uma longa convivência. Quanta inteligência, bondade, dedicação, quantos serviços prestados e quanta condescendência são necessários para conseguir em muitos anos menos do que às vezes num momento consegue um rosto lindo ou uma bela mão!

4. O tempo, que fortalece as amizades, enfraquece o amor.

5. O amor, enquanto dura, subsiste por si e às vezes pelas coisas que parece que deveriam extingui-lo, pelos caprichos, pelas exigências, pela ausência, pelo ciúme. A amizade, pelo contrário, precisa ser amparada: perece por falta de cuidado, de confiança e de complacência.

6. É mais fácil encontrar um amor exaltado que uma perfeita amizade.

7. O amor e a amizade se excluem mutuamente.

8. Aquele que teve a experiência de um grande amor negligencia a amizade; e aquele que se desiludiu com a amizade ainda não teve a experiência do amor.

9. O amor começa pelo amor; da verdadeira amizade só se poderá passar a um fraco amor.

10. Não há nada que mais se assemelhe à amizade ardente do que essas ligações que o interesse de nosso amor nos leva a cultivar.

11. Uma única vez se ama com sinceridade: é a primeira. Nas outras, os amores são menos involuntários.

12. O amor que nasce inesperadamente é o que mais custa a curar.

13. O amor que cresce aos poucos e gradualmente se assemelha demais com a amizade para ser uma paixão violenta.

14. Aquele que ama bastante para desejar amar um milhão de vezes mais só fica inferior em amor àquele que ama mais do que desejaria.

15. Se eu disser que na violência de uma grande paixão se pode amar alguém mais que a si mesmo, a quem darei maior prazer, aos que amam ou aos que são amados?

16. Muitas vezes os homens querem amar, mas não são bem-sucedidos: procuram o motivo de sua derrota, e não o encontram; veem-se, por assim dizer, obrigados a permanecer livres.

17. Aqueles que no início se amam com a mais violenta paixão, logo, cada um por seu lado, passam a se amar menos e, a seguir, não se amam mais. Qual deles, o homem ou a mulher, contribui mais para essa ruptura, não é fácil dizer. As mulheres acusam os homens de inconstância, e os homens dizem que as mulheres são volúveis.

18. Por mais delicado que se queira ser no amor, há mais faltas a perdoar do que na amizade.

19. É uma vingança bem doce para aquele que sofre de um grande amor desprezado, fazer da pessoa ingrata uma mais ingrata ainda.

20. É triste amar sem possuir uma grande fortuna e que nos dê os meios de cumular de bens a pessoa amada e torná-la tão feliz que não tenha mais desejos a expressar.

21. Se acaso há uma mulher por quem tivemos uma grande paixão e que se tivesse mostrado indiferente, por mais importantes que sejam os serviços que nos preste no decorrer de nossa vida, corremos o grande risco de ser ingratos.

22. Um grande reconhecimento vem sempre acompanhado de muita simpatia e amizade pela pessoa que nos fez um favor.

23. Estar com pessoas que amamos é o que basta; sonhar, falar com elas, ficar calado, pensar nelas, pensar em coisas diferentes, mas perto delas, é quanto basta.

24. Não é tão grande a distância do ódio à amizade como à antipatia.

25. Parece que é menos raro passar da antipatia ao amor que da antipatia à amizade.

26. Na amizade é que se confia o segredo, mas no amor ele escapa da boca. Pode-se ter a confiança de alguém sem ter seu coração. Aquele que possui o coração, não tem necessidade de revelação ou de confiança; tudo está aberto para ele.

27. Na amizade só vemos os defeitos que podem prejudicar nossos amigos. No amor, só vemos os defeitos que nos fazem sofrer.

28. No amor, só a primeira desilusão, e na amizade, só o primeiro erro, podem ser benéficos.

29. Parece que, se existir uma desconfiança injusta, extravagante e sem fundamento, a que uma vez se chamou ciúme, esse outro ciúme, que é um sentimento justo, natural, baseado na razão e na experiência, deveria merecer outro nome.

O temperamento tem grande influência no ciúme, que nem sempre supõe uma grande paixão. Entretanto, um amor violento e não suscetível é um paradoxo.

Muitas vezes, o excesso de suscetibilidade nos faz sofrer, mas a sós. Com o ciúme, sofre-se e se faz sofrer os outros.

Aquelas que não nos poupam em nada e que não evitam nenhuma ocasião para demonstrar ciúme não deviam merecer de nossa parte o menor ciúme, se nos deixássemos levar mais por seus sentimentos e por sua conduta do que por nosso coração.

30. A frieza e o afrouxamento na amizade têm suas causas. No amor, não há outro motivo para deixar de amar: ter amado muito.

31. Não temos o poder de amar sempre, como o não tivemos para não amar nunca.

32. O desgosto mata o amor e o esquecimento o enterra.

33. O começo e o declínio do amor se fazem sentir pelo embaraço em que nos encontramos por estarmos sós.

34. Cessar de amar é prova sensível que o homem é limitado e que o coração tem os seus limites.

Amar é fraqueza; é às vezes maior fraqueza esquecer.

Há sempre esquecimento e há sempre consolação: o coração não pode chorar sempre nem amar sempre.

35. Deveria haver em nosso coração fontes inesgotáveis de dor para certas perdas. Não é por virtude ou por força de caráter que saímos de uma grande aflição: choramos amargamente e sentimo-nos desolados, mas a fraqueza ou a inconstância depressa nos consolam.

36. Se uma feia é amada, só o pode ser loucamente, pois só pode ocorrer por uma estranha fraqueza do amante ou pelos mais secretos e invencíveis encantos, que não sejam aqueles da beleza.

37. Muito tempo ainda e pela força do hábito as pessoas continuam a ver-se e a dizerem mutuamente que se amam, quando as atitudes exteriores revelam que já não há amor.

38. Se quisermos esquecer alguém, pensamos constantemente nessa pessoa. O amor tem isso de comum com os escrúpulos: irrita-se com as reflexões e com os estratagemas para livrar-se dele. Para diminuir a paixão, deve-se, se for possível, não pensar mais nela.

39. Queremos sempre ser felizes ou, se não pudermos, fazer infelizes aqueles que amamos.

40. Sentir saudades daquilo que amamos é um bem, se comparado com a tristeza de viver com quem odiamos.

41. Por maior que seja nosso desinteresse por aqueles que amamos, devemos às vezes fazer um esforço e ter a generosidade de acolher o que nos oferecem.

Pode aceitar uma doação aquele que sente um prazer especial em receber, como o sente seu amigo em dar.

42. Dar é agir: não sofrer pelo bem que se faz, nem ceder à inoportunidade ou à necessidade daqueles que nos pedem alguma coisa.

43. Se alguma coisa damos àqueles que amamos, aconteça o que acontecer, não devemos nunca mais pensar em nossa generosidade.

44. Uma frase latina diz que custa menos odiar do que amar ou, se quiserem, que a amizade é mais onerosa que o ódio. É verdade que não há obrigação de dar a nossos inimigos, mas a vingança também não nos custa nada? Ou, se é agradável e natural fazer mal àqueles que odiamos, sê-lo-á menos fazer bem a quem amamos? Não seria duro e triste não fazer esse bem?

45. É doce cruzar com os olhos daqueles a quem acabamos de dar alguma coisa.

46. Não sei se um benefício que recai sobre um ingrato e, portanto, sobre um indigno, não muda de nome e não mereceria assim mais gratidão.

47. A liberalidade consiste menos em dar muito do que em dar apropriadamente.

48. Se realmente a piedade e a compaixão são um reflexo de nós mesmos, que nos coloca no lugar dos infelizes, porque é que eles encontram em nós tão pouco consolo para suas misérias? É preferível expor-nos à ingratidão que abandonar os infelizes.

49. A experiência confirma que a brandura ou a indulgência para si próprio e a severidade para com os outros são um mesmo e único vício.

50. Um homem duro no trabalho e, na dificuldade, inexorável para consigo mesmo, não é indulgente para com os outros senão por um excesso de razão.

51. Por mais desgosto que se tenha ao ver-se encarregado de um indigente, quase não apreciamos a melhoria que, por fim, o livra de nossa sujeição: assim também, a alegria que sentimos ao ver um amigo afortunado, é um pouco diminuída pela leve contrariedade que sofremos de vê-lo acima de nós ou igual a nós. Por isso, nunca estamos de acordo conosco mesmos; queremos dependentes, mas que não nos custem nada; queremos também o bem dos amigos, e se acaso isso acontece, nem sempre ficamos contentes.

52. Convidamos, oferecemos nossa casa, nossa mesa, nossos bens e nossos préstimos: nada custa cumprir a palavra.

53. Para nós basta um amigo fiel; já é muito tê-lo encontrado: não podemos ter mais, para que os outros não se aproveitem.

54. Quando fizemos por certas pessoas tudo o que podíamos para conquistá-las; se isso não der resultado, resta um recurso: não fazer mais nada.

55. Viver com nossos inimigos como se um dia viessem a ser nossos amigos e viver com nossos amigos como se pudessem tornar-se nossos inimigos não é proceder segundo a lei do ódio, nem segundo as regras da amizade; não é uma máxima moral, mas política.

56. Não devemos fazer inimigos aqueles que, mais conhecidos, possam vir a ser nossos amigos. Devemos escolher amigos tão fiéis e de tão grande probidade, que se um dia nos irritarmos, não queriam abusar de nossa confiança nem ameaçar-nos como inimigos.

57. É agradável ver nossos amigos por prazer e por estima; é triste frequentá-los por interesse; isso se chama solicitar.

58. Devemos procurar o apoio daqueles a quem queremos bem e não daqueles de quem esperamos algum bem.

59. Não voamos com as mesmas asas em busca da fortuna ou de coisas frívolas e de fantasia. Seguir um capricho nos dá um sentimento de liberdade e, pelo contrário, de escravidão ao defender nossos interesses. É natural desejar que não custe muito trabalho a conquista de qualquer posição, da qual nos julgamos dignos.

60. Aquele que sabe esperar pelo bem que deseja, não se desespera se não vier; aquele, pelo contrário, que deseja uma coisa com grande impaciência, põe demasiado de si para ser suficientemente recompensado pelo sucesso.

61. Há certas pessoas que desejam tão ardentemente e com tamanha veemência uma coisa determinada que, de medo de não alcançá-la, não esquecem nada daquilo que deveriam fazer para não consegui-la.

62. As coisas mais desejadas não acontecem nunca; ou, se acontecem, não é na ocasião nem nas circunstâncias que nos dariam extremo prazer.

63. É preciso rir antes de ser feliz, de medo de morrer sem ter rido.

64. A vida é curta, se assim a definirmos apenas nos momentos agradáveis, porquanto, se juntássemos todas as horas de prazer, no fim de muitos anos conseguiríamos apenas somar uma vida de alguns meses.

65. Quão difícil é estar contente com alguém!

66. Deveríamos sentir certa alegria ao ver desaparecer um homem mau; poderíamos assim saborear o fruto de nosso ódio, desfrutando o prazer maior que esse homem nos poderia dar: o prazer de sua perda. Um dia, finalmente, morre, mas em circunstâncias em que nossos interesses não nos permitem regozijar-nos: morre cedo demais ou tarde demais.

67. É sempre difícil a um homem orgulhoso perdoar a quem o surpreendeu em erro e que se queixa dele com razão: seu orgulho só fica satisfeito quando consegue readquirir sua superioridade e jogar a culpa no outro.

68. Assim como nos afeiçoamos sempre mais às pessoas a quem fizemos bem, assim também detestamos com maior intensidade aqueles que ofendemos muito.

69. É tão difícil abafar de início o desejo de injuriar como conservá-lo vivo depois de passado certo número de anos.

70. É por fraqueza que se detesta um inimigo e que se pensa em vingança; e é por preguiça que se faz as pazes e não se pensa mais em vingança.

71. É tanto por preguiça como por fraqueza que as pessoas se deixam dominar.

Não devemos pensar em aconselhar alguém, de repente e sem qualquer preparação, num assunto importante e que seria decisivo para ele e para os seus; logo sentiria o domínio e a ascendência que quereríamos estabelecer sobre seu espírito, e sacudiria o jugo por vergonha ou capricho: convém principiar influindo nas pequenas coisas e seguir adiante até as maiores é imprescindível. Esse procedimento começa por mandá-lo para os campos ou fazê-lo voltar à cidade e termina por ditar-lhe um testamento em que seu filho é reduzido à legítima.

Para conseguir um domínio absoluto e de longa duração sobre alguém, devemos ter a mão leve, fazendo com que sinta o menos possível a dependência alheia.

Alguns homens se deixam dominar até certo ponto; passado esse limite são intratáveis e não se deixam mais dominar: perdemos de repente o domínio sobre seu coração e seu espírito; nem a arrogância nem a habilidade, nem a força nem o engenho conseguem dominá-los. Só há uma diferença: é que alguns são assim por raciocínio e inteligência, e outros, por temperamento e caráter.

Há homens que não atendem à razão nem aos bons conselhos e que se perdem por sua vontade, com medo de ser mandados.

Outros consentem que seus amigos os dominem em coisas quase indiferentes e querem arrogar-se o direito de dirigi-los, por sua vez, em coisas graves.

Drance quer fingir que manda em seu mestre, que, tanto como o público, acha graça da pretensão. Falar constantemente com ele nos locais e nas ocasiões menos próprias; segredar ao ouvido dele com ares misteriosos; rir às gargalhadas em sua presença; interrompê-lo a palavra, colocar-se entre ele e aqueles que lhe estão falando, desprezar aqueles que vêm visitá-lo ou mostrar-se impaciente para que se retirem, postar-se ao lado dele em postura desleixada, ficar ao lado dele apoiando-se na lareira, puxá-lo pela capa, andar atrás dele, mostrar familiaridade, tomar certas liberdades, são mais próprias de um vaidoso que de um criado.

O homem sensato não se deixa dominar, nem procura dominar os outros: prefere que só a razão o oriente sempre.

Não me furtaria de ser entregue por confiança a uma pessoa razoável e ser dirigido em tudo, de modo absoluto e sempre: teria a certeza de proceder bem, sem o trabalho de tomar decisões; gozaria da serenidade daquele que é dominado pela razão.

72. Todas as paixões são ilusórias: ocultam-se tanto quanto podem aos olhos dos outros; escondem-se de si próprias. Não há nenhum vício que não se aproveita de sua falsa semelhança com alguma virtude.

73. Abrimos um livro devoto e nos comovemos; abrimos um livro de fatos amorosos e nos impressionamos. Seria de ousar dizer que só o coração concilia as coisas opostas e admite as incompatíveis?

74. Os homens se envergonham menos de seus crimes que de suas fraquezas ou de sua vaidade. Um homem que oculta seu amor ou sua ambição, sem outro motivo que ocultá-lo, se mostra abertamente injusto, violento, pérfido, caluniador.

75. Nunca se dá o caso em que alguém possa dizer: "Eu era ambicioso". Ou não o somos ou somos sempre, mas chega sempre o dia em que é forçoso confessar que já amamos.

76. Os homens começam pelo amor, acabam pela ambição e muitas vezes só encontram tranquilidade quando morrem.

77. Nada custa menos à paixão que colocar-se acima da razão: seu maior triunfo é vencer o interesse.

78. Somos mais sociáveis e mais abordáveis pelo lado do coração que pelo do espírito.

79. Há certos sentimentos generosos, certas ações nobres e elevadas, que devemos menos à força de nosso espírito que à bondade de nosso caráter.

80. O mais belo excesso que existe no mundo é o da gratidão.

81. Devemos estar bem desprovidos de espírito, se o amor, a maldade ou a necessidade não o desencantam.

82. Há lugares que admiramos; há outros que nos comovem e onde gostaríamos de viver.

Quero crer que dependemos dos lugares para o espírito, o bom humor, a paixão, o gosto e os sentimentos.

83. Aqueles que praticam o bem mereceriam ser invejados, se não houvesse ainda um melhor partido a tomar, que é o de fazer melhor; é a melhor vingança contra aqueles que nos provocam essa inveja.

84. Há certas pessoas que fogem do amor e de escrever versos, como de duas fraquezas que não se atrevem a confessar: uma do coração, e outra, do espírito.

85. Às vezes, no curso da vida, nos proíbem prazeres tão caros e afetos tão meigos, que é natural, ao menos, desejar que nos fossem permitidos; tão profundos encantos só podem ser ultrapassados por aquele que sabe renunciar a eles por virtude.

Da sociedade e da conversa

1. O pior caráter é não ter caráter.

2. Só o tolo pode tornar-se importuno: um homem inteligente sabe se agrada ou se aborrece; sabe desaparecer sempre antes de se sentir fora de ambiente.

3. Encontram-se a cada passo impertinentes e essa espécie de inseto invade qualquer lugar. Um homem agradável é uma peça rara; ao homem que nasceu com essa qualidade é sempre difícil sustentar por muito tempo esse caráter; aquele que faz rir não é usualmente estimado.

4. Há muitos espíritos obscenos, mais ainda são os difamadores e satíricos e poucos, os delicados. Para zombar com graça e rir gentilmente das pequenas coisas, é necessário ter boas maneiras, boa educação, e mesmo um espírito fecundo: proceder assim é realmente criar e do nada fazer alguma coisa.

5. Se déssemos realmente atenção a tudo o que se diz de inútil, vão e pueril nas conversas banais, teríamos vergonha de falar ou de ouvir e nos condenaríamos talvez a um silêncio perpétuo, o que seria bem pior do que dizer palavras vazias. Devemos, portanto, acomodar-nos a todas as mentes, aceitar como um mal necessário o relato de notícias falsas, as reflexões vagas sobre o governo atual, sobre o interesse dos príncipes, sobre o alardear de belos sentimentos, que são sempre os mesmos. Temos de deixar Arôncio citar seus provérbios e Melinda falar de si, de seus desmaios, de suas enxaquecas e de suas insônias.

6. Há pessoas que em suas conversas ou no pouco diálogo que mantêm entre si se tornam desagradáveis pelas expressões ridículas e pela impropriedade dos termos que usam, como também pelo sentido que conferem a certas palavras, sentido que só se encontra em sua boca, porquanto seus inventores jamais pensaram em atribuí-lo a elas. Ao falar, não atendem nem a razão nem as conveniências, mas apenas seu capricho bizarro. O desejo de gracejar ou talvez de fazer-se notar leva-as insensivelmente a um palavreado que lhes é próprio e que se torna, por fim, seu modo natural de falar, tão extravagante e tão afetado, acompanhado de gestos sem graça, que se tornam ridículos. Todas essas pessoas são vaidosas, pretendendo ser ornadas de reais encantos de inteligência e não se pode dizer que sejam totalmente desprovidas de espírito, mas é de lamentar o pouco que possuem e o quanto fazem os outros sofrer.

7. O quê? Como? Não compreendo! Gostaria de recomeçar? Percebo ainda menos. Por fim, adivinho. O que queres me dizer, Acis, é que faz frio; por que não me dizes "Faz frio"? Queres dizer-me que está chovendo, que está caindo neve? Então por que não dizes "Está chovendo ou está nevando"? Achas que estou com fisionomia alegre e gostarias de me felicitar. Por que não dizes "Você está com ótimo semblante"?

Mas poderiam dizer-me: isso é muito simples e claro; e quem não seria capaz de dizer o mesmo? Que importa, Acis? Há algum inconveniente em que nos compreendam quando falamos e em falar como todos? Uma coisa te falta, Acis, a ti e a teus semelhantes; falta – não te espantes! – uma coisa, o espírito. Mas não é tudo. Há uma coisa a mais em ti, a de te julgares mais espirituoso que os outros e é essa a causa de toda essa pomposa embrulhada, das frases destrambelhadas, das palavras altissonantes e que não significam nada. Aproximas-te desse homem ou entras naquele quarto. Cuidado! Puxando-te pela aba de tua capta, digo-te em segredo: "Não penses em querer ter espírito; se possível, usa antes de uma linguagem simples, como aqueles que achas que não são inteligentes. Talvez então se acredite que tens espírito".

8. Quem pode evitar na sociedade dos homens o convívio com certos homens de espírito vazio, frívolo, corriqueiro, atrevido, que são sempre os que falam mais numa roda e que os outros têm de escutar? Logo na antessala os ouvimos; entramos impunemente, sem receio de interrompê-los: continuam contando sua história sem prestar sequer atenção aos que entram ou saem, nem à categoria ou ao mérito das pessoas ali reunidas; interrompem aquele que começa a contar uma novidade, para contá-la a seu modo, que é o melhor: ouviram-na de *Zamet,* de *Ruccelai* ou de *Conchini,* que nem conhecem, a quem nunca falaram e a quem tratariam por *excelência,* se lhes falassem; aproximam-se às vezes indiscretamente da pessoa mais qualificada da assembleia, para lhe contar em segredo um pormenor que os demais não sabem e que não querem que venham a sabê-lo; suprimem alguns nomes para disfarçar a história que contam, e desviar a atenção. Pede-se e se insiste inutilmente com eles, mas há coisas que eles nunca dirão, há pessoas cujos nomes nunca haverão de pronunciar, porque deram sua palavra. É o derradeiro segredo, é um mistério, além do que se lhes pede o impossível, porquanto o que se quer saber deles, eles ignoram o fato e as pessoas.

9. Arrias leu tudo, viu tudo e quer convencer os outros disso; é um homem universal e assim se considera: prefere mentir a ficar calado ou a mostrar que ignora qualquer coisa. À mesa, fala-se de um personagem importante de longínquo país do Norte: Arrias toma a palavra, interrompendo aqueles que pretendiam também saber qualquer coisa a respeito; fala dessa região distante como se tivesse nascido nela; discorre sobre a moral dessa corte, das mulheres dessa terra, de suas leis e usos e conta histórias que lá se passaram; acha-as engraçadas e ri às gargalhadas antes dos outros. Alguém se atreve a contradizê-lo, apresentando provas evidentes de que não diz a verdade. Arrias não se perturba e, ao contrário, se indigna contra quem o interrompeu, dizendo: "Só antecipo e só conto coisas que sei de fonte segura: foi Sethon, embaixador da França nessa corte, que voltou a Paris há poucos dias e que conheço muito bem, quem me contou tudo e não me ocultou nenhum detalhe". Retomava o fio de sua narrativa com mais confiança ainda, quando um de seus convidados lhe diz: "Mas o senhor está falando com o senhor Sethon, que acaba de chegar de sua embaixada".

10. Nos colóquios, deve-se tomar partido entre certa preguiça em falar ou às vezes um espírito abstrato que nos leva para longe da conversa e nos leva a fazer perguntas impróprias ou a dar respostas idiotas, e uma atenção importuna que se tem à menor palavra que escape para disfarçar, rodear, fazer mistério para que os outros não notem, além de fingir fineza e sutileza, somente para ter oportunidade de remendar.

11. Estar embevecido e convencido de que se tem muito espírito é um desastre que só acontece a quem de fato tem pouco ou nenhum espírito. Pobre de quem tem de suportar uma conversa com semelhante pessoa! Quantas palavras extravagantes aparecem de repente, duram um pouco e logo somem! Se o entusiasmado conta uma novidade, é menos para informar os que o ouvem do que para ter a vaidade de contá-la e de contá-la bem: em suas mãos, transforma-se em romance; obriga o interlocutor a pensar como ele, leva-o a usar as próprias expressões; entra em seguida em pormenores que podem passar por episódios, mas que fazem esquecer o resto da história, tanto a quem fala, como a quem ouve. Que seria de ambos se, por felicidade, não surgisse alguém para estragar tudo e fazer esquecer a narrativa?

12. Ouço Teodecto desde a antessala; aumenta a voz à medida que se aproxima; quando entra, ri, grita, faz barulho; os assistentes tapam os ouvidos diante tão grande trovoada. Todos o temem não somente pelo que diz, mas também pelo tom em que fala. Só se acalma e volta a si para dizer tolices e palavras sem nexo. Não respeita o tempo, nem as pessoas, nem as conveniências e, mesmo sem querer, depressa desagrada a todos: ainda não teve tempo de sentar e já ofendeu quase todos os presentes. À mesa, instala-se num dos lugares em destaque, entre duas senhoras. Come, bebe, conversa, graceja e interrompe, tudo ao mesmo tempo. Não distingue as pessoas, nem o dono da casa dos convidados; abusa da imensa deferência que todos lhe manifestam. Será ele, será Eutídimo quem oferece o jantar? Chama a si todo o comando da mesa; é mais simples deixar tudo sob seu controle do que disputar com ele. O vinho e as iguarias não acrescentam nada a seu caráter. Se jogam, é ele quem ganha; quer zombar daquele que perde e o ofende; os zombadores se colocam de seu lado: perdoam-lhe todas as impertinências. Por fim, cedo e vou embora, incapaz de tolerar por mais tempo Teodecto e todos aqueles que o suportam.

13. Troilo é um homem útil para aqueles que são muito ricos: livra-os da inquietação do supérfluo; poupa-lhes o trabalho de amontoar dinheiro, de fazer contratos, de fechar cofres, de trazer sempre consigo as chaves, de recear um roubo em casa. Acompanha-os em seus divertimentos, tornando-se em seguida capaz de os ajudar em suas paixões; logo os domina e guia em sua conduta. É o oráculo da casa, aquele de quem se esperam, até mesmo de quem se adivinham as decisões. Quando diz de certo escravo: "Merece ser açoitado", o escravo sofre logo as chicotadas; e de outro: "Merece a liberdade", logo o libertam. Se adivinham que um parasita não lhe agrada, não o faz rir, logo o despedem. E o dono da casa considera-se feliz se Troilo lhe deixar a mulher e os filhos. À mesa, se declara que certa iguaria é deliciosa, o dono e os convidados, que comiam distraídos, acham-na logo deliciosa e se fartam; se, pelo contrário, diz de outro prato que o acha insípido, aqueles que tinham começado a comer não se atrevem a engolir o bocado que já tinham na boca e o cospem: todos têm os olhos fixos nele, observam seu porte e sua fisionomia, antes de se pronunciar sobre o vinho ou as iguarias que são servidas. Não o procurem em outro local que não seja a casa desse homem rico em quem ele manda: é lá que ele come, dorme e faz sua digestão, que recrimina seu criado, que recebe seus operários e que despede os seus credores. Rege e domina desde uma sala; ali recebe as homenagens dos espertos que só querem chegar ao dono da casa por intermédio de Troilo. Se por infelicidade alguém entra e não lhe agrada, franze a testa e desvia seu olhar; se se aproximam, não se levanta; se se sentam junto dele, afasta-se; se lhe falam, não responde; se insistem, passa para a sala do lado; se vão atrás dele, dirige-se para a escada; seria mais fácil para ele subir a escada toda ou jogar-se da janela do que deixar aproximar-se dele alguém cujo aspecto ou tom de voz não lhe agrade. A Troilo não faltam um rosto amável e uma voz harmoniosa, e deles se serviu para se insinuar e para conquistar. Com o tempo, desiste de continuar a seduzir por seus encantos, que lhe garantiram destaque e valor. É muito raro que interrompa suas meditações ou seu silêncio para contradizer e que, mesmo para criticar, se digne alguma vez no dia intervir. Inútil esperar dele que defira aos sentimentos dos outros, que seja complacente, que elogie; ninguém está seguro que goste do aplauso de quem se achega ou que tolere do mesmo a complacência.

14. Devemos deixar falar esse desconhecido que o acaso colocou a nosso lado numa viatura, numa festa ou num espetáculo; para conhecê-lo, basta ouvir o que ele diz: ficamos sabendo seu nome, sua residência, sua região de origem, a importância de sua fortuna, sua profissão, aquela de seu pai, a que família pertence sua mãe, quem são seus parentes e amigos, as armas de sua família; saberemos que é nobre, que tem um castelo, belos móveis, criados e uma carruagem.

15. Há pessoas que falam antes de pensar. Há outras que prestam tanta atenção ao que dizem, que se tornam fastidiosas para quem as escuta; é como se tivessem somente frases e expressões petrificadas, que lhes inspiram os gestos e as atitudes: são puristas e não arriscam a mais leve palavra ao acaso, mesmo que causasse o mais belo efeito; não lhes escapa a menor expressão feliz, nada escorre genuinamente e com liberdade: falam com propriedade de termos, mas de modo enfadonho.

16. Ter espírito na conversa consiste menos em mostrar o seu do que em realçar o dos outros. Aquele que, acabando de conversar conosco, se mostra satisfeito com o que disse, também está satisfeito conosco. Os homens não gostam de admirar, querem agradar; procuram menos a instrução e a distração que a admiração e os aplausos; e o prazer mais delicado é o de dar prazer aos outros.

17. Não se aconselha muita imaginação em nossas conversas nem nos escritos; muitas vezes só produziriam ideias vazias e pueris, que não servem para aperfeiçoar o gosto e para nos tornar melhores. Nossos pensamentos devem primar pelo bom senso e pela reta razão e devem ser um efeito de nosso discernimento.

18. É realmente uma grande desgraça não ter espírito bastante para falar bem, nem suficiente discernimento para calar. Este é o princípio de toda impertinência.

19. Para se dizer modestamente que uma coisa é boa ou má e as razões porque o é, se requer bom senso e elegância: é um caso delicado. É mais fácil dizer em tom decidido – que por si prova o que se vai dizer – que essa coisa é execrável ou miraculosa.

20. Não há nada que fuja mais à lei de Deus e do mundo que basear tudo o que se diz na conversa, até as coisas mais insignificantes, em longos e enfadonhos juramentos. Um homem honesto, quando diz sim, merece crédito: seu caráter jura por ele, confere credibilidade a suas palavras e conquista a confiança de todos.

21. Aquele que diz incessantemente que é honrado e probo, que não prejudica a ninguém, que não se importa que o mal que causa aos outros recaia sobre ele, jurando para que acreditem nele, não consegue sequer imitar o homem de bem.

O homem de bem não seria capaz de evitar, com toda a sua modéstia, que digam dele o que o homem desonesto sabe dizer de si próprio.

22. Cleonte fala em termos pouco amáveis ou pouco verdadeiros; mas acrescenta que é feito assim e que só diz o que pensa.

23. Há falar bem, falar com facilidade, falar com propriedade, falar a propósito. É atentar contra a última forma contar o banquete magnífico que acabamos de dar, diante de pessoas que estão reduzidas a ter de poupar seu pão; falar da boa saúde que se goza, diante de um doente; falar das próprias riquezas, dos rendimentos e da mobília a um homem que não tem renda nem casa; numa palavra, falar de nossa felicidade diante de infelizes. É uma conversa desagradável para eles e a comparação que estabelecem entre a sua posição e a nossa, é odiosa.

24. "Podes considerar-te rico, e deves mesmo sê-lo", diz Eutifron; "dez mil libras de renda, em terras, isso é bom, é agradável, é o bastante para ser feliz", enquanto ele, que assim fala ao outro, possui cinquenta mil libras de rendimentos e julga possuir só metade daquilo que merece. Avalia, aprecia e fixa nossas despesas e, se nos julgasse digno de melhor sorte, mesmo daquela a que aspira, não deixaria de nos desejar. Ele não é o único que faz tão más apreciações ou comparações tão deselegantes: o mundo está cheio de Eutifrons.

25. Alguém, seguindo a tendência do costume de elogiar e pelo hábito que tem de bajular e exagerar no elogio, felicita Teódemo a propósito de um discurso que não ouviu e do qual ninguém sequer lhe falou: não se cansa de elogiar seu talento, o gesto e sobretudo a fidelidade de sua memória. Na verdade, Teódemo é muito fraco de memória.

26. Há pessoas bruscas, inquietas, autossuficientes e, ainda que não tenham nada para fazer, em poucas palavras nos despacham, não pensando senão em se verem livres de nós; ainda estamos falando, que já partiram e desapareceram. Não são menos impertinentes que aquelas que vêm ter conosco só para nos aborrecer. Talvez sejam menos incômodas.

27. Falar e ofender, para certas pessoas, é precisamente a mesma coisa. São ásperas e amargas, de estilo cheio de fel e azedume: o escárnio, a injúria, o insulto escorrem de seus lábios como a saliva. Teria sido melhor para elas se tivessem nascido mudas ou idiotas: o espírito e a vivacidade que têm prejudica-as mais que a outros, sua estupidez. Nem sempre se contentam em responder com azedume, atacam muitas vezes com insolência; mordem a todos aqueles que se encontram a seu alcance, presentes e ausentes, ferem de frente e de lado, como os carneiros: pode-se exigir a um carneiro que não tenha chifres? De igual modo, não podemos esperar que personagens tão duros, ferozes e indomáveis se modifiquem com essa figura. O melhor que temos a fazer, ao avistar essas pessoas, é fugir correndo, sem sequer olhar para trás.

28. Há pessoas de tão estranho feitio, de tão estranho caráter, que nunca se deve discutir com elas, jamais desfilar nossas queixas a elas, pois com elas e perante elas sequer nos é permitido ter razão.

29. Se duas pessoas discutiram violentamente, uma com razão e a outra não, a maioria dos espectadores nunca deixa – para eximir-se de julgar ou por um temperamento que sempre me pareceu fora de lugar – de condenar as duas. Lição importante, motivo urgente e indispensável de fugir para o Oriente quando o pedante está no Ocidente, a fim de não compartilhar de seu erro.

30. Não gosto do homem de quem não posso abordá-lo por primeiro, nem cumprimentá-lo antes que ele o faça, sem que eu fique chateado com ele e sem mudar a boa impressão que se tem dele. Montaigne diria: "Quero sentir-me livre, ser cortês e afável como quero, sem remorso nem outras consequências. Não posso de maneira alguma ir contra meu pendor que me leva ao encontro daquele que vem em minha direção. Quando é igual a mim, quando não é meu inimigo, antecipo sua acolhida, pergunto sobre sua situação e saúde, ofereço-lhe meus serviços sem pedir nem mais nem menos. Desagrada-me aquele que, pelo conhecimento que possuo de seus costumes e modos de agir, me tolhe essa liberdade e franqueza. Como me lembrar a propósito e tão logo veja esse homem de usar de continência grave e solene, como para lhe assinalar que o considera bem mais do que realmente é? É como se quisesse lembrar minhas boas qualidades e condições, das suas más, e então estabelecer a comparação. É trabalho demasiado para mim e me sinto incapaz de tão rígida e súbita atenção; mesmo que me acontecesse uma primeira vez, não deixaria que ocorresse uma segunda: não posso forçar-me nem contradizer-me diante de alguém que insiste em ser orgulhoso".

31. O homem virtuoso, inteligente e sério pode chegar a ser insuportável. As boas maneiras, que desleixamos como coisa insignificante, são por vezes o que leva os homens a ter de nós boa ou má impressão. Um pouco de atenção serve para mantê-los amáveis e polidos e para evitar seus maus juízos. Quase nada é suficiente para que os outros nos julguem orgulhosos, descorteses, menosprezadores, pouco amáveis: menos ainda é suficiente para que pensem de nós justamente o contrário.

32. Nem sempre a boa educação inspira a bondade, a equidade, a condescendência, a gratidão; mas toma ao menos esse aspecto e apresenta o homem no seu exterior como deveria ser em seu íntimo.

Pode-se definir a essência da boa educação, mas não se pode fixar sua prática: segue o uso e costumes transmitidos; está ligada ao tempo, aos lugares, às pessoas, e não é igual para os dois sexos, mesmo em condições diversas. A inteligência, só por si, não a cria: leva-nos apenas a copiar e a aperfeiçoar seus ditames. Há pessoas que nascem para ser bem educadas; há outras cuja superioridade se reflete em seu grande talento ou em sua sólida virtude. É verdade que as boas maneiras realçam o valor, tornando-o agradável; e que são necessárias qualidades eminentes para ser tolerado sem boas maneiras.

Parece-me que o espírito da boa educação é certo cuidado para que, por nossas palavras e maneiras, os outros se sintam contentes consigo mesmos e conosco.

33. É falta de educação elogiar sem moderação, em presença daqueles que convidas a cantar ou a tocar um instrumento, qualquer outra pessoa que possui os mesmos talentos; da mesma forma, elogiar outro poeta diante daqueles que leem para ti seus versos.

34. Nos banquetes ou nas festas que oferecemos aos outros, nos presentes que lhes damos e em todos os prazeres que lhes proporcionamos, podemos proceder de duas maneiras: segundo a moral ou segundo o que mais agrada aos convidados. É preferível proceder desta última maneira.

35. Seria quase uma espécie de sentimento feroz rejeitar indiferentemente todo tipo de elogios: devemos aceitar aqueles que nos são dirigidos por gente de bem e que exaltam com sinceridade coisas realmente louváveis.

36. O homem inteligente e orgulhoso não se torna menos altivo e arrogante quando empobrece; se há uma coisa que consiga suavizar seu caráter e torná-lo mais brando e sociável, é um pouco de prosperidade.

37. Aquele que não pode suportar os personagens impertinentes, de que o mundo está cheio, não mostra ter um bom caráter. Para o comércio, são necessárias tanto as moedas de ouro como as de cobre.

38. Viver com pessoas que estão zangadas e ter de ouvir de lado e de outro as queixas recíprocas é, por assim dizer, viver numa audiência permanente e ouvir, de manhã à noite, falar de litígios e processos.

39. Há pessoas que viveram a vida inteira em íntima união: tinham os bens em comum, uma mesma casa e não se perdiam de vista. Passados oitenta anos, convenceram-se que tinham de se separar e dissolver sua sociedade; pouco tempo lhes restava de vida, não tiveram coragem para passá-los juntos; apressaram-se em se separar antes de morrer; suas reservas de condescendência não podiam durar mais. Viveram tempo demais para dar um bom exemplo; se vivessem um pouco menos, teriam morrido unidos, oferecendo assim um raro modelo de perseverança na estima recíproca.

40. A intimidade das famílias é muitas vezes perturbada por desconfianças, invejas, antipatias, e deixa transparecer, no entanto, contentamento, paz e serenidade, que nos enganam, levando-nos a imaginar uma paz que não existe: há poucas famílias que ganham em ser bem conhecidas. Quando chegamos de visita, interrompemos sempre uma discussão doméstica, que recomeça mal saímos.

41. Na sociedade, é a razão que sempre cede primeiro. Os mais sensatos sujeitam-se ao mais tolo e extravagante: procuram seu ponto fraco, seu gênio, seus caprichos e curvam-se diante deles; evitam ofendê-lo e ninguém o contraria; quando se mostra afável, todos o elogiam: mostram-se reconhecidos quando não está insuportável. É temido, respeitado, obedecido e, às vezes, até amado.

42. Só aqueles que tiveram pais ou parentes velhos, ou que ainda os têm e de quem esperam herdar, é que podem dizer como custa suportá-los.

43. Cleanto é um homem muito honesto; escolheu para esposa a melhor mulher do mundo e a mais sensata; cada um, por seu turno, faz a alegria e o prazer das reuniões que frequentam; não é fácil encontrar maior probidade e melhor educação. De súbito, resolvem separar-se judicialmente. Há, sem mentira, méritos que não são feitos para viver juntos e certas virtudes que são incompatíveis.

44. O marido pode contar com o dote e a pensão da mulher, mas já não é tão certo a ajuda para a alimentação. Depende da união tão frágil da sogra com a nora, união que muitas vezes não resiste ao primeiro ano de casamento.

45. Um sogro gosta do genro e gosta da nora. Uma sogra gosta do genro, mas não gosta da nora. Tudo é recíproco.

46. Tudo o que uma madrasta menos gosta neste mundo é dos filhos do marido: quanto mais louca pelo marido, mas madrasta é.

As madrastas despovoam as cidades e as aldeias e não povoam menos o mundo de mendigos, vagabundos, criados e escravos que a pobreza.

47. G... e H... são vizinhos do interior e suas terras são contíguas; vivem numa região deserta e solitária. Afastados da cidade e de seu comércio, parece que a fuga da total solidão ou a amizade deveria lhes proporcionar uma ligação mútua. É, no entanto, difícil explicar a bagatela que os levou a romper, tornando-os implacáveis um contra o outro e perpetuando esse ódio em seus descendentes. Jamais parentes e mesmo irmãos se envolveram em questão mais fútil. Suponhamos que a terra inteira pertença somente a dois homens, dividindo-a entre eles. Estou certo de que em breve haverá de surgir algum motivo de ruptura, mesmo que fosse por uma simples questão de limites.

48. Muitas vezes é mais fácil e mais útil amoldar-nos aos outros do que levar os outros a adequar-se a nós.

49. Ao me aproximar de uma pequena cidade, descortino-a do alto de um monte. Está situada na metade da encosta, um rio banha suas muralhas e corre depois numa bela pradaria; uma densa floresta a protege dos ventos frios do *aquilon*. O dia está tão límpido que posso contar suas torres e seus campanários; parece um quadro pintado na encosta da colina. Surpreso, exclamo: "Como deve ser agradável viver sob um céu tão claro e num lugar tão lindo!" Entro na cidade e, depois de passar nela duas noites, penso como seus habitantes: o que mais quero é ir embora.

50. Há uma coisa que nunca foi vista sob o céu e, por todas as aparências, jamais será vista: uma cidade pequena que não esteja dividida em partidos, onde as famílias sejam unidas, onde os primos se visitem com alegria, onde um casamento não provoque uma guerra civil, onde as intrigas de grupos não despertem a todo momento por causa de ofertas, do incenso, do pão bento, das procissões e das exéquias; onde tenham sido banidas as fofocas, a mentira e a maledicência; onde o juiz, o prefeito, os eleitos e os assessores conversem juntos; onde o decano viva bem com seus cônegos; onde os cônegos não desprezem os capelães e onde estes tolerem os cantores do coro.

51. Os provincianos e os tolos estão sempre prontos a zangar-se e a acreditar que os outros riem deles e os desprezam: nunca devemos arriscar um gracejo, mesmo o mais simples e inocente, a não ser entre pessoas educadas ou inteligentes.

52. Não podemos dominar os poderosos, pois se defendem com seu poderio; nem os pequenos, pois nos repelem por qualquer ninharia.

53. Tudo o que é merecimento se revela, se vislumbra e se adivinha reciprocamente. Se quisermos ser estimados, devemos viver com pessoas de estima.

54. Aquele que por sua posição está acima dos outros e se sente ao abrigo de toda revanche, jamais deve proferir um gracejo picante.

55. Há pequenos defeitos que deixamos criticar facilmente e a propósito dos quais consentimos gracejos. Semelhantes defeitos é que devemos escolher para rir dos outros.

56. Rir das pessoas inteligentes é privilégio dos tolos: sua posição no mundo é igual à do bobo na corte, quero dizer, sem importância.

57. A zombaria é muitas vezes sinal de indigência de espírito.

58. Achas que ele é ingênuo; se ele fingir sê-lo, qual dos dois é mais ingênuo, ele ou tu?

59. Se observarmos com cuidado quem são as pessoas que nunca fazem um elogio, que só sabem criticar, que nunca se mostram satisfeitos com ninguém, haveremos de notar que são as mesmas de quem ninguém gosta.

60. Se, para sermos estimados, usarmos de desdém e arrogância, só conseguiremos precisamente o contrário.

61. O prazer da convivência entre amigos se cultiva por uma semelhança de gostos nos costumes e por algumas diferenças de opinião sobre as ciências: e assim se firmam os sentimentos, se desenvolve e se aguça o espírito na discussão.

62. Não podemos levar muito longe uma amizade, se não estivermos dispostos a perdoar uns aos outros os pequenos defeitos.

63. Quantas belas e inúteis razões apresentamos àquele que sofre um grande infortúnio, na tentativa de deixá-lo mais animado! As coisas que não nos atingem e que chamamos de acaso são às vezes mais fortes que a razão e a natureza. "Come, dorme, não te deixes dominar pelo desgosto, convence-te que tens de viver." Palavras frias, impossíveis de realizar. "Achas que é razoável inquietar-se tanto?" não é o mesmo que dizer: "Não é uma loucura ser infeliz?"

64. O conselho, tão necessário nos negócios, às vezes na sociedade é prejudicial para quem o dá e inútil para quem o recebe. Sobre a moral, apontamos defeitos que tinham passado despercebidos ou que eram tidos como virtudes; nas obras literárias, criticamos as passagens que o autor julgava admiráveis e nas quais mais se comprazia por achar que se havia superado ao escrevê-las. Perdemos assim a confiança dos amigos, sem que eles se tornem melhores nem mais perfeitos.

65. Não faz muito tempo, existia uma roda de pessoas de ambos os sexos, muito ligada pelo diálogo e por um convívio espiritual. Essas pessoas deixavam ao povo a arte de falar de maneira clara. Uma coisa dita entre eles de modo pouco claro acarretava outra ainda mais obscura, sobre a qual recaíam verdadeiros enigmas, sempre seguidos de longos aplausos; por tudo o que é devido à delicadeza, aos sentimentos, ao modo e à fineza de expressão, finalmente chegavam a não ser mais entendidos e a não se entenderem entre si. Para sustentar aquelas conversas, não era necessário nem bom senso, nem discernimento, nem memória, nem a menor capacidade; era necessário espírito, não o melhor, mas aquele de brilho falso ou ilusório.

66. Bem sei, Teobaldo, que estás velho; mas como queres que eu acredite que estás regredindo, que não és já um poeta de espírito elevado, que és um mau autor, incapaz de julgar qualquer obra, que não há mais pureza nem delicadeza em tua conversa? Teu aspecto soberbo e arrogante me assegura e me persuade exatamente do contrário. És, portanto, ainda hoje o que foste sempre e talvez mais, pois se estás ainda tão vivo e impetuoso nesta idade, que nome, Teobaldo, haviam de dar-te na juventude, quando eras a coqueluche ou a fixação de certas mulheres que só juravam por ti e por tua palavra, que exclamavam: "Isso é delicioso! O que é que Teobaldo disse?"

67. Quando em conversa se fala impetuosamente, muitas vezes é por vaidade ou por mau humor, mas raras vezes se atina com o que se diz. Domina-nos a vontade de responder àquilo que não se ouviu, seguindo o curso das próprias ideias, sem atender minimamente aos raciocínios dos outros; não se chega a encontrar a verdade juntos, pois nem mesmo houve acordo sobre qual verdade se procura. Quem pudesse ouvir essas conversas e escrevê-las depois, mostraria às vezes coisas boas que não têm sequência alguma.

68. Houve por algum tempo a moda de conversa insípida e pueril, versando sobre questões frívolas que se relacionavam com o coração e com tudo o que se chama paixão ou ternura. A leitura de alguns romances as havia introduzido no meio da melhor gente da cidade e da corte; a corte as abandonou e os burgueses as adotaram com seus acertos e equívocos.

69. Algumas senhoras da cidade têm a delicadeza de não saber ou não dizer os nomes das ruas, das praças e de certos locais públicos, que elas não julgam bastante nobres para serem conhecidos. Dizem o Louvre, a Praça Real, mas servem-se de vários disfarces e frases para evitar pronunciar certos nomes; se às vezes lhes escapam, pelo menos é depois de alguma alteração da palavra e depois de alguns modos de dizer que as resguardam. Nesse ponto são menos naturais que as mulheres da corte, que, precisando na conversa dizer Halles, Châtelet ou coisas semelhantes, dizem esses nomes sem rodeios.

70. Se fingimos às vezes não nos lembrarmos de certos nomes que julgamos obscuros ou se os deturpamos ao pronunciá-los, é pela excessiva boa opinião que temos do nosso.

71. São ditas por humor e na liberdade da conversa certas coisas frias que, na verdade, são vistas como tais e que só são vistas desse modo porque são realmente péssimas. Essa maneira vil de gracejar passou do povo, a quem pertencia, para uma grande parte dos jovens da corte que já foi infetada. É verdade que se compõe de tanta insipidez e grosseria que será difícil que se expanda mais e que progrida num país que é o centro do bom gosto e da polidez. Devemos, no entanto, inspirar o desgosto àqueles que a praticam, pois, ainda que não a empreguem muito, não deixa de ocupar nos espíritos e na conversa diária o lugar de qualquer coisa melhor.

72. Entre dizer coisas más ou dizer coisas boas que todos sabem e apresentá-las como novidades, não sei qual escolher.

73. "Lucano disse uma coisa linda... Há uma bela palavra de Claudiano... Há essa passagem de Sêneca", e assim uma longa sequência de latim que é citada diante de pessoas que não o entendem e que fingem entendê-lo. O segredo seria ser muito sensato e muito inteligente, pois se poderia dispensar os antigos ou, após tê-los lido com cuidado, se poderia ainda escolher os melhores e citá-los a propósito.

74. Hermágoras não sabe que é rei da Hungria; espanta-se ao ver que não se faz qualquer menção do rei da Boêmia; não convém falar-lhe das guerras de Flandres e da Holanda, convém até evitar que responda, pois confunde as épocas, ignora quando começaram, quando terminaram; combates, assédios, tudo é novo para ele; mas sabe muito sobre a guerra dos gigantes, conta suas vicissitudes nos mínimos detalhes, nada lhe escapou; desembaraça até mesmo o caos dos dois impérios, o babilônico e o assírio; conhece a fundo os egípcios e suas dinastias. Nunca viu Versailles e não o verá; quase viu a torre de Babel, conta seus degraus, sabe quantos arquitetos presidiram essa obra, sabe o nome desses arquitetos. Diria que acha que Henrique IV é filho de Henrique III. Como mínimo, negligencia em saber qualquer coisa das casas da França, da Áustria e da Baviera: "Que minúcias!", diz, enquanto recita de cor toda uma lista dos reis dos Médes ou da Babilônia, e os nomes Apronal, Herigebal, Noesnemordac, Mardokempad lhe são tão familiares como a nós aqueles de Valois e de Bourbon. Pergunta se o imperador já foi alguma vez casado, mas ninguém precisará lhe explicar que Nino teve duas mulheres. Dizem a ele que o rei goza de uma perfeita saúde e se lembra que Thetmosis, um rei do Egito, era valetudinário e que tinha a compleição física de seu avô Alifarmutosis. O que não sabe? Qual coisa lhe é oculta da venerável antiguidade? Ele poderá dizer que Semiramis ou, segundo alguns, Serimaris, falava como seu filho Ninias e que não se pode distingui-los pela voz: se era porque sua mãe tinha uma voz máscula como seu filho ou se o filho tinha uma voz feminina como a de sua mãe, dúvida que não ousava dirimir. Ele poderia revelar que Nembrot era canhoto e Sesóstris era ambidestro; que é um erro imaginar que Artaxerxes tenha sido chamado Mão Grande porque os braços lhe caíam até os joelhos e não porque tinha uma mão maior que a outra; e acrescenta que há autores a afirmar que era a direita, mas que ele se acha, como mínimo, muito bem baseado para sustentar que era a esquerda.

75. Ascânio é estatutário, Hegion é fundador, Esquino é pisoeiro, e Cídias, inteligente, essa é sua profissão. Tem uma insígnia, um ateliê, obras de encomenda, companheiros que trabalham sob suas ordens; entrega dentro de um mês as encomendas feitas, se não faltar com a palavra a Dositeu que o comprometeu a elaborar uma elegia; um idílio está sendo elaborado, é para Crantor, que o pressiona e que lhe promete um ótimo salário. Prosa, verso, o que mais querem? Ele consegue fazer um e outro. Podem pedir-lhe cartas de consolo e ele as fará; basta entrar em sua loja, há de tudo para escolher. Ele tem um amigo que não tem outra função no mundo senão de prometer a todos e de apresentá-lo nas casas como homem raro e de conversa empolgante; e lá, enquanto o músico canta e o tocador de alaúde dedilha seu alaúde diante de pessoas convidadas, Cídias, depois de tossir, levantar a capa, estender a mão e abrir os dedos, profere gravemente seus pensamentos de quintessência e seus raciocínios sofisticados. Diferente dos presentes, conhecendo a razão ou a verdade que é uma só, tomam a palavra um do outro para expressar suas opiniões, mas ele não abre a boca para contrariá-los. Limita-se a dizer graciosamente "Parece-me que é precisamente o contrário do que digo", ou "Não seria dessa opinião", ou ainda "Isso foi minha fixação em outros tempos, como ocorre agora com vocês, mas...", e acrescenta "Há três coisas a considerar...", mas aparece com uma quarta. Discursador insípido que não pôs os pés numa assembleia, que procura algumas mulheres junto das quais se possa insinuar, pavonear-se de sua fulgurante inteligência ou de sua filosofia e colocar em ato seus raros conceitos, pois, falando ou escrevendo, não deve deixar qualquer suspeita de não ter em vista nem o verdadeiro nem o falso, nem o racional nem o ridículo; evita unicamente assumir o sentido dos outros, ser da opinião dos outros; por isso espera num círculo que cada um se explique sobre o assunto em pauta ou que muitas vezes ele próprio propôs, para dizer dogmaticamente coisas totalmente novas, mas a seu ver definitivas e sem réplica. Cídias se iguala a Luciano e a Sêneca, coloca-se acima de Platão, de Virgílio e de Teócrito; seu bajulador tem o cuidado de confirmá-lo todas as manhãs nessa opinião. Unido pelo gosto e pelo interesse com os contendores de Homero, espera pacificamente que os homens enganados prefiram os poetas modernos; nesse caso, toma conta das cabeças desses últimos e sabe que a ele pertence o segundo lugar. É um texto composto com pedantismo e preciosismo, elaborado talvez para ser admirado pela burguesia e pelos plebeus, nos quais, contudo, não se percebe nada de grande a não ser a opinião que ele próprio tem de si.

76. Só a profunda ignorância inspira o tom dogmático. Quem não sabe nada julga ensinar aos outros o que acabou de aprender; aquele que sabe muito nem sequer pensa que os outros possam ignorar aquilo que ele diz e fala com a maior naturalidade.

77. As maiores coisas devem ser ditas com simplicidade: a ênfase as desgastam. Devemos proferir com mais nobreza as pequenas coisas: só a expressão, o tom e o modo é que lhes conferem importância.

78. Parece-me que é mais fácil dizer as coisas de modo refinado do que escrevê-las.

79. Só o homem que nasceu honesto ou que teve uma boa educação é capaz de guardar segredo.

80. Toda a confiança que não é total é perigosa: há poucas circunstâncias em que não se tenha de dizer tudo ou de tudo esconder. Revelamos de nosso segredo mais do que queríamos, mesmo quando dele encobrimos uma só circunstância.

81. Há pessoas que nos prometem guardar segredo e que o revelam inconscientemente; não mordem os lábios e todos as ouvem; em seu semblante e em seu olhar se pode ler, em seu peito se pode ver, pois são transparentes. Outras não dizem precisamente uma coisa que lhes foi confiada, mas falam e procedem de tal modo que não custa descobrir. Finalmente, outras desprezam o segredo, por maior importância que possa ter: "É segredo, foi fulano que me disse e me proibiu de espalhá-lo". E o contam a todos.

O culpado de toda indiscrição é sempre aquele que não guardou segredo.

82. Nicandro conversa com Elisa sobre a maneira digna e agradável como viveu com sua mulher, desde o dia do casamento até que ela morreu; diz e repete que tem muito pesar por não lhe ter deixado filhos; fala das casas que possui na cidade e de uma propriedade que possui no campo: calcula os rendimentos, faz planos de construção, descreve sua situação, exagera a comodidade de seus aposentos e a riqueza e elegância da mobília; declara que gosta de viver bem e de ter carruagem; queixa-se de que sua mulher não gostava de jogar e de frequentar a sociedade. "Se você é tão rico, dizia-lhe um de seus amigos, por que não compra aquele campo? Deixaria sua propriedade bem maior." "Julgam-me mais rico do que sou", responde. Não se esquece de falar de sua ascendência e de seus parentes: o senhor Superintendente, que é meu primo; a senhora Chanceler, que é minha parente; esse é seu estilo. Conta que não anda muito satisfeito com a atitude de seus parentes mais próximos, provavelmente futuros herdeiros. "Acha que não tenho razão?", pergunta a Elisa; "acha que tenho ainda motivos para lhes querer bem?" E pede sua opinião. Em seguida, insinua que tem saúde fraca e decadente e fala do túmulo em que vai ser enterrado. É persuasivo, lisonjeiro e prestativo com todos aqueles que se aproximam da mulher que ele deseja. Mas Elisa não tem coragem de casar-se com ele apenas para ser rica. No momento em que Nicandro fala, entra um belo cavaleiro, que só com sua presença atrai as atenções femininas da cidade. Desanimado e triste, Nicandro se levanta e vai contar em outro lugar que quer casar-se novamente.

83. O homem sensato evita às vezes o mundo, com medo de se aborrecer.

Dos bens de fortuna

1. Um homem muito rico pode comer iguarias, mandar pintar os tetos e paredes da casa, ter um palácio no campo e outro na cidade, uma bela carruagem, ter fidalgos na família e fazer de seu filho um homem importante: isso é justo e uma decorrência. Mas cabe talvez a outros viver contentes.

2. Uma ascendência nobre ou uma grande fortuna revelam o valor e o fazem notar desde cedo.

3. O que desculpa um ambicioso por sua ambição é o cuidado que se tem, se fez fortuna, para lhe arranjar um mérito que nunca teve e tão grande como julga tê-lo.

4. Quando as honras e a fortuna abandonam um homem, descobre-se o ridículo que elas cobriam, sem que ninguém o notasse.

5. Se não o verificássemos todos os dias, com os próprios olhos, poderíamos acaso imaginar a enorme desigualdade que o maior ou menor número de moedas pode estabelecer entre os homens?

Algo mais ou algo menos determina a espada, a toga ou a Igreja; quase não há outra vocação.

6. Dois negociantes eram vizinhos e tocavam o mesmo tipo de comércio, mas tiveram na sequência sorte totalmente diversa. Cada um deles tinha uma filha única; as duas foram educadas juntas, vivendo naquela intimidade própria de pessoas da mesma idade e condição: mais tarde uma delas, fugindo da extrema miséria, procura uma colocação e é admitida ao serviço de uma senhora rica e que frequentava a corte; era sua amiga de infância.

7. Se um economista faz um mau negócio, os cortesãos dizem dele: "É um burguês, um homem sem valor, um desastrado"; se é bem-sucedido, pedem-lhe a mão da filha.

8. Alguns se empenharam na juventude no aprendizado de certa profissão para exercer outra e bem diferente pelo resto da vida.

9. Um homem é feio, de porte diminuto e pouco inteligente. Dizem-me em segredo: "Tem cinquenta mil libras de rendimento". Isso diz respeito somente a ele e não me pareceria por isso nem pior nem melhor; se começar a fitá-lo com outros olhos e se não conseguir fazer de outra maneira, que tolice!

10. Seria inútil querer tornar ridículo um homem muito estúpido e muito rico; os zombadores estão do lado dele.

11. N..., por mais inferior que seja sua posição, se tiver um porteiro rude e feroz, uma casa com vestíbulo e sala de espera e se fizer as pessoas esperar muito tempo, aparecendo por fim com ar grave e distraído e não acompanhando os visitantes à porta, certamente deverá se impor à consideração alheia.

12. Fui bater à tua porta, Clitifon. A necessidade que tenho de ti me tira da cama e de meu quarto; prouvera aos deuses que não tivesse de te pedir nada nem de ser um incômodo! Teus escravos me dizem que estás fechado em teu escritório e que só daqui a uma hora podes atender-me. Muito antes, já estou novamente à tua porta e me asseguram que saíste. Que fazes, Clitifon, assim oculto no mais recôndito de teu aposento, que fazes de tão importante que nem podes me escutar? Estás escrevendo memórias, verificando contas, assinando papéis? Tinha só uma coisa a pedir e só terias uma palavra a dizer-me: sim ou não. Queres tornar-te difícil? Ajuda aqueles que dependem de ti: serás mais elegante nessa atitude que esquivando-te. O homem importante e sobrecarregado de negócios, se por tua vez tiveres necessidade de meus préstimos, vem, entra em meu escritório solitário: o filósofo é acessível; não te mando voltar outro dia. Tu me encontrarás debruçado sobre os livros de Platão, que tratam da espiritualidade da alma ou, de pena na mão, calculando a distância que separa Saturno de Júpiter: admiro as obras de Deus e procuro, na revelação da verdade, matéria para disciplinar meu espírito e para me tornar melhor. Entra! As portas estão todas abertas; minha sala não foi feita para que as pessoas se aborreçam à minha espera; dirige-te a meu gabinete sem te mandares anunciar. Trazes-me alguma coisa de mais valioso que a prata e o ouro, se me proporcionares uma ocasião de te ser útil. Fala. Que queres que eu faça por ti? Queres que abandone meus livros, meus estudos, minha obra, até mesmo estas linhas que comecei a escrever? Que feliz interrupção esta que me permite ser-te útil! O homem que lida com dinheiro, o homem de negócios é um urso, difícil de domesticar; só a muito custo conseguimos vê-lo em seu esconderijo; que digo? Não conseguimos vê-lo, pois antes de poder vê-lo já desapareceu. O homem de letras, pelo contrário, é acessível como o marco de pedra na esquina da praça; todos o veem, a toda hora, em todas as situações, à mesa, na cama, nu, vestido, são ou doente. Não pode ser importante, nem mesmo o deseja.

13. Não devemos invejar as riquezas de certas pessoas; pagaram por elas um preço elevado que não nos convinha: trocaram-nas por seu sossego, sua saúde, sua honra e sua consciência. É um negócio muito caro, do qual não se tira lucro.

14. Os P.T.S. nos fazem provar todas as paixões, uma após outra; começamos pelo desprezo, por causa de sua obscuridade; a seguir os convidamos, os odiamos, tememos, estimamos às vezes e os respeitamos; vivemos bastante para acabar por ter compaixão por eles.

15. Sósia, graças ao dinheiro, passou de criado a caseiro; por meio de extorsões, violência e abuso de seus poderes, conseguiu galgar, sobre a ruína de várias famílias, a melhor posição. Tornando-se nobre por um cargo, só lhe faltava ser homem de bem: um lugar de mordomo de confraria realizou esse prodígio.

16. Arfura ia sozinha e a pé em direção do grande pórtico da igreja. Ouvia de longe o sermão de um frade ou de um doutor, que mal conseguia avistar, perdendo muitas palavras da pregação. Ninguém a conhecia nem apreciava sua virtude. O marido faz um bom negócio e acumula em menos de seis anos uma fortuna monstruosa. Arfura só chega à igreja de carruagem; arrasta a pesada cauda de seu vestido; o orador interrompe o sermão até que ela se tenha instalado em seu lugar; ela o vê de frente, não perde nem uma palavra, nem o menor gesto dele. Os padres discutem, para saber quem haverá de confessá-la; todos querem dar-lhe a absolvição, mas por fim o vigário é que vence.

17. Creso é levado ao cemitério; de todas as suas imensas riquezas, adquiridas pelo roubo e pela extorsão e que ele dissipou no luxo e em banquetes, não resta sequer o suficiente para o funeral; morreu insolvente, sem bens e privado de qualquer ajuda; não tinha em casa nem xaropes, nem remédios, nem médicos, nem qualquer doutorzinho que cuidasse de sua saúde.

18. Champanhe, depois de um prolongado jantar que lhe incha o estômago, e ainda sob os suaves efeitos de um vinho de Avenay ou de Sillery, assina uma ordem que lhe é apresentada, que haveria de tirar o pão a toda uma província se não remediassem a tempo. Mas essa atitude é perdoável: como haveria de compreender, justo na primeira hora da digestão, que em algum lugar havia gente morrendo de fome?

19. Silvano é senhor da paróquia, onde seus avós pagavam taxa, por meio de algum dinheiro herdado e por um nome; outrora não poderia ser aceito como pajem na casa de Cleóbulo, mas é seu genro.

20. Dorus passa de liteira pela Via Ápia, precedido de seus alforriados e de seus escravos que afastam o povo e abrem caminho; faltam-lhe apenas litores; entra em Roma com esse cortejo, onde parece triunfar sobre a humildade e a pobreza de seu pai Sanga.

21. Não se pode fazer melhor uso da própria fortuna do que Periandro: ela lhe confere status, crédito, autoridade; já não se pede mais sua amizade, implora-se sua proteção. Começou dizendo "um homem de minha sorte" e agora diz "um homem de minha qualidade". Assim se considera e não há ninguém dentre aqueles a quem empresta dinheiro ou que recebe à mesa, sempre refinada, que ouse opor-se. Sua mansão é magnífica; o estilo dórico predomina na parte externa; não tem uma porta, mas um pórtico; pergunta-se se é a residência de um cidadão privado. Se não é um templo. O povo fica na dúvida a respeito. É o senhor que comanda todo o quarteirão. É invejado e gostariam de ver sua ruína. A mulher dele, com seus colares de pérolas, atraiu a inimizade de todas as damas da vizinhança.

Tudo se centraliza nesse homem e nada ainda diminui essa grandeza que conquistou e da qual nada deve, pois pagou tudo. Seu pai, velho e decrépito, morreu há vinte anos e antes que partisse deste mundo ninguém jamais havia ouvido falar de Periandro. Como haverá de tolerar esses odiosos editais contra ele que revelam as condições e muitas vezes fazem corar a viúva e os herdeiros? Vai suprimi-los aos olhos de toda uma cidade invejosa, maligna, clarividente e à custa de milhares de pessoas que querem absolutamente ir prestar suas homenagens nos funerais? Querem, por outro lado, que faça de seu pai um nobre e talvez um honrado homem, ele que ora é Excelência?

22. Quantos homens se assemelham a essas árvores fortes e robustas que, transplantadas num jardim, surpreendem os olhares daqueles as veem em belos locais onde não nasceram e que desconhecem sua origem e seu desenvolvimento?

23. Se certos mortos retornassem ao mundo e vissem seus ilustres nomes desaparecidos, suas propriedades mais ricas com seus castelos e suas mansões antigas pertencendo a pessoas cujos pais eram talvez feitores deles, que opinião haviam de formar de nosso século?

24. Não há nada que faça compreender melhor o pouco que Deus julga dar aos homens, cedendo-lhes riquezas, dinheiro, grandes estabelecimentos e outros bens, do que a forma da partilha e o gênero de homens a quem toca a melhor parte.

25. Se entrássemos nas cozinhas onde, com arte e método, se preparam todos os petiscos que saboreamos e se examinássemos todos os temperos que são usados nas iguarias do banquete que nos oferecem; se fôssemos ver as mãos por que passam e as formas diferentes que tomam antes de se tornarem iguarias deliciosas que nos encantam o gosto e o olhar e que nos levam a hesitar entre um e outro prato e a decidir-nos, por fim, a provar um pouco de tudo; se víssemos esse petiscos antes de serem apresentados na mesa, que sujeira! Que nojo! Se formos aos bastidores de um teatro e virmos de perto os pesos, as rodas, as cordas que servem para mover os cenários; se considerarmos o número de pessoas que entram na execução desses movimentos e quantos esforços de braços e de nervos aí são empregados, haveríamos de pensar: "Então são estes os elementos e as forças que animam este espetáculo tão belo, tão natural e que parecia viver dos próprios recursos?" Quanto esforço! Que violência!" Assim, também, não devemos procurar saber a origem da fortuna dos cidadãos.

26. Esse rapaz tão cheio de vigor, tão alegre e cheio de saúde é senhor de um mosteiro e de mais dez propriedades que lhe rendem vinte e seis mil libras, pagas só em moedas de ouro. Em outro lugar, há vinte e seis famílias indigentes que não têm lenha para se aquecer no inverno, que não têm roupas para se agasalhar e que muitas vezes não têm sequer pão para comer. Sua pobreza é extrema e vergonhosa! Que desigualdade! Não há nisso o presságio evidente de um futuro inevitável?

27. Crisipo, jovem e o primeiro nobre de sua família, aspirava, trinta anos antes, a possuir um dia o rendimento total de duas mil libras: era o máximo que desejava e sua maior ambição; dizia-o a todos que bem se lembram. Não se sabe por que meios chega a dar só como dote a uma de suas filhas a quantia que almejou ter como fortuna total durante toda a sua vida. Guarda no cofre somas iguais para cada um dos filhos, que são numerosos; isso somente como antecipação de herança, pois há outros bens a esperar após sua morte. Vive ainda, embora bastante avançado em idade, e continua trabalhando o resto de seus dias para se enriquecer.

28. Se consentirem, Ergasto vai exigir um tributo de todos aqueles que bebem água do rio ou que pisam nas terras dele. É capaz de transformar em ouro até os caniços, os juncos e as urtigas. Escuta todos os avisos e propõe todos aqueles que escutou. O príncipe não dá aos outros, senão à custa de Ergasto e não lhe concede regalias a não ser aquelas que lhe são devidas. Tem uma fome insaciável de ter e possuir. Seria capaz de negociar artes e ciências, incluindo até a própria música. Se acreditássemos nele, o povo, para ter o prazer de vê-lo rico, de vê-lo dono de uma matilha de cães de caça e de uma escuderia, deveria até perder a lembrança da música de Orfeu e contentar-se daquela que ele compõe.

29. Não tratem de negócios com Críton, pois só pensa em levar vantagem. A armadilha é tramada precisamente contra aqueles a quem seu cargo, suas terras ou aquilo que possui causam inveja:

imporá condições extravagantes. Não se pode esperar nenhuma consideração nem acordo de um homem tão vidrado em seus interesses e tão inimigo daqueles dos outros: haverá sempre um simplório a quem possa lograr.

30. Brontino, diz o povo, faz retiros e se fecha em reclusão oito dias com santos; eles fazem suas meditações e ele as dele.

31. O povo tem muitas vezes o prazer de assistir a tragédias: vê morrer, no teatro do mundo, os personagens mais odiosos, que tanto mal fizeram em palcos diversos e que ele mais detestava.

32. Se dividirmos a vida dos P.T.S. em duas porções iguais, a primeira, viva e agitada, está totalmente ocupada em querer afligir o povo; a segunda, próxima da morte, a se desvendar e a se arruinar uns aos outros.

33. Esse homem, que fez a fortuna de muitos, que fez tua fortuna, não foi capaz de conservar a dele, nem de assegurar, antes de morrer, o futuro da mulher e dos filhos: vivem ocultos e envergonhados. Embora bem saibas dessa miserável situação, nem sequer pensas em abrandar seu sofrimento. De fato, não podes, pois precisas pôr comida na mesa, precisas construir. Mas, por gratidão, conservas em casa o retrato de teu benfeitor, retrato que passou do escritório para a antessala. Que delicadeza! podias tê-lo colocado no guarda-móveis.

34. Há uma insensibilidade de temperamento e outra que é de condição ou de estado. Ambas nos levam a completa indiferença pela miséria alheia, até mesmo pela da própria família. Um bom administrador não chora nem por seus amigos, nem pela mulher, nem pelos filhos.

35. Foge, retira-te, não estás ainda bastante longe.
– Já estou sob outro trópico.
– Passa pelo polo, para o outro hemisfério, sobe até as estrelas, se puderes.
– Já estou aqui.
– Muito bem, estás em segurança. Descobri aqui na terra um homem ávido, insaciável, inexorável, que quer subir à custa de tudo o que cruzar seu caminho e, embora possa doer aos outros, quer ganhar tudo para si, aumentar sua fortuna e encher seus cofres.

36. Fazer fortuna é uma frase tão bela e que traduz uma coisa tão gostosa, que é de uso universal: encontra-se em todas as línguas, agrada aos estrangeiros e aos bárbaros, reina na corte e na cidade, penetra nos conventos e galga os muros dos mosteiros de um e de outro sexo: não há lugar sagrado onde não tenha chegado, nem deserto nem local solitário, onde seja desconhecida.

37. Aquele que todos os dias assina novos contratos e que percebe o dinheiro aumentar em seus cofres, convence-se de que tem boa cabeça e quase apto a governar.

38. É necessária certa espécie de espírito para fazer fortuna, sobretudo uma grande fortuna: nem o bom nem o belo, nem o grande nem o sublime, nem o forte nem o delicado; não sei precisamente qual é e aguardo que alguém me instrua a respeito.

É necessário menos inteligência que hábito ou experiência para fazer fortuna; tarde demais é que se pensa nisso e, quando finalmente se toma a decisão, começa-se por erros que nem sempre se terá tempo para corrigir. Talvez seja essa a razão porque as fortunas são tão raras.

Um homem de pouco talento pode querer progredir: negligencia tudo, só pensa de manhã à noite, sonha a noite inteira numa só coisa, progredir. Começou cedo, ainda novo, a perseguir a fortuna: se encontra um obstáculo que lhe impede a passagem, procura naturalmente desviá-lo e avança pela direita ou pela esquerda, conforme as vantagens de um ou de outro caminho. Se novos obstáculos o detêm, volta ao caminho que havia deixado. Está decidido, segundo a natureza das dificuldades, ora a vencê-las, ora a evitá-las, ou a tomar outras medidas. Seu interesse, a experiência, as conjeturas o dirigem. Acaso são necessários tão grande talento e uma cabeça tão boa a um viajante para seguir primeiro pela estrada principal e, se estiver cheia e interrompida, seguir pelos campos para voltar depois à estrada e continuar até chegar a seu destino? Será preciso tanta inteligência para alcançar os objetivos propostos? Um tolo rico e considerado é por acaso algum prodígio?

Há mesmo estúpidos, direi mesmo imbecis, que conseguem belos postos e que sabem morrer na opulência, sem que ninguém deva suspeitar de forma alguma que contribuíram para essa invejável situação com seu trabalho ou com o menor talento: alguém os conduziu à nascente do rio ou até mesmo somente o acaso os levou a encontrá-la. Alguém lhe disse: "Queres água? Bebe!" E eles beberam.

39. Muitas vezes, quando somos jovens somos pobres. Ou não conseguimos ainda adquirir nada ou não nos couberam ainda heranças. Tornamo-nos velhos e ricos ao mesmo tempo. É tão raro os homens poderem reunir juventude e fortuna! Se isso ocorre com alguns, não é motivo para inveja: com a morte perdem o suficiente para merecerem ser pranteados.

40. É preciso ter trinta anos para sonhar com a própria fortuna; aos cinquenta ainda não está feita; só na velhice começamos a construir e morremos quando chegam os pintores e os vidraceiros.

41. Qual é o fruto de uma grande fortuna, senão usufruir da vaidade, da inteligência, do trabalho e do dinheiro de quem viveu antes de nós; e de, por nossa vez, trabalhar, plantar, construir, adquirir para a posteridade?

42. Abrimos e expomos todas as manhãs para enganar nosso mundo; fechamos à tarde, depois de ter enganado o dia inteiro.

43. O negociante enfeita suas vitrines para vender o que tem de pior na loja; expõe a mercadoria sob tênues tecidos e sob uma luz velada para esconder os defeitos e para que pareça boa; pede um preço exagerado para vendê-la por mais do que vale; tem medidas falsas e misteriosas para pensarmos que pagamos seu verdadeiro preço, quando na verdade é uma medida falsa para entregar menos que puder; e tem uma balança para verificar se não é falso o ouro das moedas que lhe dão.

44. Em todas as condições, o pobre está bem próximo do homem de bem e o opulento nunca está longe da trapaça. A competência e a habilidade não levam a conseguir riquezas fabulosas.

O homem pode enriquecer em qualquer ramo da arte ou do comércio, desde que demonstre certa probidade.

45. De todos os sistemas de fazer fortuna, o mais rápido e melhor é o de convencer claramente os outros que é de seu interesse ajudar-nos.

46. Os homens, pressionados pelas necessidades da vida e às vezes pela ânsia do ganho e de glória, cultivam talentos profanos ou se entregam a profissões equívocas, encobrindo por muito tempo para si próprios o perigo que correm e suas consequências: deixam-

-nas em seguida e se entregam a um devotamento discreto, mas somente quando já fizeram sua colheita e gozam de uma fortuna bastante sólida.

47. Há misérias neste mundo que cortam o coração; a alguns faltam até os alimentos; temem o inverno e receiam até viver. Mas em outros lugares, há quem se delicie com frutos precoces; forçam-se a terra e as estações para satisfazer apetites; simples burgueses, só porque eram ricos, tiveram a audácia de engolir de uma vez só o sustento de cem famílias. Resista quem puder diante de tão grandes discrepâncias; não quero ser, se puder, nem infeliz nem feliz; prefiro lançar-me e refugiar-me na mediocridade.

48. Sabemos que os pobres estão sempre tristes, porque lhes falta tudo e ninguém os ajuda; mas se é verdade que os ricos são coléricos, é por causa da menor coisa que possa vir a lhes faltar ou porque alguém ousa resistir-lhes.

49. Aquele que recebe mais do que consome é rico; e é pobre aquele cuja despesa excede à receita.

Um homem, com dois milhões de libras, pode empobrecer cada ano quinhentas mil libras.

Não há nada que resiste mais tempo que uma pequena fortuna; não há nada que se dissipe mais depressa que uma grande fortuna.

A grande riqueza está bem perto da pobreza.

Se é verdade que somos ricos por causa de tudo aquilo de que não sentimos necessidade, o homem sensato é um homem muito rico.

Se é verdade que somos pobres por causa de todas as coisas que desejamos, o ambicioso e o avarento definham numa pobreza extrema.

50. As paixões tiranizam o homem; e a ambição suspende nele as outras paixões e lhe confere por um tempo a aparência de todas as virtudes. Esse Trifon que tem todos os defeitos, achei que era sóbrio, casto, liberal, humilde e até mesmo devoto: eu acreditava ainda que finalmente teria feito fortuna.

51. O homem não se rende na ânsia de possuir e de enriquecer: já velho, às portas da morte, rosto enrugado, pernas trêmulas, ainda diz: minha fortuna, meus bens.

52. Só há neste mundo duas maneiras de crescer: pelo próprio trabalho ou pela imbecilidade dos outros.

53. Os traços do rosto revelam a compleição e o caráter, mas a expressão indica o montante dos bens de uma fortuna: mais ou menos de mil libras de rendimentos está escrito em cada rosto.

54. Crysanto, homem opulento e impertinente, não quer ser visto junto de Eugênio, que é um homem de valor, mas pobre: acha que seria uma desonra. Eugênio tem para Crysanto as mesmas disposições. Não correm o menor risco de enfrentar.

55. Quando vejo certas pessoas que me tratavam outrora com toda a amabilidade, esperar agora que eu as cumprimente e estar comigo em qualquer situação, digo comigo mesmo: "Muito bem, estou encantado, tanto melhor para elas: hão de ver que este homem está numa casa melhor, com mobília melhor e mais bem alimentado que nunca; entrou há alguns meses em determinado negócio, que já lhe deu razoáveis lucros. Deus queria que dentro de pouco tempo chegue mesmo a me desprezar!"

56. Se os pensamentos, os livros e seus autores dependessem dos ricos que conseguiram uma bela fortuna, que desastre! Não haveria salvação. Que tom de voz, que ares de importância não se dão com relação aos sábios! Que pose majestosa assumem diante desses homens fracos, cujo merecimento não lhes deu nem posição nem riquezas e que se contentam em escrever e pensar judiciosamente! Temos de confessá-lo, o presente é para os ricos, e o futuro para os virtuosos e os hábeis. Homero ainda hoje existe e há de existir sempre: os receptadores de direitos, os publicanos já não existem mais. Onde viveram? Sua pátria, seus nomes são conhecidos? Houve partidários na Grécia? Que é feito desses personagens importantes que desprezavam Homero, que não sonhavam na rua senão em evitá-lo, que não o cumprimentavam, que não se dignavam convidá-lo para sua mesa, que o consideravam apenas como um homem que não era rico e que havia escrito um livro? Que sorte espera os Fauconnets? Terão a fama de Descartes, que nasceu francês e morreu na Suécia?

57. Do mesmo fundo de orgulho do qual nos erguemos altivamente acima de nossos inferiores, rastejamos de modo vil diante daqueles que estão acima de nós. É a característica desse vício que não se baseia nem no merecimento nem na virtude, mas nas riquezas, na posição social, no crédito e em vã ciência e que nos leva igualmente a desprezar aqueles que possuem menos que nós dessa espécie de bens e a estimar exageradamente aqueles que possuem em medida que supera a nossa.

58. Há almas vis, recobertas de lama e sujeira, ávidas de ganhos e interesses, como as almas nobres o são de glória e de virtude; para elas só há uma volúpia, a de acumular sempre e nunca perder; almas curiosas e insaciáveis até o último tostão; unicamente preocupadas com seus devedores; sempre inquietas com a possível baixa ou desvalorização da moeda; enfronhadas e abismadas nos contratos, nos títulos e nos papéis. Pessoas assim não são nem parentes, nem amigos, nem cidadãos, nem cristãos, nem talvez homens: eles têm dinheiro.

59. Comecemos por excetuar essas almas nobres e corajosas, se ainda houver delas neste mundo, prestativas, hábeis na prática do bem, que nenhuma necessidade, nenhuma desproporção, nenhum artifício podem separar daqueles que uma vez escolheram como amigos; depois dessa precaução, digamos ousadamente uma coisa triste e dolorosa: não há no mundo ninguém tão ligado a nós pela companhia e pela benevolência, que nos ame, que goste de nós, que nos faça mil ofertas de prestação de serviços e que nos sirva às vezes, que não tenha em si, pelo apego a seus interesses, disposições muito próximas para romper conosco e tornar-se nosso inimigo.

60. Enquanto Oronte acumula, no decorrer dos anos, seu patrimônio e seus rendimentos, uma menina nasce em alguma família, é criada pelos pais, cresce, fica bonita e atinge seus 16 anos. Oronte, então com 50 anos, tenta de tudo para casar com ela, jovem, bela e simpática. Esse homem sem nobreza, sem espírito e sem o menor valor é preferido a todos os seus rivais.

61. O casamento, que deveria ser para o homem uma fonte de todos os bens, é muitas vezes, pelas condições de sua fortuna, um pesado fardo sob o qual sucumbe. É então que a mulher e os filhos se transformam em violenta tentação à fraude, à mentira e aos ganhos ilícitos; ele acaba por se encontrar entre a trapaça e a indigência. Estranha situação!

Casar com uma viúva, falando claro, significa fazer a própria fortuna; o resultado nem sempre corresponde ao significado da palavra.

62. Aquele que não compartilha com seus irmãos a não ser para viver folgadamente pretende ser oficial; de simples oficial se torna magistrado e o magistrado quer presidir; assim ocorre em todas as condições em que os homens definham presos e indigentes, depois de terem tentado além de sua fortuna e terem forçado, por assim dizer, seu destino: incapazes ao mesmo tempo de não querer ser ricos e de ficar ricos.

63. Almoça bem, Clearco, janta à noite, põe lenha ao fogo, compra um sobretudo, forra teu quarto: não gostas de teu herdeiro, não o conheces, não tens herdeiro.

64. Quando jovens, poupamos para a velhice; velhos, poupamos para a morte. O herdeiro generoso paga funerais imponentes e devora o resto.

65. O avarento gasta mais depois de morto, num só dia, do que em vida num espaço de dez anos; seu herdeiro gasta mais em dez meses do que ele em toda a vida.

66. Tudo o que desperdiçamos roubamos de nosso herdeiro; tudo o que poupamos sordidamente, o roubamos a nós próprios. O meio-termo é justiça para nós e para os outros.

67. Talvez os filhos fossem mais queridos dos pais e, reciprocamente, os pais mais queridos dos filhos, se não existisse o título de herdeiro.

68. Triste é a condição do homem que faz perder o gosto pela vida! É preciso suar, velar, curvar-se, depender para ter um pouco de fortuna ou então devê-la à agonia de nossos parentes próximos. Aquele que não se permite desejar a agonia de seu pai é homem de bem.

69. O caráter daquele que quer herdar de alguém amolda-se ao do testador: não há ninguém que nos elogie melhor, nos obedeça melhor, nos siga mais, nos cerque mais, nos trate melhor, cuide melhor de nós, nos acaricie mais durante nossa vida do que aquele que acredita ganhar com nossa morte e que deseja que esta chegue.

70. Todos os homens, pelos diferentes postos, pelos títulos e pela sucessão, se consideram herdeiros uns dos outros e, por esse interesse, alimentam durante todo o curso de sua vida um desejo secreto e íntimo na morte de outrem: o mais feliz em cada condição é aquele que tem mais coisas a perder com sua morte e a deixar a seu sucessor.

71. Dizem que o jogo iguala as condições, mas elas se revelam às vezes tão estranhamente desproporcionais e, entre essa e aquela condição há um abismo de intervalo tão imenso e tão profundo, que fere os olhos ver tais extremos se aproximarem tanto: é como uma música dissonante, como cores mal combinadas, como palavras que juram e ofendem os ouvidos, como esses ruídos ou sons que fazem estremecer; numa palavra, é como uma inversão de toda conveniência. Se me disserem que essa é a prática de todo o ocidente, respondo que é talvez também uma dessas coisas que nos tornam bárbaros para a outra parte do mundo e que os orientais que nos visitam levam má impressão de nós. Não tenho a menor dúvida de que este excesso de familiaridade os ofende mais do que a nós suas mesuras e reiteradas prosternações.

72. Uma reunião de Estados, ou de parlamentos em assembleia por causa de um tema capital, não oferece aos olhos nada de tão grave e tão sério que uma mesa de jogo, em que muita gente aposta, não ofereça; em seus semblantes reina uma triste severidade; implacáveis uns para com os outros e inimigos irreconciliáveis enquanto durar a sessão, não existem para eles laços, alianças, nascimento nobre nem distinções: só o acaso, feroz e cego, preside a reunião e decide de modo soberano; prestam homenagem a todos num silêncio profundo e com uma atenção que não mostrariam em qualquer outro lugar; todas as paixões, como que suspensas, cedem diante de uma só; cortesão então não é afável, nem lisonjeiro, nem condescendente, nem mesmo devoto.

73. Naqueles jogadores que os lucros e a sorte tornaram célebres, não se reconhece já o mais leve traço do que eram: perdem de vista seus iguais e se colocam junto dos homens mais eminentes. É certo que a sorte dos dados ou das cartas volta muitas vezes a colocá-los no lugar onde estavam antes.

74. Não me admira que haja tantas casas públicas de jogo de cartas que são ciladas para a avareza dos homens; abismo onde o dinheiro dos cidadãos cai e se precita sem retorno; terríveis escolhos onde os jogadores se despedaçam e perdem; nem me espanta que desses locais partam emissários para saber, com hora marcada, quem haverá de chegar trazendo no bolso dinheiro novo, quem ganhou um processo que lhe rendeu uma valiosa quantia, quem recebeu um presente, quem ganhou lucros consideráveis no jogo, quem foi o filho que recebeu uma polpuda herança ou qual é o cobrador imprudente que quer arriscar numa carta o último dinheiro da caixa. É verdade que enganar é um ofício sujo e indigno, mas é um ofício antigo, conhecido, praticado desde sempre por esse tipo de homens a quem chamo de apostadores. A inscrição está afixada em sua porta, onde se pode ler: "Aqui se logra com boa-fé". De fato, poderiam querer apresentar-se como irrepreensíveis? Quem é que não sabe que entrar e perder nessas casas é uma coisa só? Que encontrem tantos ingênuos quantos são necessários para sua subsistência, é o que penso.

75. Há inúmeras pessoas que se arruínam no jogo e dizem friamente que não podem passar sem jogar. Que desculpa! Haverá paixão, por mais violenta e vergonhosa que seja, que não possa ser justificada do mesmo modo? Alguém admitiria que disséssemos que não poderíamos passar sem roubar, sem assassinar, sem suicidar-se? Um jogo espantoso, contínuo, desenfreado, sem limites, em que só temos em vista a ruína total do adversário, em que nos domina a ânsia do lucro, em que, por mais avarentos que sejamos, expomos numa carta ou à sorte dos dados toda a nossa fortuna, a de nossa mulher, a de nossos filhos, é uma coisa que possa ser permitida ou sem a qual não devamos passar? Não seria preciso às vezes usar de violência conosco mesmos quando, levados pelo jogo a uma ruína total, somos forçados a viver sem roupas decentes e sem sustento e privar deles a própria família?

Não consinto que ninguém seja patife, mas consinto que um patife jogue uma cartada arriscada; mas não o tolero num homem de bem. Arriscar-se a perder muito é sinal de extrema puerilidade.

76. Há um único desgosto duradouro, aquele provocado pela perda de bens: o tempo, que suaviza todos os outros, a este só pode avivar. Em todos os momentos de nossa vida haveremos de sentir sempre a falta que faz o bem que perdemos.

77. É agradável lidar com quem não se serve de seus bens para casar suas filhas, para pagar suas dívidas ou para cumprir seus contratos, desde que não sejamos filhos dele nem sua mulher.

78. Nem os problemas que agitam teu império, Zenóbia, nem a guerra que sustentas virilmente contra uma nação poderosa desde a morte do rei, teu esposo, não diminuem em nada tua magnificência. A todas as outras regiões, preferiste as margens do Eufrates para construir um soberbo edifício. Ali o ar é sadio e temperado, a situação é propícia; um bosque sagrado faz sombra ao poente; os deuses da Síria, que por vezes habitam a terra, não poderiam ter escolhido morada mais linda. Os campos das redondezas estão apinhados de homens que derrubam e cortam, que vão e vêm, que rolam ou carregam a madeira do Líbano, o cobre e o pórfiro; as gruas e as máquinas gemem no ar e fazem aqueles que viajam para a Arábia esperar rever, quando de seu retorno, esse palácio terminado e nesse esplendor que desejas conferir-lhe antes de habitá-lo com os príncipes teus filhos. Não poupes nada nele, grande rainha; empregue o ouro e toda a arte dos melhores construtores; que os Fídias e os Zêuxis de teu século derramem toda a sua ciência nos soalhos e nas paredes; traça ao redor dele vastos e deliciosos jardins, cujo encanto seja tal que não pareçam feitos por mãos de homens; gasta todos os teus tesouros e todo o teu talento nessa obra incomparável; e depois de ter posto a última mão, Zenóbia, um desses pastores que habitam as areias próximas de Palmira, tornando-se rico pelas cobranças de passagem por teus rios, comprará um dia com dinheiro vivo essa casa real, para embelezá-la e torná-la mais digna dele e de sua fortuna.

79. Este palácio, estes móveis, estes jardins, estes tanques de água pura te encantam e te levam a soltar exclamações diante de uma casa tão deliciosa e sobre a felicidade imensa de seu dono. Mas o dono já não vive; não usufruiu tão agradável e tão serenamente como tu essa bela visão; nunca passou um dia calmo nem uma noite tranquila; para conseguir toda a beleza que te encanta, afundou-se em dívidas. Os credores o expulsaram de casa: voltou a cabeça e a contemplou de longe uma última vez e em seguida morreu de desgosto.

80. Não se poderia deixar de observar em certas famílias aquilo que chamamos caprichos do acaso ou jogo da sorte. Cem anos antes ninguém falava dessas famílias; não existiam: de repente, o céu se abre em seu favor; os bens, as honras, as dignidades caem e recaem sobre elas; nadam num mar de prosperidade. Eumolpo, um desses homens sem antepassados ilustres, tinha um pai que ascendera a tão alta posição, que a única ambição de sua vida foi sempre a de igualá-lo, e conseguiu. Possuíam por acaso esses dois homens espírito eminente, profunda capacidade? Teriam sido ajudados pela conjuntura? Por fim, a fortuna já não sorriu mais; voltou o rosto para outro lado e trata a posteridade deles como havia tratado os antepassados.

81. A causa mais imediata da ruína e da bancarrota das pessoas das duas condições, da toga e da espada, é que somente a posição, e não os bens, determina as despesas.

82. Se, para fazer fortuna, não esqueceste nada, que trabalho! Se negligenciaste a menor coisa, que arrependimento!

83. Giton tem a pele viçosa, o rosto cheio e as bochechas pendentes, olhar fixo e seguro, ombros largos, estômago alto, caminhar firme e deliberado. Fala com confiança; faz repetir aquele que o entretém, não aprecia senão minimamente tudo aquilo que lhe diz. Desdobra um grande lenço e assoa com ruído; cospe longe e espirra bem alto. Dorme de dia, dorme à noite, e profundamente; ronca em companhia. À mesa e nos passeios ocupa mais espaço que outro. Fica no meio, ao passear com seus amigos; ele para, e todos param; retoma a caminhada e todos o seguem; todos se regulam de acordo com ele. Interrompe, corrige aqueles que têm a palavra; ninguém o interrompe, todos escutam durante todo o tempo que quiser falar; todos estão de acordo com ele, todos acreditam nas notícias que relata. Se sentar, é visto se espichar na poltrona, cruzar as pernas, cerrar as sobrancelhas, abaixar o chapéu sobre os olhos para não ver ninguém, ou levantá-lo em seguida e descobrir sua testa por orgulho e audácia. É jovial, ri à vontade, é impaciente, presunçoso, colérico, libertino, político, misterioso sobre negócios do dia; acredita ter talento e ser inteligente. É rico.

Fédon tem os olhos fundos, a pele rubra, o corpo seco e o rosto magro; dorme pouco e com sono muito leve; é abstrato, sonhador e tem a aparência de um tolo. Esquece de dizer o que sabe ou de falar de acontecimentos que lhe são conhecidos; se, por vezes, o faz, se dá mal, acha que chateia aqueles a quem fala, relata com brevidade, mas friamente; não consegue fazer que os outros o escutem, não faz rir. Aplaude, sorri com o que os outros dizem, é da opinião deles; corre, voa para lhes prestar pequenos serviços. É complacente, lisonjeador, prestativo; é misterioso sobre seus negócios, às vezes mentiroso; é supersticioso, escrupuloso, tímido. Caminha suave e levemente, parece recear pisotear o chão; caminha com os olhos baixos, não ousa levantá-los para quem passa. Nunca faz parte do número daqueles que formam uma roda para conversar; coloca-se atrás daquele que fala, recolhe furtivamente aquilo que os outros dizem e, se observado pelos outros, retira-se. Não ocupa lugar, não tem lugar; caminha com os ombros encolhidos, o chapéu abaixado sobre os olhos para não ser visto; ele se enrola e se esconde em sua capa; não há ruas nem galerias tão apinhadas e tão cheias, nas quais não encontre meio de passar sem dificuldade e de se esgueirar sem ser percebido. Se lhe pedem para sentar, coloca-se mal e mal sobre a borda de uma cadeira; fala baixa em suas conversas, articula mal; livre, contudo, com relação aos negócios públicos, amargo contra as coisas do século, em nada preocupado com ministros e ministério. Só abre a boca para responder; tosse, assoa o nariz debaixo do chapéu, cospe quase em si mesmo e espera ficar sozinho para espirrar ou, se acontecer inadvertidamente, abafa o espirro para não ser notado; não é cumprimentado por ninguém. É pobre.

Da cidade

1. Em Paris, todos se dão ares, sem se falar, em qualquer local público, para ser mais exato, todas as tardes nas avenidas e em Tuileries, limitando-se a olhar-se no rosto e desaprovar uns aos outros.

Não podemos passar sem este mundo que não amamos e do qual zombamos.

Geralmente nos esperamos uns aos outros na passagem por ocasião de um passeio público; passamos em revista um ao outro: carruagem, cavalos, condecorações, armas, nada escapa aos olhos, tudo é curiosa ou malignamente observado; de acordo com a maior ou menor riqueza ostentada, respeitamos as pessoas ou as desdenhamos.

2. Todos conhecem esse longo dique que limita e encerra o leito do rio Sena, no local em que entra em Paris com o rio Marne, que aí desemboca; os homens costumam banhar-se ali nos dias de muito calor; podem ser vistos de perto jogar-se nas águas; podem ser vistos sair; é um divertimento. Quando essa estação não vier, as mulheres da cidade não passeiam no local e, quando a estação passou, não passeiam mais.

3. Nesses locais de grande aglomeração, nos quais as mulheres se reúnem para desfilar com seus belos vestidos e para colher o fruto de sua apurada apresentação, não passeamos com uma companheira por necessidade de uma conversa, mas nos reunimos para nos entretermos com o público e proteger-nos contra a crítica; é precisamente nesses locais que falamos à toa, melhor, que falamos para os transeuntes, para aqueles mesmos com os quais levantamos a voz, gesticulamos e gracejamos, meneamos negligentemente a cabeça, passamos e voltamos a passar.

4. A cidade está dividida em várias sociedades que são como outras tantas repúblicas, com suas leis, sua moral, sua linguagem, e suas maneiras de gracejar. Enquanto cada um desses grupos se mantém forte e a união subsiste, só é bom o que nele se diz ou faz; o resto de nada presta, especialmente se vem de fora; isso se estende até o desprezo pelas pessoas que não são iniciadas em seus mistérios. O homem de melhor espírito que por acaso penetra no meio deles é como se fosse estrangeiro. Encontra-se ali como em país distante, do qual não conhecem nem as estradas nem a língua nem os costumes e hábitos; vê um grupo que conversa, murmura, segreda, ri e que em seguida cai num pesado silêncio: perde a pose, não sabe como dizer ou colocar uma só palavra e até mesmo nada entende. Depara sempre com um mau caráter que se ri e domina e que é como o herói do grupo: este se encarrega da alegria dos outros e, antes mesmo de falar, a todos diverte. Se porventura aparece uma mulher que não é do agrado deles, o bando não compreende como ela não saiba rir das coisas que não entende e parece insensível a seus disparates que até eles próprios não sabem porque os disseram; não lhe perdoam nem o tom da voz, nem o silêncio, nem seu porte, nem sua fisionomia, nem seu modo de trajar, nem sua maneira de se aproximar ou de se retirar. Entretanto, não dura dois anos o entendimento de cada grupo: há sempre, desde o primeiro ano, indícios de desunião para irromper naquele que deve se seguir; o critério da beleza, os incidentes do jogo, a extravagância das refeições que, modestas de início, logo degeneram em ágapes e banquetes suntuosos, perturbam a república e, finalmente, lhe desferem o golpe mortal. E em pouquíssimo tempo, fala-se tão pouco dessa gente como das moscas do ano passado.

5. Na cidade há a grande e a pequena intriga; a primeira se vinga da outra com o desprezo da corte e com as pequenas humilhações que sofre. Saber quais são seus limites, onde a grande termina e a pequena começa, não é fácil determinar. Há até mesmo um grupo considerável que recusa ser classificado como de segunda ordem e ao qual se contesta a primeira; não se rende, procura, ao contrário, pela gravidade e pela despesa igualar-se à magistratura, mas só o consegue com dificuldade: ela costuma dizer que a nobreza de seu emprego, a independência de sua profissão, o talento da palavra e o mérito pessoal balançam pelo menos os sacos de mil francos que o filho do burguês ou do banqueiro pôde pagar por seu ofício.

6. Achas graça em sonhar na carruagem ou talvez em repousar nela? Depressa, toma teu livro ou teus papéis, lê, não cumprimentes senão as pessoas que passam em suas carruagens; eles acharão que estás tão ocupado que vão dizer: "Este homem é trabalhador, infatigável; lê, trabalha até nas ruas ou pelo caminho". Aprende do advogado mais inexperiente que é preciso parecer atolado em serviço, franzir a sobrancelha e sonhar em nada de modo profundo; saber a propósito perder a bebida e a comida; só aparecer na própria casa, desaparecer e sumir como um fantasma nas sombras do próprio escritório; esconder-se do público, evitar o teatro, deixá-lo àqueles que não correm risco algum em aparecer, que fazem questão do lazer, aos Gomons, aos Duhamels.

7. Há certo número de magistrados que os grandes bens e os prazeres associaram a alguns daqueles que, na corte, são chamados pequenos mestres; eles os imitam, mantêm-se bem abaixo da gravidade da questão e acreditam estar dispensados por sua idade e por sua fortuna de serem sábios e moderados. Tomam da corte o que ela tem de pior: a vaidade, a moleza, a intemperança, a libertinagem, como se todos esses vícios lhes fossem devidos e, afetando assim um caráter distante daquele que deveriam ter, tornam-se finalmente, segundo seus desejos, cópias fiéis de péssimos originais.

8. Um homem bem trajado, na cidade e na corte, representa dois homens diferentes. Voltando a sua casa, retoma seus costumes, seu porte e seu semblante que havia deixado: não é mais tão complexo nem tão honesto.

9. Os Crispim se cotizam e reúnem em sua família até seis cavalos para aumentar sua carruagem, que, com um enxame de pessoas condecoradas, em que cada um deu sua parte, os leva a triunfar no Corso ou em Vincennes, e andem de mãos dadas com novas noivas, de Jason, que está se arruinando, e de Trason, que quer se casar e que desistiu.

10. Ouvi dizer dos Sannion: "Mesmo nome, mesmas armas; o ramo mais velho, o ramo mais jovem, os cadetes do segundo ramo; aqueles portam as armas completas, estes se distinguem por um lambel, os outros por uma bordadura dentelada". Têm com os Bourbon, da mesma cor, o mesmo metal; como eles levam dois por um em seu brasão; não são flor de lis, mas se conformam; talvez em seu coração encontrem suas peças tão honradas e as têm em comum com grandes senhores, o que os deixam contentes; são vistas nos tecidos e nos vitrais, na porta de seu castelo, no pilar de Justiça, onde acabaram de enforcar um homem que merecia o exílio; aparecem aos olhos em toda parte, nos móveis e nas fechaduras, semeadas em suas carruagens; suas librés não desonram suas armas. Eu diria de boa vontade aos Sannion: "Sua loucura é prematura; esperem pelo menos até o fim do século; aqueles que viram seu avô, que falaram com ele, são velhos e não poderiam viver mais por muito tempo. Quem poderia dizer como eles: Lá estava exposto e era vendido muito caro?"

Os Sannion e os Crispim querem ainda que se diga deles que fazem grandes gastos e que gostam de fazê-los. Relatam delongada e enfadonhamente uma festa ou um banquete que ofereceram; falam do dinheiro que perderam no jogo, queixam-se amargamente daquilo que não sonhavam perder. Falam de certas mulheres em gíria e em termos misteriosos; têm centenas de coisas a contar uns aos outros; fizeram poucas descobertas; passam uns aos outros que são pessoas acostumadas a belas aventuras. Um deles, que foi deitar tarde no campo e que tentava dormir, levanta-se pela manhã, calça polainas, veste um traje de tecido rústico, cinge-se de um cordão ao qual pendura o necessário, ajeita seus cabelos, apanha um fuzil: está feito um caçador ou pelo menos parece. Retorna à noite, molhado e extenuado, sem ter matado nada. Volta à caça no dia seguinte e passa o dia inteiro sem encontrar tordos ou perdizes.

Outro, com cães mal adestrados, teria vontade de dizer: minha matilha! Conhece uma caçada, dela entende; larga os cães, entra no forte, se mistura com os flecheiros, ele tem uma corneta. Não diz, como Menalipo: "Sinto prazer?" Ele o sente. Esquece as leis e os procedimentos: é um Hipólito. Menandro, que o viu ontem num processo que está em suas mãos, não reconheceria hoje seu relator. No dia seguinte, é visto em sua sala, onde vai ser julgada uma causa grave e capital? Ele se cerca de seus confrades, conta-lhes como não perdeu o cervo perseguido pela matilha, como se esgoelou gritando aos cães que falhavam ou a esses caçadores que se alternavam, abandonando seus seis cães. A hora urge; termina por falar dos latidos dos cães e da presa e corre para sentar-se com os outros para julgar.

11. Que desvario o de certos cidadãos privados que, ricos pela herança paterna recebida há pouco, imitam os príncipes em seu guarda-roupa e em sua carruagem e provocam, pela despesa excessiva e pelo fausto ridículo, as zombarias da cidade inteira que julgam deslumbrar e assim se arruínam, sendo ao mesmo tempo ridicularizados.

Alguns nem sequer têm a triste vantagem de propagar suas loucuras para mais longe que o quarteirão em que residem, teatro único de sua vaidade! Ignora-se que André brilha em Marais e que dissipa seu patrimônio. Se pelo menos fosse conhecido em toda a cidade e em seus bairros, seria difícil, entre tão grande número de cidadãos que não sabem julgar sadiamente todas as coisas, que um deles não pudesse dizer dele "Ele é magnífico", e apreciasse os presentes que fez a Xantes e a Arison e as festas que ofereceu a Elamina. Mas ele se arruína obscuramente; é só em benefício de duas ou três pessoas que não o estimam que ele corre para a indigência e que, hoje de carruagem, dentro de seis meses nem sequer terá o meio de andar a pé.

12. Narciso se levanta de manhã para deitar à noite; demora a vestir-se e a preparar-se, como uma mulher; vai regularmente todos os dias à missa em Feuillants ou nos Mínimos; é homem amável e contam com ele no bairro para jogar qualquer tipo de jogo de cartas. Durante quatro horas, fica sentado no sofá da sala de Arício, onde todos os dias arrisca de cada vez cinco moedas de ouro. Lê precisamente a "Gazeta da Holanda" e o "Mercúrio Galante"; já leu Bergerac, Marets, Lesclache, as historietas de Barbin e algumas coletâneas de poesia. Passeia com senhoras na Plaine e no Corso. É de uma pontualidade religiosa nas visitas. Fará amanhã o que fez hoje e o que fez ontem. E assim morre, depois de ter vivido assim.

13. Aí está um homem, dizes, que vi em algum lugar, mas saber onde, é difícil; seu rosto, porém, me é familiar. Há muitos outros, e vou, se puder, ajudar tua memória. Foi num banco da avenida ou em Tuileries, no grande bulevar, ou no balcão do teatro de comédia? Foi no sermão, no baile, em Rambouillet? Onde poderias tê-lo visto?

Onde não? Se na praça há uma famosa execução ou uma algazarra, ele aparece numa janela do Hôtel de Ville; se houver um magnífico desfile, ele tem seu lugar num estrado; se houver outro espetáculo, lá está ele, bem postado no anfiteatro; se o rei recebe seus embaixadores, ele assiste sua entrada, sua audiência, está próxima quando saem da audiência. Sua presença é tão essencial nos juramentos das ligas suíças como aquela do chanceler e das próprias ligas. É seu rosto que é visto nos almanaques representando o povo ou a assistência. Se houver uma caçada pública, um Saint-Huber, lá está ele a cavalo; se alguém falar de um acampamento e de uma revista, ele está em Ouilles, em Achères. Ele gosta das tropas, da milícia, da guerra; ele a vê de perto e até no forte Bernardi. Chanleu conhece a marcha, Jacquier os víveres, Du Metz a artilharia, e esse fulano vê, ele trabalhou a vida toda vendo, é espectador de profissão; não faz nada que um homem deve fazer, não sabe nada do que deve saber, mas viu, segundo ele próprio diz, tudo o que se pode ver e não terá nenhum pesar ao morrer. Que perda, portanto, para toda a cidade! Quem haverá de dizer depois dele: "O Corso está fechado, ninguém mais passeia nele; o lamaçal de Vincennes secou e foi removido, nada mais será jogado nele?" Quem haverá de anunciar um concerto, uma bela saudação, um prestígio da feira? Quem haverá de avisar que Beaumavielle morreu ontem, que Rochois está gripado e não haverá de cantar após oito dias? Quem haverá de conhecer, como ele, um burguês com suas armas e suas librés? Quem haverá de dizer: "Scapin traz flores de lis?" e ficar com isso impressionado? Quem haverá de pronunciar com mais vaidade e com mais ênfase o nome de uma simples burguesa? Quem haverá de relembrar melhores cantigas populares? Quem haverá de fornecer às mulheres os anais galantes e o jornal amoroso? Quem haverá de saber como ele cantar à mesa todo um diálogo de uma Ópera e os furores de Roland numa viela? Finalmente, como há na cidade, como em outros locais, pessoas muito tolas, insensatas, ociosas, desocupadas, que haverá também de lhes convir perfeitamente?

14. Terameno era rico e tinha méritos. Ele herdou uma grande fortuna e, portanto, é muito rico e de um merecimento excepcional. Todas as mulheres anseiam por tê-lo como galã e todas as moças o querem como marido. Vai de casa em casa, deixando as mães esperançosas que se case com a filha. Mal se senta, as mães se retiram para que as filhas tenham a liberdade de ser amáveis, e a Terameno a liberdade de declarar-se. Ora ele elimina o magistrado, ora afasta o cavalheiro ou o fidalgo. Nem um jovem bonito, vivaz, de boa pose, engraçado, seria mais desejado e mais ardentemente recebido; todas o querem, tentando agarrá-lo e só para ele sorriem em qualquer reunião em que se encontre. Quantos galãs não vai arruinar! Quantos partidos excelentes fará perder! Poderia bastar a tantas herdeiras que o procuram? Não é só o terror dos maridos, é o espantalho de todos aqueles que sentem vontade de ser iguais a ele e que esperam um casamento para preencher o vazio de suas vidas! Personagens desse tipo, tão felizes, tão ricos, deveriam ser proscritos de uma cidade bem administrada ou então obrigar as mulheres, sob pena de loucura ou de indignidade, a não tratá-los melhor do que se eles fossem apenas homens de qualquer mérito.

15. Paris, usualmente o palhaço da corte, nem sempre sabe disfarçar; não imita de modo algum nessas representações agradáveis e carinhosas senão alguns cortesãos, e sobretudo as mulheres, que consideram naturalmente como homem de merecimento e que não tem mérito algum; elas não se informam sobre seus contratos nem sobre seus ancestrais; elas o encontram na corte, é o que basta; elas o toleram, mas o estimam; não perguntam se veio a pé ou em liteira, se possui um cargo, terras ou carruagem; como regurgitam esplendor e dignidade, como elas se confortam com a filosofia ou com a virtude. Uma mulher da cidade ouve o barulho de uma carruagem que para à sua porta, se alvoroça com prazer e complacência por quem quer que esteja dentro, sem o conhecer; mas se viu de sua janela uma bela figura, cheia de condecorações, que várias carreiras de adereços perfeitamente dourados a deslumbraram, que impaciência não deverá ter para ver imediatamente de seu quarto o cavalheiro ou o magistrado! Que encantadora recepção não lhe haverá de fazer! Haverá de tirar dele os olhos? Ele nada perde com ela: tem-se em conta duplos desvãos e saídas que o fazem comportar-se mais delicadamente; ela o estima mais e o ama mais intensamente.

16. Essa fatuidade de certas mulheres da cidade que as leva a imitar mal a elegância daquelas da corte é qualquer coisa de pior que a grosseria das mulheres do povo e que a rusticidade das camponesas: tem, mais que ambas, a afetação.

17. Que sutil invenção a de dar magníficos presentes de casamento que não custam nada e que devem ser entregues em espécie!

18. Que louvável e útil prática essa de gastar com as despesas de casamento a terça parte do dote e de começar a empobrecer, com o acúmulo de coisas supérfluas, dando ao estofador uma parte das economias que se guardam para comer e dormir sossegados!

19. O belo e sensato costume daquele que, preferindo uma espécie de afronta à decência e ao pudor, expõe uma mulher por uma só noite numa cama num teatro para representar, durante alguns dias, uma personagem ridícula, e a entrega nesse estado à curiosidade das pessoas de um e outro sexo, que, conhecidos ou desconhecidos, acorrem de toda uma cidade para esse espetáculo enquanto durar! Que falta a tal costume, para ser inteiramente bizarro e incompreensível do que ser comparado com a Mingrélie?

20. É triste costume, servidão incômoda, correr incessantemente uns atrás dos outros com a impaciência de não se encontrar; não se encontrar senão para dizer futilidades, senão para informar-se reciprocamente de coisas de que não se ouviu falar e das quais não vale a pena quase saber; de não entrar num aposento senão precisamente para dele sair, de não sair de casa depois do almoço senão para retornar à tarde, satisfeito de ter visto em curtas cinco horas três porteiros, uma mulher que mal se conhece e outra que se detesta! Quem avaliasse bem o preço do tempo e como sua perda é irreparável, choraria amargamente tão grandes misérias!

21. Na cidade, a educação é feita numa indiferença grosseira pelas coisas rurais e campestres. Mal se sabe distinguir a planta do cânhamo da planta do linho, o trigo do centeio, e um e outro do sorgo: é suficiente saber alimentar-se e vestir-se. Não fales à maioria dos burgueses de searas, nem de árvores de corte, nem de videiras, nem de pastagens, se quiseres ser entendido: para essas pessoas essas palavras não são da língua deles. Fala antes a alguns de peças de fazenda, de tarifas, de dinheiro e a outro de requerimentos, de requisições, de convocação e de processos. Conhecem o mundo só pelo que nele existe de menos belo e menos interessante; ignoram a natureza, suas origens, seus progressos, suas dádivas e sua generosidade. Sua ignorância é muitas vezes voluntária e baseada na estima excessiva que professam por seus talentos e sua profissão. Não há tão vil profissional que, no fundo de seu escritório sombrio e enfumaçado e com o espírito ocupado em alguma trapaça, não desdenhe o trabalhador que goza do ar livre, que cultiva a terra, que a semeia e que faz abundantes colheitas; se porventura lhe falam dos primeiros homens ou dos patriarcas, de sua vida campestre e de sua economia, fica espantado que alguém tenha conseguido viver nesses tempos em que não havia ainda advogados, nem tribunais, nem presidentes, nem procuradores. Não compreende como é que se passava então sem cartórios, sem audiências e sem botequins.

22. Os imperadores nunca percorreram em triunfo a cidade de Roma tão fácil, cômoda e mesmo seguramente contra o vento, a chuva, a poeira e o sol, como os burgueses de Paris sabem percorrer a cidade toda. Que distância existe desse costume da mula de seus antepassados! Não se privavam do necessário para possuir o supérfluo, nem preferiam o luxo às coisas úteis. Não eram vistos sair por aí com velas e se aquecendo junto de pequeno fogareiro; as velas eram para o altar e para o Louvre. Não saíam de um mau jantar para andar de carruagem; estavam persuadidos de que o homem tinha pernas para caminhar, e andavam a pé. Eles se conservavam limpos quando não chovia, e quando chovia gastavam seus calçados, tão pouco preocupados em atravessar ruas e encruzilhadas, como o caçador não se preocupa em atravessar os campos ou o soldado em molhar-se numa trincheira. Não se pensava ainda em atrelar dois homens a uma liteira; havia até mesmo magistrados que iam a pé ao tribunal e às audiências, com tanta naturalidade como Augusto outrora ia a pé ao Capitólio. Nesses tempos, o cobre brilhava nas mesas e nos jantares, como o ferro e o couro nos lares; a prata e o ouro ficavam trancados nos cofres. As mulheres eram servidas por mulheres e trabalhavam até mesmo na cozinha. Os belos nomes de governantes e governantas não eram desconhecidos a nossos antepassados; sabiam a quem eram confiados os filhos dos reis e dos maiores príncipes, mas eles participavam do serviço de seus criados com seus filhos, felizes por vigiar de perto eles próprios a educação de seus filhos. Eles próprios interfeririam em todas as coisas: sua despensa era proporcional à sua receita; seu vestuário, suas carruagens, seus móveis, sua mesa, suas casas na cidade e no campo, tudo era medido de acordo com seus rendimentos e com sua situação real. Havia entre eles distinções na aparência que impediam de confundir a mulher do médico com aquela do magistrado e o homem do povo ou o criado com o cavalheiro. Menos preocupados em dissipar ou em aumentar seu patrimônio do que em mantê-lo, deixavam-no por inteiro a seus herdeiros e passavam assim de uma vida moderada a uma morte tranquila. Não diziam: O século é rude, a miséria é grande, o dinheiro está raro. Tinham menos que nós e tinham o bastante, mais ricos por sua economia e modéstia do que por seus rendimentos e propriedades. Enfim, todos compartilhavam desta verdade: aquilo que nos poderosos é esplendor, suntuosidade e magnificência, é também dissipação, loucura e inépcia no simples cidadão.

Da corte

1. A recriminação em sentido mais honrado que se possa fazer a um homem é dizer-lhe que não parece ser da corte: não há virtude que não resplandeça nele por essas únicas palavras.

2. Um homem que conhece a corte é senhor de seus gestos, de seus olhos e de seu rosto; é profundo, impenetrável; dissimula seus fracassos, sorri a seus inimigos, retém seu humor, disfarça suas paixões, desmente seu coração, fala, age contra seus sentimentos. Todo esse grande refinamento não passa de um vício chamado falsidade, por vezes tão inútil ao cortesão, para sua sorte, como a franqueza, a sinceridade e a virtude.

3. Quem pode designar certas cores que mudam e que são diferentes de acordo com os diferentes dias em que são observadas? De igual modo, quem pode definir a corte?

4. Furtar-se à corte um só momento é renunciar a ela; o cortesão que a viu pela manhã, a vê à tarde para reconhecê-la no dia seguinte ou para que ele próprio seja nela reconhecido.

5. Somos pequenos na corte e, por qualquer vaidade, nos sentimos sempre pequenos; mas esse é um mal comum, pois até mesmo os grandes são pequenos na corte.

6. A província é o local de onde a corte parece uma coisa admirável; se nos aproximarmos, seus encantos diminuem, da mesma forma que uma perspectiva vista de muito perto.

7. Muito dificilmente nos acostumamos a uma vida que se passa em antessalas, em corredores ou nas escadarias.

8. A corte não torna as pessoas felizes; impede que o sejam até em outros locais.

9. É preciso que um homem honesto tenha experiência da corte: descobre, ao entrar, um novo mundo que lhe era desconhecido, onde vê reinar igualmente o vício e a polidez e onde tudo lhe é útil, o bom e o mau.

10. A corte é como um edifício de mármore, quero dizer que é composto de homens muito duros, mas muito educados.

11. De vez em quando vamos até a corte, para retornar e sentir-se com isso respeitado pelo nobre da própria província ou pelo bispo local.

12. O decorador e o doceiro seriam supérfluos e não passariam de figuras inúteis, se fôssemos modestos e sóbrios: as cortes ficariam desertas e os reis quase solitários, se estivéssemos curados da vaidade e do interesse. Os homens querem ser escravos em algum lugar e ali inspirar-se para dominar em outro local. Parece que entregamos por atacado aos principais da corte o ar de altivez, de sobranceria e de comando, para que eles o distribuam a varejo nas províncias; fazem precisamente como fazem com eles, verdadeiros macacos da realeza.

13. Não há nada que transforme para pior certos cortesãos que a presença do príncipe: mal podem ser reconhecidos em seus rostos, pois seus traços se alteraram e sua altivez desapareceu. Os orgulhosos e soberbos são os mais afetados, pois perdem muito do que parece ser seu; o honesto e modesto suporta isso sem problema, pois não tem nada a esconder.

14. O ar da corte é contagioso: afeta a pessoa como o sotaque normando em Rouen ou em Falaise; pode ser observado em militares, em pequenos controladores e em encarregados do fornecimento de frutas; com o mínimo de espírito e arte, pode-se fazer grandes progressos na corte. Um homem de gênio destacado e de sólido merecimento não liga muito para essa espécie de talento para acumular seu capital; adquire-o sem reflexão e não pensa em desfazer-se dele.

15. Fulano chega com grande estardalhaço; afasta as pessoas, pede passagem, empurra, quase machuca; diz seu nome: todos ficam em suspenso, mas ele não entra senão com a multidão.

16. Aparecem nas cortes aventureiros e ousados, de caráter livre e familiar, que se apresentam a si próprios, afirmam que em sua arte possuem toda a habilidade que falta aos outros e que suas palavras merecem crédito. Entretanto, aproveitam do erro público e do gosto que os homens têm por novidades: atravessam a multidão e chegam até o ouvido do príncipe, a quem o cortesão os vê falando, feliz por estar ao lado e ser visto por todos. Os grandes têm isso de cômodo: são tolerados sem consequência e são despedidos da mesma forma; então desaparecem ao mesmo tempo ricos e desacreditados, e as pessoas que acabaram de lograr estão prontas para serem logradas por outros.

17. Vemos pessoas que entram sem cumprimentar senão com um aceno, que caminham altivamente e se empertigam como uma mulher; perguntam sem nos fitar, falam alto, dando a entender que estão acima dos presentes; param e são cercados por todos; tomam a palavra, presidem a reunião e persistem nesse tom de voz alto e ridículo, até que chega um grande que o leva a abaixar a voz, reduzindo-o à sua naturalidade, que é menos ruim.

18. As cortes não poderiam passar sem certos cortesãos, bajuladores, complacentes, insinuantes, devotados às mulheres, das quais administram os prazeres, excitam as fracas e exploram todas as suas paixões; sopram grosserias em seus ouvidos, lhes falam de seus maridos e de seus amantes em termos convenientes, adivinham suas amarguras, suas doenças e se acercam de suas camas; ditam moda, vivem no luxo, gastam e ensinam a esse sexo meios rápidos para consumir grandes somas em vestidos, em móveis e em carruagens; eles próprios só se vestem de maneira requintada e não fixam residência em velhos palácios a não ser depois de os terem restaurado e decorado; comem com delicadeza e com reflexão; não há voluptuosidade que não provem e não contem. Devem a si sua fortuna e a administram com o mesmo cuidado que a construíram. Desdenhosos e altivos, não abordam seus colegas, não os cumprimentam mais; falam onde todos os outros calam, entram, penetram em locais e em horários em que os grandes não ousam aparecer: estes, com longos serviços, belos empregos ou grandes dignidades não mostram um semblante tão seguro nem uma conduta tão livre. Essas pessoas têm ouvidos mais apurados do que os grandes príncipes, estão em todas as suas diversões e em todas as suas festas, não saem do Louvre ou do Château, onde transitam e agem como se fosse em sua casa, parecem multiplicar-se em mil lugares e são sempre os primeiros rostos que aparecem aos que acabam de chegar à corte; abraçam e são abraçados; riem, gargalham, são simpáticos: pessoas tranquilas, agradáveis, ricas, que prestam e são inconsequentes.

19. Não se haveria de acreditar que Cimon e Clitandro são os únicos encarregados dos pormenores de todo o Estado e que são os únicos também que devem responder por ele? Um cuida dos negócios de terra e o outro dos marítimos. Quem pudesse vê-los notaria seu empenho, inquietude, curiosidade, atividade e poderia descrever seus movimentos. Nunca foram vistos sentados, imóveis e parados. Quem os viu até mesmo caminhar? Foram vistos correr, falar correndo e perguntar sem esperar resposta. Não vêm de lugar algum, não vão para nenhum lugar: passam e tornam a passar. Não os detenhas em sua corrida precipitada, pois lhes desmontarias a máquina; não lhes faças perguntas, dá-lhes pelo menos o tempo de respirar e de se lembrar que não fazem nada, que podem ficar contigo por muito tempo, seguir-te para onde quiseres levá-los. Eles não são os satélites de Júpiter, quero dizer, aqueles que acotovelam e cercam o príncipe, mas o anunciam e o precedem; eles se lançam impetuosamente contra a multidão de cortesãos; tudo o que se encontra em sua passagem corre perigo. Sua profissão é de serem vistos e revistos e nunca deitam sem antes terem cumprido esse dever tão sério e tão útil à república. São instruídos a fundo sobre todas as novidades corriqueiras e na corte sabem tudo o que se pode ignorar; não lhes falta nenhum dos talentos para progredir de forma medíocre. Pessoas, contudo, despertas e alertas sobre tudo o que acreditam que compete a eles, pouco criativos, levianos e precipitados. Que direi? Voam com o vento, atrelados ambos ao carro da Fortuna e ambos bem longe de poder sentar-se nele.

20. Um homem da corte que não tem um bom nome deve esconder-se sob um nome melhor; mas se encontrar um que possa usar, deve então insinuar que é o mais ilustre de todos os nomes, como sua casa é a mais antiga de todas; deve ter relação com os príncipes Lorrain, Rohan, Chastillons, Montmorencis e, se puder, com príncipes de sangue da realeza; só falar de duques, cardeais e ministros; introduzir em todas as conversas seus ancestrais paternos e maternos e encontrar modo de incluir estandartes dos reis e das cruzadas; ter salas decoradas com árvores genealógicas, escudos de dezesseis quartéis, quadros de seus antepassados e dos aliados deles; gabar-se de possuir um antigo castelo provido de torres e de ameias; em todos os encontros dizer: minha raça, meu ramo, meu nome, minhas armas; dizer de outro que não é homem de boa ascendência; de outra, que não é dama de qualidade; se lhe disserem que Jacinto ganhou a grande loteria, perguntar se é cavalheiro. Alguns não deixarão de rir de tudo isso, mas ele os deixará rir; outros passarão a fazer contas, e ele os deixará fazê-las. Ele dirá sempre que segue a casa reinante e, à força de repeti-lo, acabará por merecer crédito.

21. É uma grande ingenuidade introduzir na corte a menor forma de conduta de plebeu e de não se comportar nela como cavalheiro.

22 - Na corte, deitamos e levantamos pensando nos interesses; é o que digerimos pela manhã e pela tarde, de dia e de noite; é o que faz com que pensemos, falemos, calemos, atuemos; é nesse espírito que abordamos alguns e que negligenciamos outros, que subimos e que descemos; é com essa regra que medimos os cuidados, as simpatias, a estima, a indiferença, o desprezo. Alguns passos que por virtude alguns dão em direção à moderação e à sabedoria, um primeiro motivo os leva a juntar-se aos mais avarentos, aos mais violentos em seus desejos e aos mais ambiciosos. De que maneira poderíamos ficar imóveis num lugar onde tudo caminha, onde tudo se movimenta e não correr para onde os outros correm? Chegamos mesmo a acreditar que somos responsáveis por nosso progresso e por nossa fortuna: aquele que não conseguiu fazê-la na corte é considerado como alguém que não tinha jeito para a coisa. Entretanto, por que afastar-nos antes de haver colhido o menor fruto ou nos conformaríamos em ficar sem favores e sem recompensas? Pergunta tão espinhosa, tão intrigante e de tão penosa definição que um número infinito de cortesãos envelhece entre o sim e o não, e morre na dúvida.

23. Não há nada na corte de tão desprezível e tão indigno quanto um homem que não pode contribuir para nossa fortuna; fico surpreso que ele ainda ouse se mostrar.

24. Aquele que vê atrás de si um homem de sua época e de sua condição, com quem chegou à corte pela primeira vez, se achar que tem uma razão sólida para creditá-lo a seu próprio mérito e estimar-se mais que seu companheiro que ficou pelo caminho, não se lembra mais daquilo que, antes dos favores recebidos, pensava de si próprio e daqueles que o tinham sobrepujado.

25. Já é muito para nosso amigo se, tendo ele galgado um grande posto, ainda nos reconhece.

26. Se aquele que estiver em boas graças ousa aproveitar a ocasião antes que lhe escape, se servir do bom vento que sopra em seu caminho, se tiver os olhos abertos para tudo o que está vago, posto, abadia e os solicita e os obtém e que fique provido de pensões, títulos e sucessões, tu o recriminarás por sua avidez e sua ambição; dizes que tudo o tenta, tudo serve para si, para os seus e que, pelo número e pela diversidade de favores de que se cumulou, ele sozinho fez várias fortunas. Entretanto, que deveria ter feito? Julgando menos por tuas palavras do que pela decisão que terias tu mesmo tomado em semelhante situação, afirmo que terias feito o mesmo.

Criticamos aqueles que fazem uma grande fortuna quando as ocasiões aparecem, porque nos desesperamos, com a mediocridade da nossa, por não termos tido condições de fazer como eles e sofrermos a mesma crítica. Se estivéssemos prestes a seguir seu caminho, começaríamos a constatar que não estão errados e seríamos mais circunspectos, com medo de pronunciar de antemão nossa própria condenação.

27. Não se deve exagerar, nem falar mal das cortes, quando esse mal não existe nelas; não se atenta de forma mais grave contra o verdadeiro mérito do que deixá-lo algumas vezes sem recompensa; não se deve desprezá-lo sempre, uma vez que pôde ser constatado; normalmente é esquecido e é precisamente quando não se sabe fazer nada, ou muito pouco, por aqueles que se estima muito.

28. É difícil na corte que de todas as peças que concorrem para construir nossa fortuna não haja uma que não se encaixe: um de meus amigos que prometeu falar não fala; outro fala com desleixo; um terceiro esquece de falar sobre meus interesses e minhas intenções; para aquele falta boa vontade; para esse falta a habilidade e a prudência; todos não se sentem à vontade em me ver feliz e contribuir com todo o poder deles para tornar-me realmente feliz. Cada um se lembra bem de tudo o que lhe custou construir sua fortuna, bem como de toda a ajuda que lhe abriu o caminho. Seríamos mesmo levados a justificar os serviços recebidos dos outros por aqueles que, em semelhantes circunstâncias, prestamos a eles, se o primeiro e único cuidado que temos, depois de feita a fortuna, não fosse o de pensar somente em nós mesmos.

29. Os cortesãos não empregam o que têm de espírito, de criatividade e de fineza para encontrar os expedientes para desobrigar-se com seus amigos que lhes pedem ajuda, mas somente para encontrar razões aparentes, pretextos inconsequentes ou aquilo que chamam de impossibilidade de poder fazê-lo; e com isso se persuadem de estar quites com relação a seus amigos de todos os deveres de amizade e de reconhecimento.

Ninguém na corte quer tomar a iniciativa; há oferta de apoio porque, julgando os outros por si mesmo, espera-se que ninguém tomará iniciativa e que assim se está dispensado de oferecer apoio; é uma maneira amena e educada de recusar seu crédito, seus préstimos e sua mediação para quem tem necessidade.

30. Quanta gente te cobre de carícias em particular, te ama e te estima, mas que sentem mal com tua presença em público e que, ao levantar ou na missa, evitam teu olhar e muito mais encontrar-te! Há somente um reduzido número de cortesãos que, por grandeza ou por uma confiança que têm em si mesmos, ousa honrar diante de todos o mérito por si só e desprovido de grandes fortunas.

31. Vejo um homem cercado e seguido; mas está em seu posto. Vejo outro que todos abordam; mas é o favorito. Este é abraçado e coberto de gentilezas, mesmo pelos grandes; mas é rico. Aquele é observado por todos com curiosidade, é apontado com o dedo; mas é sábio e eloquente. Descubro um que ninguém esquece de cumprimentar; mas é mau caráter. Quero um homem que seja bom, que não seja nada mais do que é, e que seja procurado pelos outros.

32. Logo que alguém é guindado a um posto novo, ocorre um transbordamento de elogios em seu favor que inunda os corredores e a capela, ganha as escadarias, as salas, as galerias, todos os aposentos. Não há duas vozes diferentes sobre esse personagem; a inveja, o ciúme falam como a adulação; todos se deixam levar pela torrente que os carrega, que os força a dizer de um homem o que pensam ou o que não pensam, como elogiar muitas vezes aquele que não conhecem. O homem de espírito, de merecimento ou de valor se torna num instante um gênio de primeira ordem, um herói, um semideus. É tão prodigiosamente embelezado em todos os quadros que são feitos dele, que parece disforme ao lado de seus retratos; para ele é impossível chegar algum dia até a humilhação e a complacência em que acabaram de jogá-lo; chega a corar diante da própria reputação. Logo que começa a despachar no novo posto, todos mudam facilmente de opinião; está totalmente decepcionado; as máquinas que o haviam guindado tão alto pelo aplauso e pelos elogios estão agora todas direcionadas para fazê-lo cair no derradeiro desprezo. Quero dizer que não há ninguém que o desprezo mais, que o critique mais acerbamente e que mais fale mal dele do que aqueles que se haviam devotado com furor a falar bem dele.

33. Acredito que posso dizer, de um posto eminente e delicado, que é mais facilmente conquistado do que conservado.

34. Vemos homens cair de uma elevada fortuna pelos mesmos defeitos que os haviam levado a conquistá-la.

35. Há duas maneiras, nas cortes, para despedir as pessoas ou livrar-se delas: zangar-se com elas ou fazer de tal modo que elas se zanguem e se desgostem.

36. Na corte, falamos bem de alguém por duas razões: primeiro, para que sabia que falamos bem dele; segundo, para que fale bem de nós.

37. É tão perigoso, na corte, reconciliar-se como é embaraçante não fazê-lo.

38. Há pessoas para quem não conhecer o nome e o rosto de um homem é motivo para rir dele e desprezá-lo. Perguntam quem é ele; não é Rousseau, nem Fabry, nem Couture; não poderiam desconhecê-lo.

39. Falam tanto mal desse homem, e eu não vejo tão pouco mal nele que desconfio que deva ter um mérito importuno que extingue aquele dos outros.

40. Você é um homem de bem, não pensa em agradar nem desagradar aos favoritos, unicamente apegado a seu patrão e a seu dever: você está perdido.

41. Ninguém é atrevido por escolha, mas por caráter; é um vício, mas é natural; aquele que não nasceu assim é modesto e não passa facilmente de um extremo a outro; é importante dizer a este: "Sê atrevido e terás sucesso!" Uma imitação ruim não o ajudará, vai levá-lo a fracassar. Nas cortes, nada mais é preciso do que uma verdadeira e simples impudência para ter sucesso.

42. Procuramos, nos empenhamos, brigamos, nos atormentamos, pedimos, não somos atendidos, voltamos a pedir e conseguimos. Dizemos: "Nunca pedi nada, passei tempos sem pensar nisso e até pensava em coisas totalmente diferentes!" Velho estilo, mentira inocente e que não engana ninguém.

43. Brigamos para chegar a um grande cargo, preparamos todos os nossos estratagemas, todas as medidas bem precisas e pretendemos ser servidos segundo nossos desejos; uns devem entabular as conversações, outros devem apoiar; a isca está lançada e a estratégia pronta: então nos retiramos da corte. Quem ousaria desconfiar de Artemon que tivesse pensado em conseguir tão belo cargo, quando foi tirado de sua terra natal ou de sua casa? Artifício grosseiro, artimanhas desgastadas das quais o cortesão se serviu tantas vezes que, se eu quisesse dar o troco a todo o público e ocultar-lhe minha ambição, eu estaria diante dos olhos e sob a mão do príncipe para receber dele os favores que teria procurado com mais desatino.

44. Os homens não querem que revelemos os segredos que possuem para conseguir fortuna, nem que se desvende o que pensam de tal dignidade, porque se não a conseguirem, resta-lhes a vergonha, assim julgam, de não terem chegado lá; se chegarem, porém, há mais glória para eles serem considerados dignos por aquele que os favoreceu do que eles próprios se considerarem dignos por suas intrigas e artifícios: sentem-se honrados ao mesmo tempo por sua dignidade e por sua modéstia.

Qual a maior vergonha, não ser aceito num cargo que se merece ou ser nomeado para esse cargo sem merecê-lo?

Por maiores que sejam as dificuldades para se introduzir na corte, ainda mais duro e mais difícil é tornar-se digno de ser nomeado para um cargo.

Custa menos levar a dizer da gente: "Por que conseguiu esse cargo?", do que levar a perguntar: "Por que não o conseguiu?"

Há sempre gente que se apresenta para conseguir cargos na cidade, para postular um posto na Academia francesa, para pedir um consulado: que razão haveria, por menor que fosse, para não trabalhar nos primeiros anos de vida no intuito de se tornar apto para um grande emprego e pedir, em seguida, sem nenhum mistério e sem nenhuma intriga, mas abertamente e com confiança, esse emprego e nele servir a pátria, o príncipe e a república?

45. Não sei de nenhum cortesão a quem o príncipe acabe de conceder um bom cargo, um posto eminente ou uma significativa pensão que não afirme por vaidade ou para denotar seu desinteresse que está muito menos contente do favor do que da maneira pela qual foi agraciado. O que há nisso de seguro e indubitável é que ele assim o disse.

É falta de polidez dar de mau humor; o mais difícil e mais penoso é dar; que custa acrescentar a isso um sorriso?

Deve-se consignar que houve homens que recusavam mais honestamente do que outros sabiam dar; sabe-se que alguns se faziam de rogados por tanto tempo, que davam tão secamente e atrelavam a um favor que lhes era arrancado condições tão desagradáveis, que um favor muito maior era o de obter deles a recusa de qualquer favor.

46. Notamos nas cortes homens ávidos que se revestem de todas as condições para obter vantagens: governo, cargos, benefícios, tudo lhes convém; eles se ajustaram tão bem que por sua posição se tornam aptos a receber todos os favores; são anfíbios, vivem da Igreja e da espada e têm o segredo de acrescentar a isso as insígnias. Se perguntarem: "Que fazem esses homens na corte?" Recebem a todos e os remetem a quem nós damos.

47. Centenas de pessoas na corte levam a vida abraçando, apertando as mãos e parabenizando aqueles que recebem, até que morrem sem nada ter.

48. Menófilo toma emprestado suas atitudes de uma profissão e suas roupas de outra; dissimula o ano inteiro, embora sem máscara; aparece na corte, na cidade, em toda parte, sempre sob certo nome e sob o mesmo disfarce. É reconhecido e todos sabem pelo rosto que é ele mesmo.

49. Para alcançar uma dignidade há o que chamamos a grande via ou o caminho batido; há um desvio no caminho ou um atalho, que é o mais curto.

50. Fugimos dos infelizes para encará-los; escondemo-nos atrás das sebes ou nos colocamos à janela para observar os traços e o perfil de um homem condenado e que sabe que vai morrer: vã, maligna, desumana curiosidade; se os homens fossem sábios, a praça pública ficaria abandonada, ficaria determinado que seria ignominioso somente ver esses espetáculos. Se estiveres tocado de curiosidade, exerce-a pelo menos em assunto nobre: observa um feliz, contempla-o no próprio dia em que foi nomeado para um novo cargo e quando recebe os cumprimentos; lê em seus olhos e, filtrando uma calma estudada e uma fingida modéstia, vê como está contente e compenetrado em si mesmo; nota que serenidade o cumprimento de seus desejos derrama em seu coração e em seu rosto, como nem pensa mais em viver e ter saúde, como a seguir sua alegria some e não pode mais dissimular, como se curva sob o peso de sua felicidade, que ar frio e sério demonstra para aqueles que não são mais seus iguais: não lhes responde, não os vê mais; os abraços e as gentilezas dos grandes, que não vê mais de tão longe, acabam por prejudicá-lo; ele se desconcerta, se atordoa: é uma breve alienação. Se quiseres ser feliz, se quiseres receber favores, quantas coisas deves evitar!

51. Um homem que acaba de ser nomeado para um cargo não se serve mais de sua razão e de seu espírito para regular sua conduta e sua aparência exterior com relação aos outros; assume como regra aquela de seu posto e de sua posição: disso decorrem o esquecimento, a altivez, a arrogância, a dureza, a ingratidão.

52. Teonas, abade há trinta anos, cansou do cargo. Tem menos ardor e paciência em ver-se revestido de púrpura do que tinha de carregar uma cruz de ouro no peito; além do mais, as grandes festas passavam sempre sem alterar em nada sua fortuna, e ele murmurava contra o tempo presente, julgava o Estado mal governado e só predizia coisas sinistras. Convicto em seu coração que o mérito é perigoso nas cortes para quem quer progredir, tinha finalmente tomado a decisão de renunciar à prelatura, quando alguém acorreu para lhe dizer que havia sido nomeado bispo. Cheio de alegria e de confiança por essa notícia tão inesperada, disse: "Verás que pouco tempo ficarei lá, pois logo me farão arcebispo".

53. É necessário que haja trapaceiros na corte, junto dos grandes e dos ministros, mesmo junto dos mais bem intencionados; mas servir-se deles é delicado e é preciso saber colocá-los em obra. Há épocas e ocasiões, porém, em que não podem ser supridos por outros. Honra, virtude, consciência, qualidades sempre respeitáveis, muitas vezes inúteis; que querem que se faça, por vezes, de um homem de bem?

54. Um antigo autor, de quem ouso repetir as próprias palavras, com receio de alterar o sentido com minha tradução, diz que afastar-se dos pequenos, ou seja, de seus iguais, é o mesmo que diminuí-los e desprezá-los; acotovelar-se com os grandes e poderosos em todos os bens e ocasiões e nessa aproximação de sua privacidade estar presente em todos os seus divertimentos, danças, festas e lazer; ser atrevido, intrometer-se sem um mínimo de vergonha; aturar chistes e ditos de qualquer um, sem desistir de prosseguir, desafiando a tudo, isso gera felicidade e fortuna.

55. Juventude do príncipe, fonte de belas fortunas.

56. Timanto, sempre o mesmo, sem nada perder desse merecimento que lhe angariou pela primeira vez reputação e recompensas, não parava de cair em desgraça no espírito dos cortesãos: estavam cansados de estimá-lo, cumprimentavam-no friamente, não lhe sorriam mais, começavam a não se aproximar mais dele, não o abraçavam mais, não o puxavam para o lado para lhe falar misteriosamente de uma coisa indiferente, não tinham mais nada a lhe dizer. Ele precisava dessa pensão ou desse novo cargo para o qual acabava de ser nomeado para fazer reviver suas virtudes um tanto apagadas da memória deles e para refrescar as ideias: eles passam a comportar-se como no início e melhor ainda.

57. Quantos amigos, quantos parentes surgem numa noite para um novo ministro! Uns fazem valer suas antigas ligações, sua amizade de estudantes, os direitos de vizinhança; outros folheiam sua genealogia, remontam até um trisavô, relembram o lado paterno e materno; todos procuram aproximar-se desse homem a qualquer custo e várias vezes por dia dizem que fazem questão disso; chegariam até a imprimir frases como estas: É meu amigo e estou muito feliz por sua nomeação; devo tomar parte também, ele é muito próximo de mim. Homens vazios e tentados pela fortuna, cortesãos ridículos, vocês falariam assim há oito dias? Nesse meio-tempo, ele se tornou mais homem de bem, mais digno da escolha que o príncipe acaba de fazer? Esperavam essa circunstância para melhor conhecê-lo?

58. O que me sustenta e me assegura contra os pequenos desprezos que experimento algumas vezes dos grandes e de meus iguais é que digo a mim mesmo: "Esses talvez não queiram outra coisa senão minha fortuna, e têm razão, pois é bem pequena. Eles me adorariam sem dúvida se eu fosse ministro".

Estarei prestes a ser nomeado? Quem sabe? Há um pressentimento neles? Eles me previnem, me cumprimentam.

59. Fulano diz: "Jantei ontem em Tibur ou essa noite vou jantar em Tibur" e o repete, incluindo sempre o nome de Plancus em qualquer conversa: Plancus me pedia isso... Eu dizia a Plancus... Esse mesmo cidadão recebe a notícia de que seu herói acaba de ser executado e, portanto, está morto. Parte em seguida, reúne o povo nas praças ou sob os pórticos, acusa o morto, ataca sua conduta, denigre seu consulado, priva-o de tudo até nos pormenores que o povo ainda lhe concede, traça-lhe um perfil pouco honrado, recusa-lhe o elogio de homem severo e trabalhador, só lhe confere a honra de ser, entre os inimigos do império, o pior inimigo.

60. Um homem honrado se confere a ele próprio, acredito, um belo espetáculo quando o mesmo lugar numa assembleia ou num espetáculo que lhe é recusado o vê ser concedido a um homem que não tem olhos para ver, nem ouvidos para ouvir, nem espírito para conhecer e julgar, que não é recomendável senão para certas insígnias que até ele mesmo não carrega mais.

61. Teodoto, com um hábito austero, tem um semblante cômico e de um homem que entra em cena; sua voz, seu porte, seus gestos, sua atitude acompanham seu semblante. É fino, cauteloso, suave, misterioso; ele se aproxima e te diz ao ouvido: "Eis uma bela época; eis um grande degelo! Se não tem grandes modos, tem pelo menos os pequenos e aqueles que não convêm sequer a uma jovem encantadora. Imagina a aplicação de um menino em levantar um castelo de cartas ou em pegar uma borboleta: é aquela de Teodoto para um negócio de nada e que não merece que se comente; ele o trata seriamente e como se fosse algo capital; age, se empenha e consegue; então respira e descansa, com razão; isso lhe custou muito esforço. Vemos pessoas ébrias, inebriadas pelos favores; pensam neles de dia e sonham com eles à noite; sobem as escadarias de um ministro e descem; saem da antessala e tornam a entrar; nada têm a lhe dizer e lhe falam; falam com ele uma segunda vez; estão contentes, pois falaram com ele. Tente pressioná-las, atordoá-las, escorrem o orgulho, a arrogância, a presunção; dirige-lhe a palavra, não responderão, não te conhecem, têm os olhos distantes e o espírito alienado; compete a seus pais tomar cuidado deles e a encerrá-los, com medo de que sua loucura não se transforme em furor e que todos sofram com isso. Teodoto tem uma mania muito singular: ama os favores perdidamente, mas sua paixão é menos explosiva; ele faz votos a ela em segredo, ele a cultiva, a serve misteriosamente; está à espreita e à descoberta de tudo o que aparece de novidade com as insígnias do favorecimento: se os homens têm uma pretensão, ele se oferece a eles, se intriga por eles, sacrifica cegamente mérito, aliança, amizade, empenho, reconhecimento. Se o cargo de um Cassini estivesse vago e o suíço ou o patife do favorito se lembrasse de pedi-lo, ele apoiaria seu pedido e o julgaria digno desse posto, achando-o capaz de observar e calcular, de falar sobre qualquer coisa. Se perguntarem de Teodoto, se porventura é autor ou plagiário, original ou copista, citaria suas obras e diria: "Leiam e julguem". Mas se é devoto e cortesão, quem poderia decidir pelo retrato que acabo de traçar? Eu me pronunciaria mais ousadamente sobre sua estrela. Sim, Teodoto, observei o momento de teu nascimento; tu terás um cargo e logo; não te preocupes mais, não fiques aflito: o público pede clemência.

62. Não esperem mais candura, franqueza, equidade, bons ofícios, serviços, benevolência, generosidade, firmeza num homem que, há algum tempo, se entregou à corte e que secretamente quer sua fortuna. Vocês o reconheceriam em qualquer encontro? Ele não cita mais qualquer coisa por seu nome; para ele não há mais trapaceiros, espertalhões, idiotas e impertinentes; aquele a quem lhe escaparia de dizer o que pensa seria o próprio que, chegando a saber, o impediria de caminhar; pensando mal de todos, não fala mal de ninguém; só querendo bem a si próprio, quer persuadir que o quer a todos, a fim de que todos o estimem ou que, pelo menos, ninguém fique contra ele. Não contente de não ser sincero, não tolera que alguém o seja; a verdade fere seus ouvidos; é frio e indiferente quanto às observações que são feitas sobre a corte e o cortesão; e como sabe de tudo, sente-se cúmplice e responsável. Tirano da sociedade e mártir de sua ambição, tem uma triste circunspecção em sua conduta e em seus discursos, uma zombaria inocente, mas fria e constrangedora, um riso forçado, gentilezas falsas, uma conversa interrompida e distrações frequentes. Tem uma profusão – será? – de torrentes de elogios por aquilo que fez ou disse um homem que ocupa um cargo ou que recebe favores, e para qualquer outro uma secura dos pulmões; tem fórmulas de cumprimentos diferentes para a entrada e para a saída com relação àqueles que visita ou é visitado; não há ninguém daqueles que se esforçam em representar e em falar que não saiam contentes de um encontro com ele. Procura igualmente angariar para si patrões e subalternos; é mediador, confidente, intermediário; ele quer administrar tudo. Tem à disposição um favor de novato para todas as pequenas posições da corte; sabe onde é preciso se colocar para ser visto; sabe abraçar, participar da alegria do outro, fazer perguntas insistentes e cuidadosas sobre a saúde, os negócios de cada um; enquanto o questionado responde, perde o fio de sua curiosidade, interrompe, entabula outro assunto; se aparece alguém a quem deve um discurso diferente, sabe, terminando de congratular-se com o precedente, dirigir-lhe um cumprimento de condolências: chora com um olho e ri com o outro. Sabendo de coisas que se referem aos ministros ou ao favorito, fala em público de coisas frívolas, do vento, da geada; cala-se, ao contrário, e faz mistério sobre aquilo que sabe de mais importante e com maior boa vontade ainda sobre aquilo que não sabe.

63. Há um país onde as alegrias são visíveis, mas falsas, e as amarguras estão escondidas, mas reais. Quem haveria de acreditar que o interesse pelos espetáculos, que os vivas e os aplausos às peças de teatro de Molière e de Arlequim, as refeições, a caça, os balés, os carrosséis encobrissem tantas inquietudes, cuidados e diversos interesses, tantos temores e esperanças, paixões tão vivas e negócios tão sérios?

64. A vida da corte é um jogo sério, melancólico, que faz sentido: é preciso preparar suas peças e suas baterias. Ter um plano, segui-lo, igualá-lo àquele do adversário, arriscar de vez em quando e jogar por capricho; depois de todos os sonhos e de todas as medidas, acontece o xeque, por vezes, o xeque-mate; muitas vezes, mexendo bem os peões, chega-se ao objetivo e ganha-se a partida; o mais hábil vence ou o mais feliz.

65. As engrenagens, as molas, os movimentos estão escondidos; nada aparece de um relógio a não ser seus ponteiros, que insensivelmente avançam e completam sua volta; é imagem do cortesão tanto mais perfeita porque, depois de ter percorrido caminho bastante longo, retorna muitas vezes ao ponto de onde partiu.

66. "Dois terços de minha vida já passaram; por que me inquietar tanto com o restante? A fortuna mais brilhante não merece o tormento por que passo, nem a pequenez em que me surpreendo, nem as humilhações, nem a vergonha que passei; trinta anos haverão de destruir esses colossos de poder que não se via bem senão à força de levantar a cabeça; desaparecemos, eu que sou tão pouca coisa e aqueles que eu contemplava tão avidamente e de quem esperava toda a minha grandeza; o melhor de todos os bens, se houver bens, é o repouso, a tranquilidade e um lugar que represente a própria propriedade." Não pensou nisso na desgraça e o esqueceu na prosperidade.

67. Um nobre, se vive na província, vive livre, mas sem apoio; se vive na corte, é protegido, mas é escravo: isso se compensa.

68. Xantipo, nos fundões de sua província, sob um velho teto e numa péssima cama, sonhou à noite que via o príncipe, que lhe falava e que sentia imensa alegria com isso; quando despertou ficou triste; contou seu sonho e disse: "Quantas quimeras entram no espírito dos homens enquanto dormem!" Xantipo continuou vivendo; foi à corte, viu o príncipe e lhe falou; foi além de seu sonho, é o favorito do príncipe.

69. Quem é mais escravo que um cortesão assíduo, senão um cortesão mais assíduo?

70. O escravo só tem um dono; o ambicioso tem tantos quantos foram aqueles que o ajudaram a fazer fortuna.

71. Mil pessoas apenas conhecidas formam a multidão ao levantar para serem vistas pelo príncipe que não poderia ver mil de uma só vez; se hoje não vir aquelas que viu ontem e que verá amanhã, que infelicidade!

72. De todos aqueles que se acotovelam em torno dos grandes e lhe fazem a corte, um pequeno número os honra de coração; um grande número os procura em vista de ambição e interesse; um maior número ainda por uma ridícula vaidade ou por uma tola impaciência de fazer-se notar.

73. Há certas famílias que, pelas leis do mundo ou por aquilo que se chama conveniência, deveriam ser irreconciliáveis. Mas lá estão elas reunidas; onde a religião fracassou ao querer interferir, o interesse a substitui e consegue o feito sem dificuldade.

74. Fala-se de uma região onde os velhos são galantes, polidos e educados; os jovens, pelo contrário, são duros, ferozes, sem bons costumes nem polidez; eles se sentem impelidos pela paixão das mulheres numa idade em que começam realmente a senti-la; preferem-nas a banquetes, festas e amores ridículos. Entre eles, um é sóbrio e moderado, não se embebeda com vinho; o uso demasiado que dele fizeram tornou-o insípido; procuram despertar seu gosto já extinto por aguardente e por todos os licores mais fortes; para sua libertinagem só falta beber álcool. As mulheres dessa região precipitam o declínio de sua beleza por artifícios que julgam que servem para torná-las belas; têm o costume de pintar seus lábios, suas faces, suas sobrancelhas e seus ombros, que expõem com seu peito, seus braços e suas orelhas, como se temessem esconder o local com o qual poderiam agradar ou de não mostrar o bastante. Aqueles que residem nessa região têm uma fisionomia que não é limpa, mas confusa, embaraçada por uma espessura de cabelos estranhos que preferem aos naturais e com os quais fazem um longo entrelaçado para cobrir a cabeça; desce até a metade do corpo, muda os traços e impede conhecer os homens por seu rosto. Esses povos, por outro lado, têm seu Deus e seu rei: os grandes da nação se reúnem todos os dias a certa hora, num templo que chamam de igreja; no fundo desse templo há um altar dedicado a seu Deus, onde um sacerdote celebra mistérios que chamam de santos, sagrados e temíveis; os grandes formam um amplo círculo ao pé desse altar, ficam de pé, com as costas voltadas diretamente para o padre e os santos mistérios, e os rostos levantados para seu rei, que é visto de joelhos numa tribuna e sobre quem parecem concentrar-se de todo o coração e de todo o espírito. Não se deixa de constatar nesse costume uma espécie de subordinação, pois esse povo parece adorar o príncipe e o príncipe adorar a Deus. As pessoas da região o mencionam; está a aproximadamente quarenta e oito graus de altitude do polo e a mais de 1.100 léguas marítimas dos iroqueses e dos hurões.

75. Quem julgar que o semblante do príncipe faz toda a felicidade do cortesão que se ocupa e se realiza durante toda a vida em vê-lo e ser visto por ele, poderá compreender como ver a Deus pode fazer toda a glória e toda a felicidade dos santos.

76. Os grandes senhores são cheios de gentilezas para com os príncipes; é seu negócio, são inferiores. Os pequenos cortesãos desleixam nesses deveres, comportam-se como familiares do príncipe e vivem como pessoas que não têm exemplos para deixar a ninguém.

77. Que falta à juventude de nossos dias? Ela pode e sabe ou, pelo menos, quando soubesse o quanto pode, ela não seria mais decisiva.

78. Homens fracos! Um grande dito de Timagenes, teu amigo, que é um tolo e que se engana. Não peço que respondas que é homem de espírito; pensa somente que não é um tolo.

De igual modo, diz de Ifícrates que é homem sem coração; tu o viste praticar uma boa ação: assegura-te, não precisas contá-la, contanto que, depois de ter ouvido o que acaba de ser dito, te lembres ainda de ter visto esse homem praticando uma boa ação.

79. Quem costuma falar aos reis talvez represente o ponto em que termina toda a prudência e toda delicadeza do cortesão. Uma palavra escapa, chega aos ouvidos do príncipe bem antes em sua memória e algumas vezes até em seu coração: é impossível recuperá-la; todos os cuidados tomados e todo o emprenho usado para explicá-la ou para enfraquecer seu sentido só servem para gravá-la mais profundamente e para fazê-la penetrar mais ainda. Se não tiver sido contra nós mesmos que falamos, além dessa desgraça não ocorrer facilmente, há ainda um remédio eficaz, que é tomarmos conhecimento de nossa falta e sofrer a pena por nossa leviandade; mas se for contra outro, que abatimento, que arrependimento! Há uma regra mais útil contra um inconveniente tão perigoso: falar dos outros ao soberano, de suas pessoas, de suas obras, de suas ações, de sua moral ou de sua conduta, pelo menos com a atenção, as precauções e as medidas com que falamos de nós mesmos.

80. "Homem de boas palavras, mau caráter": eu o diria, se já não tivesse sido dito. Aqueles que prejudicam a reputação ou a fortuna dos outros antes de perder uma bela palavra merecem uma pena infamante: isso não foi dito e eu ouso dizê-lo.

81. Há certo número de frases feitas que são tomadas como de uma loja e das quais nos servimos para felicitar-se uns aos outros em diferentes ocasiões. Embora muitas vezes sejam ditas sem afeto e sejam recebidas sem reconhecimento, não é permitido por causa disso omiti-las, porque são pelo menos a imagem daquilo que há de melhor no mundo, que é a amizade, e que os homens, não podendo realmente contar uns com os outros, parece que concordaram entre si de contentar-se com as aparências.

82. Com cinco ou seis termos da arte, e nada mais, nos julgamos conhecedores de música, de quadros, de prédios e outras coisas: acreditamos que temos mais prazer que outro em entender, ver e comer; nós nos impomos aos outros e nos enganamos a nós mesmos.

83. A corte nunca está desprovida de certo número de pessoas em quem a polidez ou a fortuna substituem o espírito e suprem o mérito. Sabem entrar e sair, se retiram da conversa não se misturando nela; agradam de tanto calar e se tornam importantes por um silêncio prolongado ou, quando muito, por alguns monossílabos; mantêm as aparências por uma inflexão de voz, um gesto, um sorriso; não têm, ouso dizer, duas polegadas de profundidade; se pressionadas, encontra-se o fundo, o caráter.

84. Há pessoas a quem os favores chegam por acaso: são as primeiras a ficar surpresas e consternadas. Finalmente se reconhecem e se julgam dignas de sua estrela; como se a estupidez e a fortuna fossem duas coisas incompatíveis ou que fosse impossível ser feliz e tolo ao mesmo tempo, essas pessoas acreditam ter espírito; arriscam – que digo? – têm coragem de falar em toda reunião e sobre qualquer assunto que possa surgir, sem nenhuma consideração para com as pessoas que as escutam. Poderia acrescentar que elas espantam ou que dão o último desgosto por sua fatuidade e por suas asneiras? Pelo menos é verdade que desonram sem dúvida aqueles que tiveram alguma parte no acaso de sua elevação ao cargo.

85. Como designaria esse tipo de gente que só é gentil com os tolos? Sei pelo menos que os inteligentes confundem esses tipos com aqueles que eles sabem enganar.

É ter dado um grande passo na gentileza levar os outros a pensar que somos só mediocremente gentis.

A gentileza não é uma qualidade muito boa nem muito má: flutua entre o vício e a virtude. Não há encontro em que não possa ou talvez não deve ser suprida pela prudência.

A gentileza é a ocasião próxima da esperteza; para um lado ou para outro o passo pode resvalar; só a mentira faz a diferença: se for acrescentada à gentileza, é esperteza.

Com as pessoas que, por gentileza, escutam tudo e falam pouco, fala ainda menos; ou se quiseres falar muito, diz pouca coisa.

86. Dependes, num negócio justo e importante, do consentimento de duas pessoas. Uma diz: "Dou qualquer coisa contanto que fulano de tal consinta". Esta pessoa condescende e deseja unicamente ser assegurada sobre as intenções da outra. Entretanto, nada acontece; os meses, os anos passam inutilmente. Num certo momento, dizes: "Estou perdido, não entendo mais nada; trata-se de fazer essas pessoas entrar em contato para que se falem realmente." Eu te digo: para mim, que vejo claro e compreendo a situação, elas se falaram desde o início.

87. Parece-me que quem solicita para os outros tem a confiança de um homem que pede justiça; e ao falar ou agir em nome próprio, existe o obstáculo e o pudor daquele que pede graça.

88. Se na corte não tomamos precauções contra as armadilhas que são tramadas sem cessar para fazer cair no ridículo, ficamos espantados, com toda a esperteza que temos, ao nos vermos como o ingênuo dos mais tolos que nós.

89. Há alguns encontros na vida nos quais a verdade e a simplicidade são a melhor astúcia do mundo.

90. Se estiveres em situação favorável, toda astúcia é boa, não é falta, todos os caminhos te levam ao termo; caso contrário, tudo é falta, nada é útil, não há caminho que não te desgarre.

91. Um homem que viveu em intrigas durante certo tempo não pode mais passar sem elas; qualquer outra via é para ele desoladora.

92. É preciso ter espírito para ser um homem que trama; podemos, no entanto, ter espírito até certo ponto, que estamos acima da intriga e da trama e que não haveria como sujeitar-nos a elas; desse modo, alcançamos uma grande fortuna e uma ótima reputação por outros caminhos.

93. Com um espírito sublime, uma doutrina universal, uma probidade a toda prova e um mérito indiscutível, não vês, ó Aristides, que é o momento de se inserir na corte ou perder o favor dos grandes durante o tempo todo que tiverem necessidade de ti.

94. Que um favorito se policie de perto, porque se me fizer esperar menos na antessala que usualmente, se apresenta o semblante mais aberto, se cerra menos as sobrancelhas, se me escuta com mais boa vontade, se me acompanha um pouco mais à saída, sou levado a pensar que começa a cair, o que não deixa de ser verdade.

O homem tem bem poucos recursos em si próprio, pois é preciso uma desgraça ou uma humilhação para torná-lo mais humano, mais tratável, menos feroz, mais honesto.

95. Contemplamos nas cortes certas pessoas e podemos verificar por seus discursos e por toda a sua conduta que não pensam em seus avós nem em seus netos: o presente é tudo para eles; não aproveitam, mas abusam dele.

96. Straton nasceu sob duas estrelas: infeliz, feliz no mesmo grau. Sua vida é um romance: não, falta-lhe o verossímil. Não teve aventuras; teve belos sonhos, mas teve também maus; que digo? Não sonhamos o que ele viveu. Ninguém conseguiu tirar de um destino mais do que ele; conhece o extremo e o medíocre; brilhou, sofreu, levou uma vida comum; nada lhe escapou. Conseguiu se impor por virtudes que demonstrava seriamente possuir; disse de si mesmo: "Tenho inteligência, tenho coragem". E todos disseram depois dele: "Tem inteligência, tem coragem". Exerceu numa e noutra fortuna o gênio do cortesão que dele falou mais bem talvez e mais mal do que subsistisse nele. O belo, o amável, o raro, o maravilhoso, o heroico foram empregados em seu elogio; e todo o contrário serviu depois para depreciá-lo: caráter equívoco, mesclado, envolvido, um enigma, uma questão quase indecisa.

97. O favor coloca o homem acima de seus iguais; e sua queda, abaixo.

98. Aquele que um belo dia sabe renunciar firmemente a um grande nome ou a uma grande autoridade ou a uma grande fortuna se livra por um momento de muitas dificuldades, de muitas vigílias e algumas vezes de muitos crimes.

99. Nos próximos cem anos o mundo vai subsistir ainda por inteiro: será o mesmo teatro e a mesma decoração, só mudam os atores. Todo aquele que se regozija por um favor recebido ou aquele que se entristece e se desespera por uma recusa, todos terão saído de cena. Já aparecem no teatro outros homens que vão representar numa peça igual os mesmos papéis; desaparecerão por seu turno; e aqueles que não existem ainda, um dia também deixarão de existir: novos atores tomarão seu lugar. Que fundo pode ser planejado para um personagem de comédia!

100. Quem viu a corte viu o que há de mais belo no mundo, o mais sensacional e o mais brilhante; quem despreza a corte, depois de tê-la visto, despreza o mundo.

101. A cidade não gosta da província; a corte desengana a cidade e cura a corte.

Um espírito sadio toma da corte o gosto da solidão e do retiro.

Dos grandes

1. A veneração do povo em favor dos grandes é tão cega e a obstinação por seus gestos, por seu semblante, por seu tom de voz e suas maneiras em geral que, se fossem realmente bons, isso chegaria à idolatria.

2. Se nasceste viciado, Teagênio, lamento; se te tornaste por fraqueza perante aqueles que têm interesse que o sejas, que juraram entre si corromper-te e que se vangloriam de poder e conseguir isso, atura que eu te despreze. Mas se és sábio, moderado, modesto, educado, generoso, agradecido, trabalhador, de uma categoria, por outro lado, e de nascimento para servir de exemplo antes de depor contra ti, de têmpera a ditar as regras antes que recebê-las de outros, concorda com esses homens em seguir por complacência seus desregramentos, seus vícios e sua loucura até que tiverem, pela deferência que te devem, exercido todas as virtudes que privilegias: ironia marcante, mas útil, muito apropriada para colocar tua moral ao abrigo, para fazer cair todos os seus projetos e condená-los a continuar sendo o que são e de te deixar tal como és.

3. A vantagem dos grandes sobre os demais homens é imensa por uma questão: cedo a eles sua ótima posição, suas ricas mobílias, seus cães, seus cavalos, seus macacos, seus anões, seus palhaços e seus bajuladores; mas lhes invejo a felicidade de terem a seu serviço pessoas que os igualam de coração e espírito e que às vezes os ultrapassam.

4. Os grandes se preocupam em abrir uma estrada na floresta, em proteger terras por longas muralhas, em dourar os tetos, em fazer vir dez dedos de água, em construir uma estufa para o laranjal; mas em tornar um coração contente, em cumular uma alma de alegria, em prevenir e remediar necessidades extremas, sua curiosidade não chega até esse ponto.

5. Pergunta-se, ao comparar as diferentes condições dos homens, suas dificuldades, suas vantagens, se não se observaria uma mistura ou uma espécie de compensação de bem e de mal que estabelecesse entre eles a igualdade ou que, pelo menos, resultasse que um não fosse realmente mais desejado que o outro. Aquele que for poderoso, rico e a quem nada falta pode fazer essa pergunta, mas é preciso que seja um homem pobre para responder.

Não deixa de haver certo charme ligado a cada uma das diferentes condições e que nelas permanece até que a miséria seja eliminada. Desse modo, os grandes se esbaldam no excesso e os pequenos gostam da moderação; aqueles gostam de dominar e mandar, estes sentem prazer e até mesmo vaidade em servi-los e obedecer-lhes; os grandes estão cercados, paparicados, respeitados; os pequenos cercam, paparicam, se prosternam; e todos estão contentes.

6. Custa tão pouco aos grandes proferir palavras, e sua condição os dispensa tão bem de manter as belas promessas que fizeram, que para eles é modéstia não prometer mais ainda.

7. Diz um grande: "Ele é velho e decrépito; se matou e de fato morreu só para me seguir; que posso fazer?" Outro, mais jovem, tira suas esperanças e consegue o cargo que não pode ser recusado a esse infeliz somente porque realmente o mereceu.

8. Dizes com um ar frio e desdenhoso: "Não sei, Filanto tem méritos, inteligência, simpatia, precisão em seu dever, fidelidade e apego a seu patrão e é considerado de forma medíocre; ele não agrada, não gostam dele". Explica isso: é Filanto ou o grande a quem serve que condenas?

9. Muitas vezes é mais útil deixar os grandes do que lamentá-los.

10. Quem pode dizer porque alguns ganham a grande loteria ou por que outros merecem os favores dos grandes?

11. Os grandes são tão felizes que não provam mesmo, durante toda a vida, o inconveniente de lamentar a perda de seus melhores servidores ou das pessoas ilustres nos respectivos setores e dos quais sugaram o máximo de prazer e de utilidade. A primeira coisa que a bajulação sabe fazer, depois da morte desses homens únicos e que não são prestigiados, é realçar seus pontos fracos e eximir deles aqueles que lhes sucedem: assegura que um, com toda a capacidade e todas as luzes do outro, do qual toma o lugar, não tem defeitos; e esse estilo serve aos príncipes para se consolar com o grande e o excelente pelo medíocre.

12. Os grandes desdenham as pessoas inteligentes que só têm inteligência; as pessoas inteligentes desprezam os grandes que só têm grandeza. As pessoas de bem lamentam uns e outros, os quais têm grandeza ou inteligência, mas nenhuma virtude.

13. Quando vejo, de um lado, junto dos grandes, à sua mesa e algumas vezes em seu convívio familiar, esses homens alertas, interesseiros, intrigantes, aventureiros, espíritos perigosos e prejudiciais e que considero, por outro lado, quanta dificuldade têm as pessoas de merecimento em se aproximar deles, não estou sempre disposto a acreditar que os maus sejam tolerados por interesse ou que os homens de bem sejam considerados como inúteis; prefiro analisar de modo diferente e definir minha opinião que grandeza e discernimento são duas coisas diversas e o amor pela virtude e pelos virtuosos, uma terceira coisa.

14. Lucílio prefere viver sua vida mesmo tendo que ser tolerado por alguns grandes a ser reduzido a viver familiarmente com seus iguais.

A regra de ver outros como superiores a si próprio deve ter suas restrições. É preciso por vezes ter estranhos talentos para reduzi-la na prática.

15. Qual é a doença incurável de Teófilo? Já dura mais de trinta anos e não sara: quis, quer e gostaria de governar os grandes; somente a morte lhe tirará com a vida essa sede de império e de ascendência sobre os espíritos. Trata-se de zelo pelo próximo? É hábito? É uma excessiva confiança em si próprio? Ele não tem palácio onde se insinuar; não é no meio de uma sala que se detém; passa o tempo junto de um vão de janela ou no escritório; esperam para ouvi-lo falar, por muito tempo e com atenção, para conseguir audiência, para ser visto. Entra no segredo das famílias; está presente quando a elas acontece algo de triste ou de vantajoso; previne, se oferece, participa das festas, é preciso admitir. Não é o suficiente para preencher seu tempo ou sua ambição o cuidado de dez mil almas pelas quais responde perante a Deus como suas: há homens de categoria superior e de maior distinção, aos quais não deve explicação e pelos quais até responde de boa vontade. Escuta, vigia tudo o que pode servir de motivo para seu espírito de intriga, de mediação e de astúcia. Mal um grande chegou, ele se aproxima e toma conta dele; ouve-se dizer de Teófilo que o domina antes mesmo que se suspeitasse que ele pudesse pensar em dominá-lo.

16. Uma frieza ou uma incivilidade que vem daqueles que estão acima de nós nos leva a odiá-los, mas um cumprimento ou um sorriso patrocina a reconciliação.

17. Há homens soberbos que a elevação de seus rivais humilha e humaniza; chegam até, por essa desgraça, a cumprimentá-los; mas o tempo que ameniza todas as coisas os recoloca finalmente em seu devido lugar.

18. O desprezo que os grandes têm pelo povo os torna indiferentes à bajulação e aos elogios que dele recebem e modera sua vaidade. De igual modo, os príncipes, elogiados continuamente e sem cessar pelos grandes ou pelos cortesãos, se tornariam mais vaidosos se estimassem mais aqueles que os elogiam.

19. Os grandes se julgam os únicos perfeitos e só admitem nos demais homens a retidão de espírito, a habilidade, a delicadeza, apoderando-se desses ricos talentos como coisas devidas a seu berço. Entretanto, é um erro grosseiro da parte deles alimentar-se de prevenções tão falsas; o que já houve de mais bem pensado, de mais bem dito, de mais bem escrito e talvez de uma conduta mais delicada nem sempre veio do patrimônio deles. Possuem grandes propriedades e uma longa série de ancestrais; talvez isso não possa lhes ser contestado.

20. Tens inteligência, grandeza, habilidade, gosto, discernimento? Será que a prevenção e a bajulação propagam realmente teu mérito? Eles são suspeitos, não acredito que o façam. Poderia deixar-me deslumbrar por um ar de capacidade ou de grandeza que eles te coloquem acima de tudo o que se faz, de tudo o que se diz e de tudo o que se escreve, que te rendam sem mais nem menos homenagens, mesmo que tu não lhes dês a menor aprovação? Disso deduzo que naturalmente tens favores, crédito e grandes riquezas. Que meio há para te definir, Telefon? Não há como se aproximar de ti senão como do fogo, mantendo certa distância, e seria preciso abrir-te, manejar-te, confrontar-te com teus iguais para poder fazer de ti um juízo sadio e razoável. Teu homem de confiança, que está sempre contigo, de quem tomas conselho, por quem deixaste Sócrates e Aristides, com quem ris e que ri mais alto que tu, Dave, enfim, conheço-o muito bem; será que também tu o conheces muito bem?

21. Há homens que, se pudessem conhecer seus subalternos e conhecer-se a si próprios, teriam vergonha de estar em evidência.

22. Se há poucos oradores excelentes, há muita gente que consiga entendê-los? Se não há bastante bons escritores, onde estão aqueles que sabem ler? Do mesmo modo, sempre se ouviu a queixa de que há poucas pessoas capazes de aconselhar os reis e ajudá-los na administração dos negócios públicos; mas se esses homens capazes e inteligentes aparecem finalmente, se agem de acordo com suas perspectivas e suas luzes, são por acaso amados, estimados tanto quanto merecem? São elogiados por aquilo que pensam e por aquilo que fazem pela pátria? Eles existem, é o que basta; são criticados se fracassam e são invejados se têm sucesso. A amargura e a inveja, consideradas pelos grandes ou poderosos como inevitáveis, levaram insensivelmente a estes a não contar com eles, a menosprezar seus conselhos em todos os empreendimentos e fazer disso até mesmo uma regra política.

Os pequenos se odeiam uns aos outros quando se prejudicam mutuamente. Os grandes são odiados pelos pequenos pelo mal que lhes fazem e por todo o bem que não lhes fazem; são responsáveis por sua obscuridade, por sua pobreza e por seus infortúnios ou pelo menos assim os consideram.

23. Já é muito ter em comum com o povo a mesma religião e o mesmo Deus: qual outro meio haveria para ser chamado Pedro, João, Tiago, como o mercador ou o agricultor? Evitemos ter algo em comum com a multidão; ressaltemos, pelo contrário, todas as distinções que nos separam dela. Deixemos que ela se aproprie dos doze apóstolos, de seus discípulos, dos primeiros mártires (tal gente, tal patrão), que veja com prazer retornar, todos os anos, esse dia particular que cada um celebra como sua festa. Quanto a nós, os grandes, recorramos aos nomes profanos; sejamos batizados com os nomes de Aníbal, César, Pompeu; eram grandes homens; com aquele de Lucrécia: era uma ilustre romana; com aqueles de Renaud, Roger, Olivier, Tancredo: eram paladinos e o romance não tem heróis mais maravilhosos; com aqueles de Heitor, Aquiles, Hércules, todos semideuses; com aqueles de Febo e Diana; e quem poderia impedir sermos chamados Júpiter, Mercúrio, Vênus ou Adônis?

24. Enquanto os grandes negligenciam conhecer qualquer coisa, não somente no tocante aos interesses e aos negócios públicos, mas também aos próprios negócios; enquanto ignoram a economia e a ciência de um pai de família e se elogiam mutuamente por essa ignorância; enquanto se deixam empobrecer e dominar por intendentes; enquanto se contentam em participar de banquetes, de frequentar a casa de Taís ou de Friné, de falar da matilha ou da antiga matilha, de discutir quantas pousadas há entre Paris e Besançon ou Philisbourg; enquanto isso, cidadãos se preparam, dentro e fora de um reino, estudam o governo, se tornam competentes e políticos, sabem o forte e o fraco de todo um Estado, sonham com um cargo melhor, conseguem esse cargo, sobem na vida, tornam-se poderosos, aliviam o príncipe de uma parte de seus negócios públicos. Os grandes, que os desprezavam, ora os reverenciam: felizes se esses se tornarem seus genros.

25. Se comparar as duas condições dos homens mais opostos, quero dizer os grandes e o povo, este me parece que se contenta com o necessário, enquanto aqueles ficam inquietos e pobres com o supérfluo. Um homem do povo não poderia fazer mal algum; um grande não quer fazer bem algum e é capaz de grandes males. Um privilegia e exerce somente coisas úteis; o outro acrescenta as perniciosas. Lá se mostram ingenuamente a rusticidade e a franqueza; aqui se esconde uma seiva maligna sob a casca da polidez. O povo só tem realmente espírito, e os grandes não têm alma; aquele tem uma boa propriedade e não tem aparência; este só tem aparências e nada mais que uma simples área de terra. Deve-se optar? Não hesito um instante: quero ser povo.

26. Por mais profundos que sejam os grandes da corte e por quanta arte tenham para parecer o que não são e para não parecer o que são, não podem esconder sua malignidade, sua extrema inclinação para rir à custa dos outros, para jogar alguém no ridículo quando não há motivo para tanto. Esses belos talentos podem ser descobertos ao primeiro golpe de vista, admiráveis sem dúvida para esconder um patife e tornar tolo aquele que já é, mas ainda mais apropriados para lhes tirar todo o prazer que poderiam tirar de um homem inteligente que poderia voltar-se e curvar-se de mil modos agradáveis e alegres, se o perigoso caráter do cortesão não lhe exigisse uma grande reserva. Opõe-lhe um caráter sério, no qual se retrai; e faz isso tão bem que os zombadores, com intenções tão más, passam sem aproveitar a ocasião para zombar dele.

27. As facilidades da vida, a abundância, a calma de uma grande prosperidade, concorrem para que os príncipes tenham alegria sobrando para rir de um anão, de um macaco, de um imbecil e de uma anedota ruim: as pessoas menos felizes riem somente quando há realmente motivo.

28. Um grande gosta de champanhe, detesta o queijo brie, se embriaga com vinho melhor daquele que o povo bebe; a única diferença é que a devassidão reside entre as condições mais desproporcionais, entre o senhor e o mensageiro.

29. Parece à primeira vista que faz parte dos prazeres dos príncipes deixar os outros com inveja. Não é bem assim; os príncipes são iguais aos homens, pensam em si próprios, seguem seu gosto, suas paixões, sua comodidade: isso é natural.

30. Parece que a primeira regra das sociedades, das pessoas que ocupam cargos ou dos poderosos seja de transferir àqueles que dependem deles para a necessidade de seus negócios todos os obstáculos que possam temer.

31. Se um grande tem algum grau de felicidade a mais que os outros homens, não consigo adivinhar qual seja, se não for talvez o fato de estar muitas vezes no poder e na ocasião de agradar; e se essa conjuntura surgir, parece que deve aproveitar. Se for em favor de um homem de bem, este deve agarrá-la antes que lhe escape; se for fácil, não há porque deixá-la a outro. Se a recusar, só tenho a lamentar.

32. Há homens que nascem inacessíveis e são precisamente aqueles de quem os outros têm necessidade, de quem dependem.

Parece que estão sempre num pé só, sempre em movimento, saltando, gesticulando, gritando, se agitando, semelhantes a essas figuras impressas que servem para divulgar uma festa pública; lançam fogo e chamas, trovejam e faíscam; ninguém se aproxima até, vindo a extinguir-se o fogo, caem e, com sua queda, se tornam tratáveis, mas inúteis.

33. O porteiro, o criado de quarto, o homem fardado, não têm mais espírito do que comporta sua condição, não se julgam a si mesmos por sua condição baixa, mas pela grandeza e fortuna das pessoas que servem e colocam todos aqueles que passam por sua porta e sobem as escadarias indiferentemente abaixo de si e de seus patrões: tanto isso é verdade que temos de tolerar os grandes como também seus auxiliares.

34. Um homem ocupando um cargo deve amar seu príncipe, sua mulher, seus filhos e, depois deles, os homens de espírito; deve adotá-los, prover a suas necessidades e jamais falhar. Não poderia exigir, não digo muitas pensões e benefícios, mas muita familiaridade e carinho, ajuda e apoio que recebe, mesmo sem o saber. Quantos pequenos boatos não dissipam? Quantos histórias não reduzem à fábula e à ficção? Não sabem justificar os maus resultados pelas boas intenções, provar a qualidade de um projeto e a justeza das medidas para o sucesso dos empreendimentos, levantar-se contra a maldade e a inveja para conferir a bons empreendimentos melhores motivos, dar explicações favoráveis a aparências que eram más, encobrir os pequenos defeitos, só mostrar as virtudes e difundi-las à luz do dia, semear em mil oportunidades fatos e detalhes que sejam vantajosos e volver o riso e a zombaria contra aqueles que ousassem duvidar ou prever efeitos contrários? Sei que os grandes têm por máxima deixar falar e continuar agindo; mas sei também que ocorre em muitas ocasiões que deixar falar os impede de agir.

35. Constatar o mérito e, uma vez conhecido, tratá-lo bem: dois grandes passos a dar e que a maioria dos grandes é realmente incapaz.

36. Tu és grande, poderoso; não é o bastante; faz com que eu te estime, a fim de que fique triste ao me decepcionar com tuas boas graças ou por não ter podido conseguir as mesmas.

37. Dizes de um grande ou de um homem ocupando um cargo que é previdente, trabalhador, que gosta de agradar; e confirmas isso com um longo relato daquilo que fez num negócio em que tu eras o principal interessado. Entendo: os outros vão contigo na hora da solicitação, tu tens crédito, és conhecido do ministro, estás bem com os poderosos; gostarias que eu soubesse outra coisa?

Alguém te diz: "Tenho de me queixar de fulano; ficou orgulhoso depois de sua nomeação para o cargo, me despreza, não me conhece mais". Responde-lhe: "Eu não tenho motivo para me queixar; pelo contrário, ele me elogia seguidamente e me parece até que é muito gentil". Quero crer que possa te entender: queres que todos saibam que um homem ocupando um cargo tem especial atenção para contigo e que te distingue na antessala entre mil pessoas honestas de quem desvia os olhos, com medo de cair no inconveniente de cumprimentá-las ou de lhes sorrir.

"Estar de bem com alguém, estar de bem com um grande", frase delicada em sua origem e que significa, sem dúvida, elogiar-se a si próprio, falando de todo o bem que um grande fez por nós ou que sequer sonhou em nos fazer.

Elogiamos os grandes para assinalar que os vemos de perto, raramente por estima ou gratidão. Muitas vezes não conhecemos aqueles que elogiamos; a vaidade ou a leviandade levam a melhor às vezes sobre o ressentimento: não estamos contentes com eles, mas os elogiamos.

38. Se é perigoso envolver-se num negócio suspeito, mais ainda é ser cúmplice de um grande: ele cai fora e te deixa pagar duplamente, por ele e por ti.

39. O príncipe não tem o suficiente com toda a sua fortuna para pagar uma modesta recompensa, se se julgar por tudo aquilo que pôs de seu aquele que pretende recompensar; e não tem o suficiente de todo o seu poder para puni-lo, se tomar como medida a vingança pela ofensa que recebeu dele.

40. A nobreza expõe sua vida pela salvação do Estado e para a glória do soberano; o magistrado alivia o príncipe de uma parte dos cuidados de julgar os povos; aí estão, de parte e de outra, funções sublimes e de maravilhosa utilidade; os homens não são realmente capazes de maiores coisas e não sei de onde a toga e a espada tiraram motivos para se desprezarem mutuamente.

41. Se é verdade que um grande acrescenta mais à sua fortuna quando arrisca uma vida destinada a correr entre riscos, prazer e abundância, do que um cidadão privado que não arrisca senão seus dias que são miseráveis, deve-se admitir também que há uma decorrência totalmente diferente, que é a glória e a elevada reputação. O soldado não se ressente por não ser conhecido; morre obscuro e no meio da multidão; vivia desse jeito, na verdade, mas vivia; essa é uma das origens da falta de coragem nos segmentos mais humildes e servis. Aqueles, pelo contrário, que o nascimento distingue do povo e expõe aos olhos dos homens, à sua censura e a seus elogios, são mesmo capazes de subir na vida por esforço pessoal, mesmo que isso não os leve à virtude; essa disposição de coração e de espírito, que passa dos avós pelos pais aos descendentes, é essa bravura tão familiar às pessoas nobres, essa talvez constitua a própria nobreza.

Joguem-me nas tropas como um simples soldado, sou Tersites; coloquem-me à testa de um exército pelo qual tenho de responder por toda a Europa, sou Aquiles.

42. Os príncipes, sem outro conhecimento ou regra, têm o gosto da comparação; nasceram e foram criados no meio e no centro das melhores coisas, às quais relacionam aquilo que leem, que veem e que entendem. Tudo o que se afasta demais de Lulli, de Racine, de Le Brun, é condenado.

43. Não falar aos jovens príncipes que o cuidado por sua classe é um excesso de precaução, quando toda uma corte tem como dever e parte de sua polidez em respeitá-los, e que estão menos sujeitos a ignorar todos os aspectos de seu nascimento do que confundir as pessoas e tratá-las indiferentemente e sem distinção de condições e de títulos. Eles têm um orgulho natural; só necessitam de lições para regulá-lo, para inspirar-lhes bondade, honestidade e espírito de discernimento.

44. É pura hipocrisia para um homem de certa condição elevada não aceitar em primeiro lugar o grau que lhe é devido e que todos lhe conferem; não lhe custa nada ser modesto, misturar-se na multidão que vai se abrir para sua passagem, tomar o último lugar numa assembleia para que todos vejam e se apressem em tirá-lo de lá. A modéstia é de uma prática mais amarga para os homens de uma condição normal; se eles se misturarem à multidão, são esmagados; se escolherem um cargo incômodo, nele ficam por bom tempo.

45. Aristarco toma posse do cargo precedido de um arauto e de um trombeteiro; a multidão acorre e se ajunta. O arauto diz: "Escuta, povo; atenção, silêncio, silêncio! Aristarco, aqui presente, amanhã vai fazer uma boa ação". Eu diria mais simplesmente e sem rodeios: "Alguém já faz muito bem; quer fazer melhor? Não saberia se fez algum bem ou, pelo menos, não me lembro de que alguém me tenha informado que o tenha feito".

46. As melhores ações se alteram e se enfraquecem da maneira pela qual as fazemos e deixam até mesmo duvidar das intenções. Aquele que protege ou elogia a virtude pela virtude, que corrige ou critica o vício por causa do vício, age simples e naturalmente, sem rodeios, sem nenhuma singularidade, sem fasto, sem afetação; não faz uso de respostas graves e solenes, muito menos de traços picantes e satíricos; nunca é uma cena que representa para o público, é um bom exemplo que dá e um dever que cumpre; não fornece nada às visitas das mulheres, nem no escritório aos portadores de novidades; não fornece a um homem agradável a matéria de um belo conto. O bem que acaba de fazer é, na verdade, menos sabido, mas ele faz esse bem; o que poderia querer mais?

47. Os grandes não devem gostar dos primeiros tempos, pois não lhes são favoráveis; é triste para eles ver que todos descendemos do irmão e da irmã. Os homens compõem juntos uma mesma família; no grau de parentesco só há o mais ou o menos.

48. Teognis é procurado para um acerto, mas sai bem vestido com uma mulher; não está fora de sua casa, porquanto já pintou seus olhos e seu rosto para que se sinta bem quando aparecer em público, para que pareça bem arrumado, de tal modo que aqueles que passam o achem gracioso e sorridente e para que nada lhe escape. Caminha pelas salas, vai à direita onde há muita gente, vai à esquerda onde não há ninguém; cumprimenta aqueles que estão presentes e aqueles que não estão. Abraça um homem que está ao alcance da mão, aperta-lhe a cabeça contra seu peito; pergunta a seguir quem é aquele que abraçou. Alguém tem necessidade dele num negócio que é fácil; vai procurá-lo e faz seu pedido; Teognis escuta com atenção, fica estupefato ao perceber que pode servir em alguma coisa, conjura-o de procurar outras ocasiões para que possa lhe prestar serviço; e como este insiste sobre seu negócio, lhe diz que não fará nada; pede-lhe que se coloque em seu lugar e julgue a questão. O cliente sai, bem acompanhado, acariciado, confuso, quase contente de lhe ter sido negado o favor.

49. É ter uma péssima opinião dos homens, apesar de conhecê-los muito bem, acreditar num grande cargo como ocasião para se impor com carícias desmesuradas, por longos e estéreis abraços.

50. Panfílio não dialoga com as pessoas que encontra nas salas ou nos corredores; acreditando-se em sua gravidade e na elevação de sua voz, ele os recebe, dá audiência e os dispensa; usa ao mesmo tempo termos gentis e altivos, uma honestidade imperiosa que emprega sem discernimento; tem uma falsa grandeza que o rebaixa e que confunde aqueles que são seus amigos e que não querem desprezá-lo.

Um Panfílio é cheio de si, não se perde de vista, não subestima a ideia de sua grandeza, de suas alianças, de seu cargo, de sua dignidade; recolhe, por assim dizer, todas as suas peças, se recolhe para se dar valor; diz: Minha ordem, meu cordão azul; ele o exibe ou o esconde por ostentação. Um Panfílio, numa palavra, quer ser grande, acredita sê-lo; não o é, é quase um grande. Se algumas vezes sorri a um homem da última ordem, a um homem de espírito, escolhe seu tempo tão certo que nunca se dá mal; por isso, haveria de corar se infelizmente fosse surpreendido na menor familiaridade com alguém que não é opulento, nem poderoso, nem amigo de um ministro, nem seu aliado, nem seu criado. É severo e inexorável com quem ainda não fez fortuna. Ele te percebe um dia numa galeria e foge de ti; no dia seguinte, se te encontrar num local menos público, ou se é público, mas em companhia de um grande, toma coragem, se aproxima de ti e diz: Tu não fazias questão ontem de falar comigo. Ora te deixa bruscamente para acompanhar um senhor ou um primeiro emissário, ora, se os encontrar contigo numa conversa, interrompe o diálogo e os tira de tua companhia. Tu o abordas outra vez e ele não para; ele se faz seguir, te fala tão alto que parece um espetáculo para os passantes. Por isso os Panfílio estão sempre como que num teatro; são pessoas crescidas no falso e que nada odeiam tanto como ser naturais; verdadeiros personagens de comédia como Floridor, Mondoris.

Não há por que se preocupar com os Panfílio; eles são baixos e tímidos diante dos príncipes e dos ministros; cheios de grandeza e de confiança com aqueles que só possuem virtude; mudos e embaraçados com os sábios; vivos, ousados e decisivos com aqueles que nada sabem. Falam de guerra a um homem de toga, e de política a um administrador de finanças; sabem a história com as mulheres; são poetas com um doutor e contadores com um poeta. Não se preocupam com máximas; menos ainda com príncipes; vivem da aventura, impelidos pelo vento dos favores e pelo atrativo das riquezas. Não têm opinião que seja deles, que lhes seja própria; tomam-na emprestado à medida que têm necessidade; e aquele a quem recorrem não é sequer um homem sábio ou competente ou virtuoso: é um homem que está na moda.

51. Temos pelos grandes ou pelos homens ocupando cargos uma inveja estéril ou um ódio impotente que não nos vinga seu esplendor e sua ótima posição e que não faz mais que acrescentar à nossa própria miséria o peso insuportável da felicidade dos outros. Que fazer contra uma doença da alma tão inveterada e tão contagiosa? Contentemo-nos de pouco e de menos ainda, se possível; saibamos perder quando for o caso; a receita é infalível e a aprovo. Evito com isso amestrar um porteiro ou dobrar em emissário; evito ser repelido numa porta pela multidão inumerável de clientes ou de cortesãos que a casa de um ministro vomita várias vezes por dia; evito definhar na sala de audiência; evito pedir-lhe, tremendo e balbuciando, uma coisa justa; evito provar sua gravidade, seu riso amargo e seu laconismo. Então não o odeio mais, não o invejo mais; não me pede nada e eu não lhe peço nada; somos iguais, a não ser que ele não esteja tranquilo, mas eu estou.

52. Se os grandes têm oportunidade de nos fazer o bem, raramente têm vontade para tanto; se desejam nos fazer o mal, não encontram sempre as ocasiões precisas. Desse modo, podemos ser enganados na espécie de culto que lhes rendemos, se não for baseado na esperança ou no temor; uma longa vida termina às vezes sem que ocorra depender deles em razão do menor interesse ou que se deva a eles sua boa ou má fortuna. Devemos honrá-los porque são grandes e nós somos pequenos e não há outros menores que nós que nos honrem.

53. Na corte, na cidade, mesmas paixões, mesmas fraquezas, mesmas insignificâncias, mesmos desvios de espírito, mesmas intrigas nas famílias e entre parentes, mesmas invejas, mesmas antipatias. Em toda parte, noras e sogras, maridos e esposas, divórcios, rupturas e más recomendações; em toda parte mau humor, ira, parcialidades, relações e que chamamos de má conversa. Com bons olhos vemos sem dificuldade a pequena cidade, a rua Saint-Denis, como referidas por fulano ou sicrano. Aqui acreditamos odiar-nos com mais orgulho e grandeza e talvez com mais dignidade; prejudicamo-nos mutuamente com mais habilidade e mais fineza; os momentos de raiva são mais eloquentes e nos proferimos injúrias mais polidamente e em termos mais apropriados; não ferimos a pureza da língua; só ofendemos os homens ou sua reputação; todas as aparências do vício são peculiares, mas o cerne, mais uma vez, é o mesmo que nas condições mais desprezíveis; aí se encontram todos os humildes, todos os fracos e todos os indignos. Esses homens tão grandes por seu berço ou pelos favores recebidos ou por suas dignidades, essas cabeças tão hábeis e tão decididas, essas mulheres tão educadas e tão espirituais, todos desprezam o povo e eles são povo.

Quem diz povo diz muita coisa; é uma expressão ampla e ficaríamos estupefatos com o que ela abrange e até onde se estende. Há o povo que se opõe aos grandes: é o povão e a multidão; há o povo que se opõe aos sábios, aos inteligentes e aos virtuosos: são os grandes como os pequenos.

54. Os grandes se governam pelo sentimento, almas ociosas sobre as quais tudo deixa em primeiro lugar uma viva impressão. Acontece algo, falam muito a respeito; logo falam pouco; a seguir, não falam mais e não falarão nunca mais. Ação, conduta, obra, acontecimento, tudo é esquecido; não lhes peças correção nem previdência nem reflexão nem reconhecimento nem recompensa.

55. Somos levados a extremos opostos com relação a certas personalidades. A sátira depois de sua morte corre no meio do povo, ao passo que as abóbadas dos templos ecoam seus elogios. Às vezes não merecem nem libelos nem discursos fúnebres; às vezes também são dignos de ambos.

56. Devemos calar com relação aos poderosos; há quase sempre lisonja ao falar bem deles; há perigo ao falar mal enquanto vivem, e covardia depois que estão mortos.

Do soberano ou da república

1. Quando são examinadas, sem prevenção de seu país, todas as formas de governo, não se sabe qual a melhor: em todas há o menos bom e o menos mau. O mais razoável e seguro é estimar acima das outras aquela sob cuja autoridade se nasceu e submeter-se a ela.

2. Não é preciso nem arte nem ciência para exercer a tirania, e a política que só consiste em derramar sangue é muito limitada e de nenhuma sutileza; incita-nos a matar aqueles cuja vida é um obstáculo à nossa ambição: um homem que nasceu cruel faz isso sem dificuldade. É a maneira mais horrível e grosseira de se manter ou engrandecer.

3. É política segura e antiga nas repúblicas essa de deixar o povo adormecer por meio de festas, espetáculos, luxo, fausto, prazeres, vaidades e moleza; de deixá-lo se encher do vazio e saborear as coisas insignificantes. Quantos louvores se tecem ao despótico por essa indulgência!

4. Não há pátria no despótico; outras coisas o substituem: o interesse, a glória, o serviço do príncipe.

5. Quando se quer modificar e inovar numa república, considera-se menos as coisas que a época. Há conjunturas em que se sente bem que nunca se atentará contra o povo; há outras em que se torna patente ser indispensável poupar-lhe contrariedades. Pode-se hoje tirar dessa cidade suas franquias, seus direitos, seus privilégios; mas amanhã não se pode sequer pensar em reformar suas insígnias.

6. Quando o povo está em movimento, não se compreende de que modo a calma possa voltar. Quando está calmo, não se vê por onde a calma possa fugir.

7. Há certos males numa república que são tolerados, porque evitam ou impedem males piores. Há outros males que são assim desde o início e que, sendo na origem um abuso ou um mau uso, são menos perniciosos nas consequências e na prática que uma lei justa ou uma moral mais razoável. Observa-se uma espécie de males que podem ser corrigidos pela mudança ou por novas atitudes, que afinal é um mal e muito perigoso. Há outros ocultos e mergulhados como detritos numa cloaca, quer dizer, sepultados na vergonha, no segredo e na obscuridade; não podem ser mexidos e removidos que exalam veneno e infâmia; os sábios duvidam até, às vezes, se é preferível conhecê-los ou ignorar esses males. Tolera-se às vezes num Estado um mal bastante grande, mas que evita um milhão de pequenos males ou inconvenientes que seriam todos inevitáveis e irremediáveis. Existem males que fazem gemer os cidadãos privados e que se transformam, contudo, em bem público, embora o público não seja senão o conjunto de todos os cidadãos privados. Há males pessoais que concorrem para o bem e o benefício de cada família. Há aqueles que afligem, arruínam e desonram as famílias, mas concorrem para o bem e a conservação da máquina do Estado e do governo. Outros fazem desmoronar Estados e sobre suas ruínas novos Estados se erguem. Foram vistos, enfim, alguns que destruíram os fundamentos de grandes impérios e os fizeram desaparecer da terra para variar e renovar a face do universo.

8. Que importa ao Estado que Ergasto seja rico, que tenha bons cães de caça, que crie modas novas nas carruagens e no vestuário, que tenha abundância de coisas supérfluas? Onde estão em jogo o interesse e a comodidade de todo o público, o particular conta alguma coisa? A consolação dos povos nas coisas que lhes pesam pouco é saber que aliviam o príncipe ou que só a ele enriquecem: não se julgam devedores de Ergasto pelo engrandecimento de sua fortuna.

9. A guerra tem a seu favor a antiguidade; é de todos os séculos: sempre encheu o mundo de viúvas e de órfãos, sempre roubou herdeiros às famílias e fez perecer irmãos numa mesma batalha. Jovem Soyecour! Lamento tua virtude, teu pudor, teu espírito já amadurecido, penetrante, elevado, sociável; lamento essa morte prematura que chegou a teu intrépido irmão e te rouba uma corte onde mal apareceste: desgraça deplorável, mas usual! Em todos os tempos, os homens, por um pedaço de terra a mais ou a menos, concordaram entre despojar-se, queimar-se, matar-se, estrangular-se uns aos outros; e para fazê-lo mais engenhosamente e com mais segurança, inventaram belas normas que se chamam arte militar. À prática dessas regras associaram a glória ou a mais sólida reputação; depois, século após século, se gabaram sobre a melhor maneira de se destruir mutuamente. Da injustiça dos primeiros homens, como de sua única origem, veio a guerra, assim como da necessidade de encontrar amos e senhores que fixassem seus direitos e pretensões. Se, contentes com o seu, puderam abster-se do bem de seus vizinhos, conquistaram para sempre a paz e a liberdade.

10. O povo pacífico em seus lares, em companhia dos seus e no meio de uma grande cidade onde nada receia contra os seus e contra sua vida, respira fogo e sangue, fala de guerras, de ruínas, de incêndios e de massacres, impacienta-se por saber que os exércitos em luta não se encontram e não combatem, ou que, acaso combatam, não o fazem cruelmente de modo a haver, pelo menos, dez mil homens caídos na praça de guerra. Chega mesmo a esquecer seus interesses mais caros, o repouso e a segurança, pelo amor que dedica à mudança e pelo gosto da novidade ou das coisas extraordinárias. Alguns prefeririam até ver o inimigo à porta de Dijon ou de Corbia a ver levantar barricadas, só pelo prazer de anunciar ou de espalhar a notícia.

11. Demófilo, à minha direita, se lamenta e exclama: "Está tudo perdido, acabou o Estado; pelo menos, corre para sua ruína. Como resistir a tão forte e geral conjuração? Qual meio, já não digo que seja superior, mas só suficiente para enfrentar tantos e tão poderosos inimigos? Nunca houve coisa igual na monarquia. Um herói, um Aquiles sucumbiria. Graves erros foram cometidos. Sei o que digo, sou da profissão, vi a guerra, e a história me ensinou muito". Depois, fala com admiração de Olivier Daim e de Jacques Coeur: "Esses eram homens, eram realmente ministros". Vai relatando suas histórias, todas muito tristes e negativas: ora um grupo dos nossos foi atraído para uma emboscada e feito em pedaços; ora tropas cercadas num castelo se entregaram ao inimigo sem condições e foram passadas ao fio da espada. Se lhe for dito que esse boato é falso e não confirmado, nem ouve e acrescenta que um tal general foi morto, embora a verdade seja que foi apenas ferido, com certeza, mas ele deplora sua morte, pranteia a viúva e os filhos, o Estado; lamenta-se até a si próprio, dizendo que perdeu um bom amigo e um grande protetor. Conta que a cavalaria alemã é invencível, empalidece só de ouvir as palavras "couraceiros do Imperador". E continua: "Se essa praça forte for atacada, o cerco será levantado. Ou fica na defensiva sem dar combate ou, se o cerco não durar muito, o inimigo chega na fronteira". E como Demófilo empresta asas ao inimigo, já o vê no coração do reino; já ouve tocar os sinos de alarme das cidades; já pensa no destino de seus bens e propriedades; para onde levará seu dinheiro, os móveis, a família? Onde se refugiará? Na Suíça? Em Veneza?

Mas, à minha esquerda, Basílides forma de repente um exército de trezentos mil homens, nem mais nem menos; possui a lista dos esquadrões e dos batalhões, dos generais e dos oficiais; não esquece a artilharia nem as bagagens. Dispõe absolutamente de todas as tropas: estas vão para a Alemanha, aquelas para Flandres; reserva algumas para os Alpes, um pouco menos para os Pirineus e o resto vai pelo mar. Conhece a marcha desses exércitos, sabe o que farão e o que não farão. Dir-se-ia que tem o ouvido do príncipe ou o segredo do ministro. Se o inimigo perdeu uma batalha, em que deixou no campo nove a dez mil homens, aumenta o número para trinta mil, nem mais nem menos. Seus números são sempre fixos e exatos, porque está sempre muito bem informado. Se de manhã sabe que perdemos uma choupana, não só adia o jantar para o qual na véspera convidara alguns amigos, mas nem sequer janta nesse dia e, se porventura come, é sem apetite. Se os nossos cercam uma praça forte, bem defendida, provida de víveres e de munições, que tem uma boa guarnição comandada por um homem de grande coragem, diz logo que a cidade tem locais fracos e mal fortificados, que lhe falta pólvora, que seu comandante não tem experiência, que haverá de capitular em oito dias. Em outra ocasião chega ofegante e, depois de ter tomado um pouco de ar, exclama: "Uma grande notícia! Foram vencidos, não escapou ninguém; o general, os comandantes, pelo menos uma boa parte, todos foram mortos, todos pereceram". E continua: "Foi um massacre! Temos de concordar que a sorte está conosco". Senta-se, respira fundo, está contente com a bela informação que deu, faltando-lhe, porém, um detalhe: não houve afinal batalha nenhuma. Garante que certo príncipe abandonou a liga e deixou os confederados, que outro se dispõe a tomar o mesmo caminho; acredita firmemente, com a crédula multidão, que um terceiro morreu e cita até o lugar onde está enterrado; quando tudo já foi desmentido em toda parte, ele continua a afirmar que é verdade. Sabe de fonte segura que T. K. L. avançou consideravelmente contra o exército do Imperador; que o sultão se armou poderosamente, não quer a paz, e que seu vizir vai aparecer novamente às portas de Viena. Bate palmas, vibra de emoção com esse acontecimento de que não duvida que vai se realizar. A tríplice aliança é para ele um Cérbero e os inimigos são monstros que é necessário abater. Só fala de louros, de palmas, de triunfos e de troféus. Na mais simples conversa refere-se a "nosso augusto herói, nosso grande potentado, nosso invencível monarca". Obriguem-no, se puderem, a dizer apenas: "O rei tem muitos inimigos, são poderosos, são unidos, são aguerridos; venceu-os e espero que os vença sempre". Esse estilo, demasiado firme e decisivo demais para Demófilo, não é para Basílides bastante pomposo nem bastante exagerado; tem outras expressões bem diferentes na cabeça: pensa em inscrições nos arcos e nas pirâmides que devem ornamentar a capital no dia da entrada das tropas; e, mal ouve dizer que os exércitos estão a postos ou que uma praça foi atacada, manda desdobrar e arejar seu traje de gala, para que esteja perfeita para a cerimônia na catedral.

12. É necessário que o assunto principal de qualquer negociação, que congrega numa cidade os plenipotenciários ou os agentes das coroas e das repúblicas, constitua uma longa e extraordinária discussão, já não digo somente para os preliminares, mas para o simples regulamento que exige distribuir categorias, precedências e outras cerimônias.

O ministro ou o plenipotenciário é um camaleão, é um Proteu. Às vezes, semelhante a um jogador hábil, não manifesta vontade nem disposição, quer para não dar lugar a conjeturas ou se deixar penetrar, quer para não deixar transparecer seu segredo por paixão ou por fraqueza. Às vezes também sabe fingir o caráter mais conforme com os objetivos que tem e com as necessidades onde se encontra e parecer que tenha interesse que os outros acreditam que não tenha.

Certo de seu poder ou receoso da fraqueza que deseja dissimular, é firme e inflexível, para que o adversário não chegue a pedir muito, ou se mostra fácil e acomodatício, para dar oportunidade aos outros de pedir e permitir-se a si próprio o mesmo. Sabe também ser profundo e dissimulado, de modo a esconder a verdade, porque interessa a ele dizê-la, mas de modo que os outros não a levem a sério; ou é franco e aberto, a fim de melhor dissimular o que não deve ser conhecido, mas de modo que os outros julguem saber tanto como ele. De igual modo, é vivo e falador para fazer os outros falarem, para impedir que lhe falem o que não quer ou o que não deseja saber e que os outros estejam persuadidos que ele disse tudo. Fala ainda para impedir que coisas indiferentes, que se modificam ou que se destroem umas às outras, confundam nos espíritos o temor e a confiança para se defender de uma abertura que lhe escapou por outra que fez; ou é frio e taciturno, para fazer com que os outros falem, para escutar por muito tempo, para ser escutado quando fala, para falar com ascendência e peso, para fazer promessas ou ameaças que lhe deem a chance de uma grande jogada que acaba por abalar os outros. Ele abre e fala primeiro, descobrindo as oposições e as contradições, as intrigas e as brigas dos ministros estrangeiros sobre as propostas que apresentou, tomar suas medidas e ter a réplica. Em outra reunião, fala por último, para não falar em vão, para ser preciso, para conhecer perfeitamente as coisas sobre é permitido angariar para ele e para seus aliados, para saber o que deve pedir e o que pode obter. Sabe falar em termos claros e formais; sabe melhor ainda usar palavras ambíguas, de maneira disfarçada, empregando expressões equívocas e vagas, que ora explica e define, segundo seus interesses. Exige primeiro coisas pequenas que, a seguir, pretende que sejam tidas como um nada e que não o impedem de pedir coisas maiores depois; evita obter de entrada uma coisa importante, porque ficaria impedido de conquistar outras de menor importância, mas que todas juntas ainda valem mais do que a primeira. Pede demais para que recusem, mas com a intenção de conseguir o direito ou a conveniência de recusar aquilo que muito bem sabe lhe será pedido e que não quer conceder; tão cuidadoso então em exagerar a enormidade do pedido e a impossibilidade de satisfazê-lo, como de enfraquecer as razões que lhe opõem para não conceder o que solicita com instância. Aplica-se igualmente a fazer avultar, alto e em bom som, a importância do pouco que oferece e a desprezar claramente o pouco que os outros se dispõem a oferecer-lhe. Faz ofertas falsas, mas extraordinárias, que obrigam a desconfiar delas e a recusar o que para nada serviria, mas que, no entanto, lhe dão a oportunidade de pedidos exorbitantes, e colocam mal quem os repele. Concede mais do que lhe pedem para conseguir muito mais daquilo que deverá dar. Deixa que durante muito tempo o implorem, pressionem e importunem a propósito de uma pretensão medíocre, com o intuito de extinguir a esperança e desviar a ideia de lhe pedir algo mais importante; ou, se acaso se deixa persuadir, é sempre pondo tais condições que as vantagens e os ganhos ficam repartidos entre ele e os beneficiados. Defende direta ou indiretamente os interesses de um aliado, se porventura essa atitude é favorável a seus interesses. Não fala senão de paz, de alianças, de tranquilidade pública e de interesse público; mas, de fato, só pensa nos seus interesses, isto é, no que mais convém a seu soberano e a seu país. Ora aproxima os adversários, ora divide aqueles que estavam unidos. Intimida os fortes e os poderosos, encoraja os fracos. Primeiro, une os mais fracos contra o mais forte para igualar os pratos da balança; depois, une-se aos fracos para fazer pender a seu favor o prato da balança e vende-lhes caro sua proteção e aliança. Sabe cativar aqueles com quem trata. Usando de processos sutis, leva-os a entrever vantagens, fortunas e honras para os respectivos países, se não dificultarem o seu caminho, coisa que não deve prejudicar sua comissão nem as intenções de seus soberanos. Não quer que o julguem também indiferente demais a possíveis vantagens e se mostra um tanto sensível à aquiescência alheia; atrai assim propostas que denunciam os intuitos mais secretos dos adversários e até os últimos recursos de que dispõem; de tudo isso, tira proveito. Se uma ou outra vez é lesado em assuntos resolvidos, protesta em alta voz; mas grita se acontece o contrário, fazendo os outros recuarem na defensiva para justificar-se. Trouxe um programa para a assembleia, todos os seus passos são medidos, os menores avanços que fez são registrados; e, no entanto, procede, nos momentos difíceis e relativos a pontos contestados, como se tivesse a liberdade de tomar atitudes e o desejo de encontrar possibilidades de acordo; ousa mesmo prometer à assembleia que transmitirá a seus chefes a proposta e que não será desautorizado. Manda espalhar boatos falsos sobre as instruções que traz, dizendo-se munido de poderes especiais que jamais revela, a não ser em última instância e no momento em que seria pernicioso não usar deles. Por meio de manejos e intrigas, visa sobretudo o essencial, sempre pronto a sacrificar pontos de honra secundários ou imaginários. É fleumático, se arma de coragem e paciência, nunca se cansa, fatiga os outros e os leva ao desencorajamento. Acautela-se e resguarda-se contra a lentidão e os adiamentos, contra as recriminações, as suspeitas, as desconfianças, contra as dificuldades e os obstáculos, convencido de que só o tempo e as circunstâncias modificam o aspecto das cousas e conduzem os espíritos ao ponto que se ambiciona. Chega ao ponto de fingir o secreto interesse de romper a negociação, exatamente quando mais deseja que ela continue; se, pelo contrário, recebeu ordens precisas para levá-la ao fracasso, para conseguir isso, exige que ela continue e acabe. Lembra-se de um grande acontecimento, resiste ou relaxa de acordo com a possibilidade de lhe ser útil ou prejudicial; se por meio de grande prudência sabe prever isso, pressiona e temporiza, segundo o Estado que defende possa ser levado a temer ou a esperar; regula suas condições de acordo com suas necessidades. Obedece às sugestões do tempo, do lugar, das ocasiões, de seu poder ou de sua fraqueza e da índole das nações com quem trata ou do temperamento e caráter das pessoas com quem negocia. Todas as suas ideias, todas as suas máximas, todas as sutilezas de sua política tendem para um único objetivo, que é de não ser enganado e de enganar os outros.

13. O caráter dos franceses exige seriedade por parte do soberano.

14. Uma das desgraças do príncipe é estar tomado muitas vezes por seu segredo, pelo perigo que corre de divulgá-lo; sua felicidade é encontrar uma pessoa correta a quem possa confiá-lo.

15. Nada é melhor para um rei que as amenidades de uma vida privada; não poderá ser consolado por sua perda a não ser pelo encanto da amizade e pela fidelidade de seus amigos.

16. O prazer de um rei que merece o trono é de ser menos rei às vezes, de frequentar o teatro, de deixar seus adereços e vestimentas reais e de desempenhar com uma pessoa de confiança um papel mais familiar.

17. Nada honra mais o príncipe que a modéstia de seu favorito.

18. O favorito não tem séquito; não tem compromissos nem ligações; pode ser cercado de parentes e de outras pessoas, mas não faz questão disso; é desligado de tudo, como que isolado.

19. Um belo recurso para aquele que caiu no desagrado de quem manda é retirar-se da corte. É mais vantajoso para ele desaparecer que arrastar pela vida os tristes despojos de uma amizade e proteção que perdeu e se tornar um personagem bem diverso do que foi. Na solidão, conserva-se o maravilhoso encanto do passado; mesmo morrendo só de velhice, deixa-se aos outros uma ideia brilhante e memória agradável do papel que se desempenhou.

Mais belo recurso ainda que tornar-se esquecido de todos é, porém, fazer com que a admiração alheia se mantenha acesa diante de qualquer nova iniciativa de valor que se realize e que revele claramente a injustiça anterior. Assim, todos lamentarão a iniquidade e haverão de atribuí-la não à falta de méritos, mas à má sorte de quem a sofreu.

20. Não duvido de que um favorito, se possui alguma força e espírito elevado, fique muitas vezes confuso e desconcertado perante as baixezas, as mesquinharias, a bajulação, os cuidados supérfluos, as atenções frívolas daqueles que o perseguem, o seguem e que se apegam a ele como se fossem suas vis criaturas; não se livra em sua privacidade de tão grande servidão senão pelo riso e pela zombaria.

21. Homens ocupando postos, ministros, favoritos – posso dizê-lo? Não entreguem a seus descendentes a honra da memória e a conservação do nome de vocês: os títulos passam, os favores desaparecem, as dignidades se perdem, as riquezas se dissipam e o merecimento degenera. Vocês têm filhos, é verdade, e dignos, e até capazes de manter toda a fortuna que vocês lhes transmitiram, mas acontecerá o mesmo com os netos? Não acreditam em mim? Observem alguns dos homens que vocês não consideram, quem desprezam: tiveram avós ilustres, cujos lugares, afinal, hoje vocês ocupam. O que é preciso é possuir virtude e humanidade; e se me perguntarem: "Que mais?", responderei: "Humanidade e virtude". Donos então do futuro e independentes de uma posteridade, estarão seguros de durar tanto como a monarquia e, quando mais tarde forem mostradas as ruínas de seus castelos, e talvez somente o local em que se erguiam, a lembrança de suas boas ações permanecerá fresca e viva na recordação dos povos. Admirarão com respeito e curiosidade os retratos e as condecorações de todos vocês. E dirão: "Este homem, cuja fisionomia está aqui retratada, falou a seu soberano com firmeza e liberdade e receou mais prejudicá-lo do que desagradar-lhe; levou-o a ser bom e justo e a poder dizer de suas cidades, 'minha cidade', e de seu povo, 'meu povo'. Esse outro, de quem vocês contemplam a imagem e em quem se observa uma fisionomia rude, com um ar grave, austero e majestoso, aumenta de ano em ano sua reputação; os maiores políticos não toleram ser comparados a ele. Seu grande objetivo foi fortalecer a autoridade do príncipe e a segurança dos povos pela destituição dos grandes; nem as facções, nem as conjurações, nem as traições, nem o perigo de morte, nem suas enfermidades conseguiram demovê-lo disso. De resto, teve tempo para iniciar sua obra, continuada e concluída por um de nossos maiores e melhores príncipes, a extinção da heresia".

22. O quadro mais isento e mais específico, que em todos os tempos foi apresentado aos grandes por seus assessores de negócios e aos reis por seus ministros, é a aula que lhes ministram para conquistar e enriquecer-se. Excelente conselho! Máxima útil, frutuosa, uma mina de ouro, um tesouro do Peru, pelo menos para aqueles que souberam até hoje inspirá-los a seus patrões.

23. É extrema felicidade para os povos que o soberano admita em sua confiança e indique para o ministério aqueles mesmos que gostariam de indicar, se porventura pudessem.

24. A ciência dos pormenores ou uma atenção diligente das necessidades da república é parte essencial de um bom governo, embora muito negligenciada nos últimos tempos pelos reis e seus ministros, mas que nunca será excessivo desejá-la no soberano que a ignora ou apreciá-la naquele que a possui. De fato, que lucrarão os povos, que vantagens e tranquilidade lhe trará o príncipe que ambiciona alargar seu império, conquistando as terras dos inimigos, anexando novas províncias a seu país? Que lhes seja igualmente superior pelos assédios e pelas batalhas, tanto que não se sentem seguros nem nas planícies, nem nas fortalezas mais guarnecidas; que as nações se convoquem e se unam para se defender dele e para detê-lo; que se unem em vão, uma vez que ele triunfa sempre; que suas últimas esperanças tenham caído pela afirmação de uma saúde que dará ao monarca o prazer de ver os príncipes, seus netos, manter ou aumentar seu poderio, partindo para campanhas bélicas, apoderando-se de temíveis fortificações e conquistar novos Estados; comandar velhos e experientes comandantes, menos por seu grau e seu berço, que por seu gênio e sua sabedoria; seguir as augustas pegadas de seu vitorioso pai; imitar sua bondade sem docilidade, sua equidade, sua vigilância, sua intrepidez? De que me serviria, numa palavra, a mim como ao povo inteiro, que o príncipe e sua família fossem felizes e cheios de glória, que minha pátria fosse poderosa e formidável se, triste e inquieto, eu nela vivesse na opressão e na indigência; se, a coberto de ataques do inimigo, eu ficasse exposto, nas ruas e praças da cidade, ao ferro de um assassino e que tivesse menos medo de ser roubado à noite e ser massacrado nas espessas florestas do que nas encruzilhadas das cidades e dos campos; se a segurança, a ordem, a limpeza não tornassem deliciosas as cidades, criando com abundância a afabilidade da sociedade; se, fraco e sozinho, tivesse de sofrer em minhas terras a vizinhança de um grande que as cobiçasse e se não houvesse justiça que me garantisse de sua avidez; se não tivesse à mão mestres, e mestres excelentes, para educar meus filhos nas artes ou nas ciências que um dia lhes permitirão ganhar a vida; se, pela facilidade do comércio, não fosse fácil comprar bons tecidos para vestir, alimentar-me de modo sadio e não pagar por tudo isso preços exorbitantes; se, enfim, pelos cuidados do príncipe, eu não estivesse tão contente com meu destino, como ele deve estar com seu próprio, por suas virtudes?

25. Oito ou dez mil homens são para um soberano como uma moeda com a qual compra uma praça forte ou uma vitória. Se conseguir que custe menos, poupa os homens, e se assemelha ao comprador que regateia e que conhece melhor que outro o valor do dinheiro.

26. Tudo prospera numa monarquia na qual os interesses do Estado se confundem com aqueles do príncipe.

27. Chamar um rei de pai do povo é menos um elogio que chamá-lo por seu nome ou dar-lhe a definição que mais lhe convém.

28. Há intercâmbio de deveres entre o soberano e seus súditos; quais sejam os que mais sujeitam e os mais penosos, não o decidirei eu. Trata-se de julgar, de um lado, o valor respectivo dos compromissos de respeito, de socorro, de serviços, de obediência e de dependência; do outro, as obrigações indispensáveis de bondade, justiça, zelo, defesa e proteção. Dizer que um príncipe é árbitro da vida dos homens é dizer apenas que os homens, por seus crimes estão naturalmente sujeitos às leis e à justiça, de que o príncipe é depositário; acrescentar que é senhor absoluto de todos os bens dos súditos, sem exceção, sem contas nem discussão, é a linguagem da lisonja, é a opinião de um favorito que será desdita na agonia.

29. Quando, numa colina por volta do ocaso de um belo dia, um rebanho numeroso devora tranquilamente o tomilho e o serpão ou a erva tenra de um prado, que os ceifeiros pouparam, o pastor, atento e cuidadoso, permanece de pé junto de suas ovelhas; não as perde de vista, as segue, as conduz, escolhe a melhor pastagem; se se dispersam, as reúne; se o lobo ávido aparece, solta seu cão, que o põe em fuga; ele as alimenta e as defende; ao romper do dia já está em pleno campo, de onde se retira só ao cair da noite. Quantos cuidados! Quanta vigilância! Que servidão! Das duas condições, qual a mais deliciosa e mais livre, a do pastor ou das ovelhas? O rebanho é feito para o pastor ou pastor para o rebanho? Imagem simples dos povos e do príncipe que os governa, se for um bom príncipe.

O fausto e o luxo num soberano correspondem ao pastor vestido de ouro e de pedrarias, cajado de ouro na mão; seu cão traz uma coleira de ouro, que está presa a uma correia de ouro e de seda. Que serventia tem tanto ouro para seu rebanho ou contra os lobos?

30. Que situação feliz aquela que a todo instante oferece a um homem a oportunidade de fazer bem a tantos milhares de homens! Que perigoso lugar aquele que expõe a todo instante um homem a prejudicar um milhão de homens!

31. Se, na realidade, não há alegria mais natural, mais lisonjeira e mais sensível para os homens do que saber que são amados e, se os reis são homens, o que não deveriam fazer para conquistar o coração de seu povo?

32. Há poucas regras gerais e medidas certas para bem governar; obedece-se ao tempo e às circunstâncias, e isso envolve prudência e critério para aqueles que reinam; por isso, a obra-prima do espírito é um governo perfeito; essa obra-prima não seria talvez possível, se o povo, pelo hábito da dependência e da submissão, não tomasse a seu cargo metade da tarefa.

33. Sob o governo de um grande rei, aqueles que detêm os primeiros lugares só têm deveres fáceis, que os cumprem sem maior esforço; tudo corre facilmente; a autoridade e o gênio do príncipe lhes aplanam os caminhos, lhes poupam complicações e fazem prosperar tudo muito além da expectativa: possuem o mérito de subalternos.

34. Se já é demais o encargo de uma só família, se já basta ter de responder por si só, que peso, que preocupação não será a de governar todo um reino! O soberano sentir-se-á compensado de seus trabalhos e desgostos pelo prazer que parecem dar o poder absoluto e as prosternações dos cortesãos? Penso nos caminhos penosos, incertos e perigosos que ele às vezes tem de seguir para chegar à tranquilidade pública; relembro os meios extremos, mas necessários, de que frequentemente se socorre para alcançar um objetivo útil; sei que tem de responder perante Deus pela felicidade de seu povo, que o bem e o mal estão em suas mãos e que nenhuma ignorância lhe pode servir de desculpa. Pergunto-me: "Gostaria de eu próprio reinar?" A qualquer homem um pouco feliz em sua vida particular valeria a pena renunciar a ela em troca de um reino? Não será já excessivo, a quem é rei por direito hereditário, suportar o acaso de ter nascido rei?

35. Quantos dons do céu não são precisos para governar bem um reino! Origem augusta, atitude de autoridade e de mando, fisionomia que desperte a curiosidade do povo desejoso de contemplar o príncipe e que mantenha o respeito no cortesão; humor sempre igual; nenhum gosto pela ironia ou bastante sensatez para nunca usar dela; não ameaçar nem repreender nunca; não obedecer aos ímpetos da cólera e ser sempre obedecido; ter o espírito amável e insinuante; o coração aberto e sincero, que a todos pareça desvendar o íntimo e, por isso mesmo, instrumento fácil de amizades, de alianças e de sujeição; ser, todavia, sempre secreto, profundo e impenetrável em seus motivos e em seus projetos; manter seriedade e gravidade em público; quer nas respostas aos embaixadores, quer nos conselhos de ministros, ser breve, justo e realçar a dignidade; fazer favores de tal maneira que a maneira pareça logo um segundo favor; saber escolher as pessoas que se beneficiam; discernir bem o valor das inteligências, dos talentos e dos temperamentos, para a distribuição de cargos e de empregos; possuir um juízo firme, sólido e decisivo em tudo, de tal modo que, desde o início, se conheça a melhor e a mais equitativa escolha; levar tão longe o espírito de equidade e de probidade que se chegue mesmo a resolver contra o próprio gosto, e a favor do povo, dos aliados ou dos inimigos; ter uma memória feliz e pronta, que lembre a cada passo as necessidades dos súditos e suas fisionomias, seus nomes e suas pretensões; manifestar uma vasta capacidade mental, que abranja não só os negócios externos, o comércio, os preceitos de bem governar, as concepções políticas, o alargamento das fronteiras pela conquista de novas províncias e sua segurança pela construção de numerosas fortalezas inacessíveis; mas que se ocupa ainda da vida interna do país e, nela, de tudo quanto diz respeito à supressão de qualquer falso culto, perigoso para o exercício da soberania, se porventura existir, e a abolição de costumes cruéis e ímpios; a reforma das leis e hábitos abusivos; a manutenção ou aumento da segurança e do conforto gerais, pelo prestígio, equidade e exatidão na política; o castigo severo dos vícios escandalosos; o exemplo necessário da virtude e da piedade, a proteção à liberdade da Igreja; o carinho pelo povo, evitando sobrecarregá-lo de tributos que o esgotem e o conhecimento da arte militar; ser também laborioso, vigilante e cuidadoso; ter exércitos fortes e saber comandá-los; possuir sangue frio no perigo e só poupar a vida para o bem do Estado; estimar mais esse bem e a glória da nação de que a própria vida; usar de um poder absoluto que domine as intrigas, as confusões e as lutas internas e suprima a distância infinita que às vezes se verifica entre grandes e pequenos, que os aproxime uns dos outros, e ao qual todos se submetam; atuar prontamente, tudo tendo visto e conhecido pelos próprios olhos; fazer a guerra e usar da vitória sempre com extrema sensatez, oferecendo a paz ou recomeçando a luta no melhor momento; impondo esta ou aquela ao inimigo, conforme o que for mais conveniente ao país; regrar a ambição até onde é possível e honesto; nem em plena luta proibir os jogos, as festas e os espetáculos; cultivar as artes e as ciências; planejar e executar edifícios surpreendentes; possuir, enfim, um gênio superior e poderoso, que provoca o amor e o respeito dos seus e o receio dos estrangeiros e que, da corte e mesmo de todo o país, faça como que uma só família unida, cuja unidade e bom entendimento suscitam a admiração e afastam as cobiças alheias. Essas virtudes admiráveis parecem-me definir a ideia de um verdadeiro soberano; é verdade que é raro encontrá-las reunidas numa só pessoa. Exige-se que muitas coisas concorram para isso ao mesmo tempo, como espírito, coração, aparência, temperamento. Creio que o monarca que consiga reuni-las todas em sua pessoa é bem digno do apelativo de Grande.

Do homem

1. Ninguém se indigne contra os homens ao ver sua dureza, sua ingratidão, sua injustiça, sua arrogância, seu egoísmo e o esquecimento dos outros; são feitos assim, é sua natureza, é não poder suportar que a pedra caia ou que o fogo suba.

2. Num certo sentido, os homens não são levianos ou só o são nas pequenas coisas. Mudam seus trajes, sua linguagem, suas aparências, suas atitudes, e algumas vezes mudam de gosto; mas conservam sempre seus maus costumes, são firmes e constantes no mal ou na indiferença pela virtude.

3. O estoicismo é um divertimento do espírito e uma ideia semelhante à da *República*, de Platão. Os estoicos inventaram que se podia rir na pobreza; que se podia ser insensível às injúrias, à ingratidão, à perda dos bens, como à dos amigos e parentes; que a morte devia ser olhada friamente, como coisa que não deve alegrar nem entristecer; que o prazer e a dor não nos venceriam; sentir o ferro ou o fogo dilacerando ou queimando o corpo, sem exalar um suspiro, nem verter lágrimas; esse fantasma de virtude e de constância assim imaginado, aprouve-lhes dar o nome de sábio. Deixaram ao homem todos os defeitos que nele encontraram e quase não modificaram nenhuma de suas fraquezas. Em vez de fazer dos vícios pinturas horríveis ou ridículas, que servissem para corrigi-lo, mostraram-lhe o perfil de uma perfeição e de um heroísmo de que ele é incapaz e exortaram-no assim a realizar o impossível. Desse modo, o sábio, que não o é, ou que é somente imaginário, julga-se naturalmente superior a todos os acontecimentos e a todos os males; nem a gota mais dolorosa nem a cólica mais aguda poderiam lhe arrancar uma queixa; o céu e a terra podem desabar sem que consigam arrastá-lo em sua queda e ele haveria de permanecer firme sobre as ruínas do universo, enquanto o homem que perdeu realmente seu sentido se exaspera, grita, se desespera, escancara os olhos e perde a respiração só por um cão perdido ou por uma porcelana feita em pedaços.

4. Inquietude de espírito, desigualdade de humor, inconstância de coração, incerteza de conduta: todos vícios da alma, mas diferentes e que, apesar da ligação que aparece entre eles, nem sempre coexistem na mesma pessoa.

5. É sempre difícil decidir se a irresolução torna o homem mais infeliz que desprezível; de igual modo, se é mais inconveniente tomar um mau partido que não tomar nenhum.

6. Um homem de feitio desigual não é um só homem, são vários; ele se multiplica tantas vezes quantas muda de gostos e de atitudes; a cada momento é o que não era antes; e será em breve aquele que nunca tinha sido. Sucede-se a si próprio. Não perguntem qual seu temperamento, mas quais são seus temperamentos; nem qual sua inclinação, mas quantas são suas inclinações. Não haverá algum engano? É mesmo Eutícrates que estás abordando? Hoje, que gelo para contigo! Ainda ontem te procurava, te cobria de gentilezas a ponto de deixar seus amigos com inveja. Será que te conhece mesmo? Diz teu nome a ele.

7. Menalco desce a escada de casa, abre a porta para sair, torna a fechá-la: repara então que traz na cabeça a touca de dormir. Examina-se melhor e verifica que barbeou só metade do rosto, que a espada está posta do lado direito, que as meias lhe caem em cima dos sapatos e que vestiu a camisa por cima das calças. Andando na rua, sente uma pancada fortíssima no estômago ou na cabeça; não sabe o que pode ter acontecido, abre os olhos, acorda de sua distração e vê uma vara de carroça ou uma comprida trave que um operário carrega aos ombros. Uma vez deu uma cabeçada num cego, tropeçou em suas pernas e ambos caíram no chão. Acontece-lhe frequentemente dar de cara com um príncipe, não o reconhecer e ter apenas tempo de se encostar às paredes para lhe dar passagem. Atrapalha-se, grita, zanga-se, chama seus criados, um após outro, dizendo a todos que estão perdendo tudo, que lhe estragam tudo. Pede as luvas quando as tem calçadas, como aquela mulher que reclamava a máscara que já tinha no rosto. Entra em casa e logo a peruca fica pendurada no lustre: todos os cortesãos olham e riem. Menalco olha também e ri mais alto que os outros, procurando com os olhos entre os presentes onde está aquele que mostra suas orelhas e sem peruca. Na cidade, volta e meia não repara que se julga em mau caminho e, ao regressar para casa, pergunta aos transeuntes o nome da rua onde se encontra, que é sua própria rua; entra em seguida porta adentro, mas sai imediatamente, julgando que se enganou. Sai do palácio real, encontra ao fundo da escada uma carruagem que supõe ser a sua, e instala-se nela: o cocheiro chicoteia os cavalos, pensando que é seu amo quem vai dentro do coche. Menalco salta da carruagem, atravessa o pátio da casa alheia, sobe a escada, atravessa a antessala, o quarto de dormir e a sala principal, tudo lhe é familiar, nada lhe é novo; senta-se, repousa, está enfim em casa. Nisto chega o verdadeiro proprietário. Menalco levanta-se, acolhe-o amavelmente, pede-lhe que se sente, e faz as honras de casa. Fala, divaga, sonha, torna a falar; o dono da casa, muito aborrecido, mostra seu espanto. Menalco, também estranha a demorada visita, mas se enche de paciência. Só no final da tarde é que dá pelo erro.

Certo dia, vai visitar uma senhora de suas relações, mas em breve se persuade de que está recebendo sua visita e, desejando ver-se livre da suposta importuna, convida-a para jantar; a senhora ri, e de tal modo, que o distraído compreende enfim seu erro. Chega a casar de manhã, a esquecer-se que casou, e a dormir fora de casa na noite de núpcias. Mais tarde, a mulher morre em seus braços, vai ao enterro e, no dia seguinte, quando lhe servem o almoço, pergunta se já preveniram a senhora e por que é que ela não vem.

É Menalco ainda que entra numa igreja e, tomando o cego pedinte encostado à porta por uma coluna e sua sacola de esmolas por uma pia de água benta, ali mergulha a mão e leva-a à fronte; fica espantado quando a coluna se põe a falar e lhe oferece o auxílio de suas orações. Avança, julga ver um genuflexório e cai em cima dele: o genuflexório dobra, desce e geme. Menalco, estupefato, reconhece que ajoelhou em cima das costas de um devoto e que lhe tapa o nariz e a boca com as mãos juntas; retira-se, confuso, e ajoelha mais adiante. Tira então do bolso, em vez do livro de missa, um chinelo que tomou por seu livro de orações ao sair de casa. Não está ainda fora da igreja, quando um homem paramentado corre atrás dele, alcança-o e pergunta-lhe rindo se não tem o chinelo do bispo que Menalco visitara momentos antes! Menalco, inocente, diz-lhe que só tem um chinelo, o seu. Mas o outro insiste; do fundo do bolso retira realmente o chinelo do bispo. Menalco entrega-o e, ao mesmo tempo, entrega aquele que lhe pertence. Resultado: chega à casa com um chinelo a menos.

Outra vez perdeu todo o dinheiro da bolsa no jogo e, querendo continuar jogando, entra em seu escritório, abre um armário, pega o cofre, tira quanto quer e acha que recoloca o cofre no armário; ouve latir dentro do armário, fica espantado, abre e desata a rir ao ver seu cão que enfiara no armário em vez de guardar o cofre. Gosta de jogar dados e costuma ter ao lado um copo de água; como está com sede, pega no copo, engole os dados e joga a água sobre a mesa de jogo, inundando o parceiro. Cospe na cama e atira o chapéu ao chão, julgando fazer o contrário. Passeia de barco, pergunta que horas são; dão-lhe um relógio, pega-o e joga-o na água como coisa que o atrapalha. Escreve uma carta, seca-a com areia fina, e deita a areia no tinteiro. Troca os endereços das cartas, se escreve duas: o duque e nobre do reino recebe aquela que se destinava ao feitor, e este a do duque. À noite, apaga a vela e não percebe porque está às escuras. Desce uma escada do Louvre, encontra alguém no caminho, diz que o procurava, obriga-o a acompanhá-lo e, no fim, verifica que se enganou de pessoa e o abandona sem mais explicações. Encontra alguém no caminho e lhe afirma que precisa conversar com um amigo; vai buscá-lo e lhe diz apenas: "Que belo anel você tem no dedo!" Começa uma história interessante e esquece de terminá-la: ri sozinho, canta, assobia, grita chorosamente, boceja e não repara que está acompanhado. Ao jantar, toma conta de todo o pão dos convivas, assim come de todos os garfos e facas. Agarra na concha da sopeira e toma a sopa com ela; o caldo se entorna nas vestes e nosso homem fica estupefato. Esquece de beber vinho durante o jantar ou, se pensa que lhe deram demais, atira metade ao cão ou no rosto de quem está a seu lado. Bebe o resto tranquilamente e não se dá conta do motivo pelo qual os outros desatam a rir.

Um dia fica de cama por uma indisposição. Vários amigos cercam seu leito e, esquecendo-se onde está, levanta a colcha e cospe nos lençóis. Vai a um convento. Ouve falar em santos e em condenados que figuram em belos afrescos pelos corredores do claustro; o monge que o acompanha conta-lhe toda a vida de São Bruno, aquela do cônego e também toda a sua aventura. Menalco confunde os nomes e as histórias e, depois de sair do mosteiro, volta para perguntar se era São Bruno ou o cônego que estava condenado ao inferno. Encontra-se por acaso com uma jovem viúva; recorda o marido defunto e evoca sua morte; a viúva chora, lamenta-se, suspira, soluça e torna a contar partes do histórico da doença de seu esposo, a febre, a agonia e enfim a morte. Para a consolar, Menalco pergunta: Então a senhora só tinha esse marido?

Certa manhã manda preparar apressadamente tudo na cozinha, levanta cedo e se despede; nesse dia é visto em todos os cantos da cidade, fora daquele que marcou para um encontro em hora precisa para um negócio, o que o deixa sem almoço, mas antes havia saído a pé, de medo que a carruagem não o esperasse. Manda o criado fazer diversas entregas e transmitir recados e logo em seguida começa a chamá-lo e se enfurece porque não está presente. Onde estará ele? Que faz? Que está pensando? Que não se apresente mais aqui, pois será despedido na hora. O criado chega nesse momento e lhe presta contas de tudo o que fez a mando dele.

Muitas vezes o tomam por aquilo que na realidade não é: por estúpido, pois não ouve e fala menos ainda; por louco, porque fala sozinho e faz caretas e gestos de toda espécie; por malcriado e arrogante, pois não responde aos cumprimentos ou olha espantado sem ver quem o cumprimenta; por inconveniente, pois fala de bancarrota à família de um falido, de execuções e de cadafalsos a um filho cujo pai morreu na forca, de novos-ricos a novos-ricos que querem se fazer passar por nobres. Se porventura tiver um filho natural e o levar para casa, dando-lhe o nome e o apelido de qualquer criado, chama-o de filho dez vezes ao dia, com enorme escândalo da mulher e dos filhos legítimos. Resolve casar um filho com uma filha de homem de negócios e não deixa de falar de tempos em tempos, relembrando a história de sua casa e de seus antepassados, que os Menalco nunca se misturaram. Enfim, nunca está atento ao assunto de nenhuma conversa, nunca está presente de fato a nenhuma reunião e por isso mesmo profere disparates, dizendo não quando deveria dizer sim e vice-versa. Parece que olha, mas não vê. Tudo o que se pode tirar disso são estas palavras: Sim, realmente! É verdade. Boa! Acho que sim! É assim mesmo? Certamente. Ó céus! E alguns outros monossílabos fora de propósito. Também nunca se dirige às pessoas como deve: chama excelência ao criado, vossa reverência a um príncipe de sangue, vossa alteza a um jesuíta. Se ouve missa dre espirra, exclama: Deus te ajude. Encontra um grave magistrado de caráter, venerável por sua idade e dignidade, que o interroga sobre uma ocorrência, e lhe pergunta se isso ocorreu desse modo; Menalco lhe responde: Sim, senhorita. Regressa certo dia do campo, os próprios criados decidem assaltá-lo; descem da carruagem, lhe encostam a ponta de uma tocha na garganta e lhe pedem a bolsa; ele a entrega. Chegando em casa, narra sua aventura aos amigos que não deixam de fazer perguntas sobre as circunstâncias do ocorrido e ele responde: "Perguntem a meus criados, eles estavam lá".

8. A má criação não é um vício da alma, é o efeito de vários vícios: da vaidade tola, da ignorância dos próprios deveres, da preguiça, da estupidez, da distração, do desprezo pelos outros e da inveja. Por só se manifestar exteriormente não a torna senão mais odiosa, uma vez que é um defeito sempre visível e manifesto. É verdade, no entanto, que ofende mais ou menos de acordo com a causa que a produz.

9. Dizer a propósito de um homem colérico, desigual, briguento, amargo, cabeçudo, caprichoso, que é seu jeito, isso não o desculpa, como se pode acreditar, mas afirma que tão grandes defeitos são irremediáveis.

O que se chama índole é uma coisa muito mal apreciada pelos homens; deveriam compreender que não basta ser bons, mas que devem ainda parecer bons, pelo menos se pretendem ser sociáveis, capazes de união e de intercâmbio, ou seja, ser homens. Não se exige das almas malignas que sejam exteriormente ternas e sensíveis, pois assim iludiriam os simples e aumentariam o poder de seus artifícios. Desejar-se-ia apenas que as pessoas de bom coração fossem sempre flexíveis, amáveis, complacentes e que, portanto, fosse menos verdade que os maus nos prejudicam e os bons nos fazem sofrer.

10. O comum dos homens passa da cólera à injúria. Alguns procedem de outro modo: ofendem e depois se zangam; essa atitude surpreende tanto que não deixa espaço para o ressentimento.

11. Os homens não pensam bastante em não perder a oportunidade de prestar serviço: parece que não se toma posse de um emprego senão para servir o público e, afinal, se faz o contrário; a atitude mais imediata e que se apresenta em primeiro lugar é a da recusa, e só quando se reflete se vê que não é assim.

12. Saibam precisamente o que se pode esperar dos homens em geral e de cada um em particular, e mergulhem depois no comércio com todos.

13. Se a pobreza é a mãe dos crimes, a falta de espírito é o pai.

14. É difícil que um homem extremamente desonesto seja bastante inteligente; um gênio que é correto e perspicaz conduz sempre à regra, à probidade e à virtude. Falta sensatez e lucidez a quem teima no que é mau e falso; em vão tentamos corrigi-lo por meio de críticas, que o apontam à ironia dos outros; nunca reconhecerá que lhe dizem respeito; é como proferir injúrias contra um surdo. Seria desejável, para benefício das pessoas honestas e para vingança pública, que o patife não o fosse a ponto de ser privado de qualquer consideração.

15. Há vícios que não devemos a ninguém, que nasceram conosco e que os fortalecemos pelo hábito; há outros que se contraem e que nos são estranhos. Nascemos às vezes com costumes simples, com complacência e com todo o desejo de agradar; mas pela maneira como nos tratam as pessoas com quem vivemos e das quais dependemos, logo somos jogados para fora de nossas medidas e até de nossa índole; adquirimos amargor e raiva que não conhecíamos, vemo-nos em outra situação de vida e nos surpreendemos ao nos sentirmos secos e agressivos.

16. Pergunta-se por que todos os homens juntos não compõem uma só nação e não querem falar a mesma língua, viver sob as mesmas leis, concordar entre si sobre os mesmos costumes e praticar o mesmo culto; e eu, pensando na oposição dos espíritos, gostos e sentimentos, fico surpreso ao ver até sete ou oito pessoas reunidas sob um mesmo teto, em um mesmo recinto, e formam uma só família.

17. Há pais tão estranhos e que parecem consagrar a vida inteira só para oferecer aos filhos motivos suficientes para prantear sua morte.

18. Tudo é estranho na índole, na moral e nas atitudes da maioria dos homens. Fulano de tal, por exemplo, viveu toda a vida aborrecido, alienado, avarento, colérico, servil, trabalhador, interessado, egoísta, que havia nascido alegre, calmo, preguiçoso, generoso, de uma coragem ímpar e incapaz de mesquinharias: as exigências da vida, a situação, a lei da necessidade forçam a natureza e causam essas grandes modificações. Assim, esse homem, no fundo e em si não pode ser definido; coisas em demasia que estão fora dele o alteram, o modificam, o perturbam; ninguém é precisamente o que é ou o que parece ser.

19. A vida é curta e aborrecida; passa-se toda ela a desejar. Espera-se do futuro o repouso e a alegria, muitas vezes nessa idade em que já desapareceram os melhores bens, a saúde e a juventude. O futuro chega e ainda o desejamos; chegamos onde queríamos, quando a febre nos acomete e nos extingue; se tivéssemos sarado, seria somente para continuar a desejar por mais tempo ainda.

20. Quando desejamos, rendemo-nos à discrição de quem esperamos; certos de ter conseguido, contemporizamos, confabulamos, capitulamos.

21. É tão vulgar não ser feliz e tão essencial à posse de qualquer bem que exija penas e trabalhos, que tudo o que é fácil se torna suspeito. Custa acreditar que aquilo que tem tão baixo preço possa ser vantajoso ou que com medidas justas se deve tão facilmente chegar ao objetivo proposto. Julgamos merecer o sucesso, mas não devemos contar com ele senão muito raramente.

22. O homem que diz que não nasceu feliz poderia ao menos tornar-se assim por meio da felicidade de seus amigos e parentes. Mas a inveja lhe tira esse último recurso.

23. Embora pudesse tê-lo dito em outro local, é possível que os aflitos estejam errados. Os homens parecem ter nascido para o infortúnio, a dor e a pobreza; poucos escapam; e, como toda desgraça pode lhes acontecer, deveriam estar preparados para toda desgraça.

24. Os homens têm tanta dificuldade em se entender, são tão suscetíveis na defesa de seus menores interesses, querem de tal modo enganar os outros e não ser enganados, conferem tamanho valor ao que possuem e tão pequeno àquilo que é dos outros, que confesso não saber por onde e como podem ser celebrados matrimônios, contratos, aquisições, paz, trégua, tratados e alianças.

25. Há gente para quem a arrogância é grandeza; a desumanidade é firmeza e a esperteza, inteligência.

Os espertos acreditam facilmente que os outros também o são; não se deixam enganar, mas enganam por pouco tempo.

Eu trocaria sempre de boa vontade ser esperto por ser estúpido e passar como tal.

Ninguém engana por bem; a esperteza acrescenta malícia à mentira.

26. Se houvesse menos crédulos, haveria menos gente esperta e aproveitadora, menos desses homens que se enchem de vaidade porque souberam, durante uma vida inteira, enganar os outros. Como é possível que Erófilo, para quem a falta de palavra, os maus serviços, a esperteza, longe de prejudicar, mereceram apoio e benefícios daqueles mesmos a quem prejudicou ou mentiu, não se envaideça de seu talento e de sua habilidade?

27. Nas praças e nas ruas das grandes cidades e na boca dos passantes só se ouve falar em exploração, prisão, interrogatório, promessas, processos contra promessas não cumpridas. Não haverá realmente no mundo a mais ínfima equidade? Pelo contrário, será que tudo anda cheio de pessoas que pedem friamente o que não lhes é devido ou que se recusam claramente a restituir o que devem?

Pergaminhos inventados para recordar ou para convencer os homens do que prometeram: vergonha da humanidade!

Suprimam-se as paixões, o interesse, a injustiça, quanta calma nas grandes cidades! A necessidade e a subsistência não provocam a terça parte dos problemas.

28. Nada empenha tanto um espírito razoável a suportar tranquilamente as ofensas dos amigos e dos parentes quanto a reflexão sobre os vícios humanos e de como é difícil para os homens ser constantes, generosos, fiéis, capazes de sentimentos de amizade, superiores à ideia de seus interesses. Conhecendo o alcance desses defeitos, não se exige dos homens que penetrem os corpos, que voem pelo ar, que tenham equidade. Pode-se odiar os homens em geral, porquanto tão poucos são virtuosos; mas desculpa cada um em particular, ama-se a todos por motivos mais relevantes e empenha-se em merecer o mínimo que possa semelhante indulgência.

29. Há certos bens que são desejados com veemência e cuja imagem somente nos arrebata e nos entusiasma; se conseguirmos obtê-los, usufruímos de sua posse mais tranquilamente do que pensávamos e deles usufruímos muito menos porquanto passamos a aspirar por outros bem maiores.

30. Há tremendos males e horríveis desgraças em que não ousamos pensar e cuja presença nos faz estremecer; se os sofremos, contudo, encontramos em nós mesmos defesas que ignorávamos e os enfrentamos sem receio, resistindo melhor do que tínhamos suposto.

31. Basta às vezes uma linda casa herdada, um belo cavalo ou um lindo cão do qual nos sentimos donos, um tapete, um relógio de parede, para suavizar uma grande dor e para amenizar uma grande perda.

32. Quero supor que os homens são eternos na terra e me pergunto em seguida se existe alguma coisa que me indique sua aptidão em modificar para melhor as coisas como se encontram hoje.

33. Se a vida é miserável, é penoso suportá-la; se é feliz, é horrível perdê-la. Os dois sentimentos se equivalem.

34. Nada existe que os homens gostem mais de conservar e que tanto desperdicem como a própria vida.

35. Irene gasta muito dinheiro para chegar a Epidauro, procura Esculápio em seu templo e o consulta sobre todos os seus males. Primeiro, se queixa de que está cansada e com um pouco de fadiga; e o deus responde-lhe que isso se deve à grande viagem que acaba de fazer. Diz à noite que não tem apetite; o oráculo lhe ordena comer menos no almoço. Acrescenta que sofre de insônia; e ele ordena que se deite só à noite. Ela pergunta a ele por que está ficando pesada e qual o remédio; o oráculo responde que deve levantar-se antes do meio-dia e de vez em quando caminhar. Declara-lhe que o vinho lhe faz mal; o oráculo manda-a beber só água. Diz que tem indigestões; ele ordena-lhe fazer dieta. "Minha vista enfraquece", diz Irene. – "Compre óculos", diz Esculápio. – "Sinto-me enfraquecer muito e já não tenho a saúde que tinha", continua ela. – "É porque a velhice está chegando", diz o deus. – "Mas como curar essa fraqueza?" – "O mais simples, Irene, é morrer, como tua mãe e tua avó." – "Filho de Apolo, exclama Irene, isso é conselho digno de ti? É essa toda a ciência que te atribuem e por causa da qual o mundo inteiro te reverencia? Que me receitas de tão raro e misterioso? Por acaso, não conhecia já todos esses remédios?" – "Se os conheces – responde o deus –, por que não os usas e para que vieste procurar-me de tão longe, encurtando os dias de tua existência com uma viagem tão longa?"

36. A morte só vem uma vez, mas se faz sentir em todos os momentos da vida; é mais duro receá-la do que sofrê-la.

37. A inquietude, o receio, o abatimento não afastam a morte, pelo contrário; duvido somente que o riso excessivo convenha aos homens, que são mortais.

38. O que é certo na morte é adocicado um pouco por aquilo que é incerto: é um indefinido no tempo que possui alguma coisa do infinito e que se chama eternidade.

39. Suspiramos agora pela florescente juventude perdida que não existe mais e que não voltará mais; segue seu caminho a velhice, que nos levará a lamentar a idade madura, na qual ainda nos encontramos, mas que não sabemos apreciar bastante.

40. Receamos a velhice porque não temos certeza de chegar a ela.

41. Temos esperança de envelhecer, mas receamos a velhice: ou seja, amamos a vida e fugimos da morte.

42. É mais fácil ceder à natureza e recear a morte do que fazer contínuos esforços, armar-se de razões e reflexões e estar continuamente às voltas consigo mesmo para não temê-la.

43. Se entre todos os homens alguns morressem e outros não, seria insuportável aflição a ideia da morte.

44. Uma longa enfermidade parece estar colocada entre a vida e a morte, para que a própria morte se torne um alívio tanto para aqueles que morrem como para aqueles que ficam.

45. Para falar humanamente, a morte tem uma bela coisa boa, a de pôr fim à velhice.

A morte, que antecede a velhice, chega mais a propósito do que a morte que a termina.

46. As queixas que os homens proferem contra o mau emprego do tempo já vivido nem sempre os leva a empregar melhor aquele que lhes resta.

47. A vida é um sono: os velhos são aqueles cujo sono tem sido mais longo; só começam a despertar quando têm de morrer. Se recordam então todos os anos já vividos, não encontram muitas vezes nem virtudes nem ações dignas de louvor e que os distingam uns dos outros; confundem suas diferentes idades e não encontram nada marcante que possa determinar o tempo que viveram. Tiveram um sonho confuso, informe e sem nenhuma sequência; sentem, no entanto, como quem acorda, que dormiram demais.

48. Para o homem, só há três acontecimentos: nascer, viver e morrer. Não se lembra do nascer, sofre para morrer e esquece de viver.

49. Há uma etapa em que a razão não existe ainda, em que se vive só por instinto, como os animais, e da qual não resta nenhum vestígio na memória. Há uma segunda etapa em que a razão se desenvolve, em que é formada e na qual poderia agir, se não fosse obscurecida e extinta pelos vícios inatos e por um encadeamento de paixões que sucedem umas após outras e nos conduzem até à terceira e última etapa. A razão, então em plena força, deveria produzir, mas esfriou e se tornou lenta por influência dos anos, da doença e da dor, desconcertada a seguir pela desordem da máquina que chega a seu declínio; essas etapas, contudo, representam a vida do homem.

50. As crianças são altivas, desdenhosas, coléricas, invejosas, curiosas, interessadas, preguiçosas, inconstantes, tímidas, intemperantes, mentirosas, dissimuladas; riem e choram facilmente; manifestam alegria excessiva e aflições amargas por motivos de nada; não querem sofrer o mal e gostam de praticá-lo; já são adultos.

51. As crianças não têm passado nem futuro e, o que nunca nos acontece, vivem o presente.

52. A característica da infância parece única; os hábitos, nessa idade, são os mesmos em todas as crianças e não se pode constatar diferença de umas para as outras senão com curiosa atenção. Essa diferença aumenta com a razão, porque esta alimenta os vícios e as paixões, e são somente eles que tornam os homens tão dessemelhantes entre si e tão opostos em suas índoles.

53. As crianças possuem desde logo a imaginação e a memória, isto é, aquilo que os velhos já perderam e que tanto serve à infância para seus jogos e divertimentos; é devido a ambas que repetem o que ouviram; que fazem o que viram fazer; que praticam todos os ofícios e se ocupam em mil pequenas tarefas, imitando os artesãos no movimento e nos gestos; que assistem a grandes banquetes e ali comem iguarias; que se transportam em palácios e em lugares encantados; que, mesmo sozinhas, se veem ricamente vestidas e seguidas de numeroso séquito; que comandam exércitos, combatem e vivem o prazer da vitória; que falam aos reis e aos mais altos príncipes; que são elas próprias reis, com súditos e tesouros, feitos de folhas de árvores ou de grãos de areia; e, o que vão ignorar pelo resto da vida, sabem nessa idade ser os árbitros de sua fortuna e os senhores da própria felicidade.

54. Não há nenhum vício exterior e nenhum defeito do corpo que as crianças não percebam; elas os captam à primeira vista e sabem apontá-los com palavras adequadas; ninguém consegue designá-los de maneira mais feliz. Tornando-se homens, carregam consigo, por sua vez, todas as imperfeições de que zombaram.

O único cuidado das crianças é encontrar o ponto fraco de seus professores, como de todos aqueles a quem devem obediência; logo que o detectam, ganham a situação e conseguem uma ascendência que não perdem mais. Aquilo que nos faz decair uma primeira vez dessa superioridade perante elas é sempre o que nos impede de recuperá-la.

55. A preguiça, a indolência, a ociosidade, vícios tão naturais nas crianças, não se manifestam em seus jogos, nos quais são vivos, aplicados, exatos, apaixonados pelas regras e pela simetria, nos quais não perdoam nenhuma falta uns aos outros e eles mesmos recomeçam várias vezes uma única coisa em que falharam: presságios seguros de que poderão um dia negligenciar seus deveres, mas que nada esquecerão em seus prazeres.

56. Às crianças tudo parece grande, as cortes, os jardins, os edifícios, os móveis, os homens, os animais; aos homens as coisas do mundo parecem também assim e atrevo-me a dizer, pela mesma razão, porque eles são pequenos.

57. As crianças começam a conviver em regime popular; cada uma é dona de si; e, o que é natural, não se acomodam nele por muito tempo e passam à monarquia. Uma delas se distingue, quer por maior vivacidade, quer por maior disposição física, quer por um conhecimento mais exato dos diversos jogos e das pequenas leis que os compõem; as outras aceitam essa primazia e forma-se então um governo absoluto, que só se fundamenta no prazer.

58. Quem duvida que as crianças não pensam, não julgam, não raciocinam de modo consequente? Se é somente sobre pequenas coisas, é porque são crianças e sem longa experiência; se é em maus termos, é menos culpa delas do que de seus pais e mestres.

59. É perder toda confiança no espírito das crianças e tornar-se inúteis para elas, puni-las por faltas que não cometeram ou castigá-las com severidade por faltas leves. Sabem precisamente e melhor que ninguém o castigo que merecem e só merecem aquele que temem. Sabem se é com razão ou sem que as punimos e se sentem injustiçadas menos pela punição mal aplicada que pela impunidade.

60. Nunca vivemos bastante para lucrar com nossos próprios erros. Nós os cometemos durante todo o curso de nossa vida e tudo o que podemos fazer, à força de errar, é morrer corrigido.

Não há nada que revigora tanto o sangue como ter sabido evitar uma tolice.

61. O relato de nossas faltas é penoso. Queremos encobri-las e atribuir a responsabilidade a outro; é por isso que preferimos o orientador ao confessor.

62. Os erros dos tolos são algumas vezes tão pesados e tão difíceis de prever, que põem os sábios em xeque e são úteis somente para quem os comete.

63. O espírito de grupo rebaixa até os maiores homens às pequenas coisas do povo.

64. Fazemos por vaidade ou por conveniência as mesmas coisas e da mesma maneira como as faríamos por inclinação ou dever. Fulano de tal acaba de morrer em Paris da febre que contraiu ao cuidar da esposa que não amava.

65. Os homens, no fundo de seu coração, desejam ser estimados e escondem cuidadosamente essa vontade, porque querem parecer virtuosos e assim obter vantagens que a virtude não oferece, refiro-me à estima e aos elogios dos outros; isso já não seria mais ser virtuoso, mas amar a estima e os elogios ou ser frívolo; os homens são realmente muito frívolos e nada odeiam tanto como ser considerados tais.

66. Um homem vaidoso se compraz em falar bem ou mal de si próprio; um homem modesto nunca fala de si mesmo.

Não há melhor meio de ver o ridículo da vaidade e como ela é um vício vergonhoso, do que constatar que não ousa mostrar-se e que se esconde muitas vezes sob as aparências da virtude oposta.

A falsa modéstia é o último requinte da vaidade; faz com que o vaidoso não pareça tal e, ao contrário, se afirme em virtude oposta ao vício que determina seu caráter: é, portanto, uma mentira. A falsa glória é o recife da vaidade; ela nos leva a querer que nos estimem por coisas que, na verdade, existem em nós, mas que são frívolas e indignas de consideração: é um erro.

67. Os homens falam de tal maneira daquilo que lhes diz respeito, só confessam os pequenos defeitos e, desses, só aqueles que deixam supor belos talentos ou grandes qualidades. Assim, um se queixa de sua memória fraca, aliás compensada por seu grande senso e bom critério; outro, permite que lhe censurem ser distraído e sonhador, para que o julguem inteligente; acusa-se outro de não ser habilidoso, mas que se consola pela ausência de um pequeno talento pela ideia de certas qualidades de espírito ou de virtudes de alma que todos conhecem; ou afirma sua preguiça em termos que, afinal, revelam seu desinteresse e que demonstram que está curado de qualquer ambição; ou ainda, não se mostra envergonhado por seus descuidos no trajar, simples negligência de coisas insignificantes, que deixa supor grande aplicação às coisas sólidas e essenciais. Um guerreiro gosta de dizer que foi por excesso de pressa ou por curiosidade que um dia se encontrava nas trincheiras ou em algum outro lugar perigoso, sem estar de guarda ou em serviço; e acrescenta que foi repreendido por seu general. Do mesmo modo, uma boa cabeça ou um verdadeiro gênio, que nasceu dotado dessa prudência que os outros homens em vão tentam adquirir; que fortaleceu a têmpera de seu espírito por meio de uma grande experiência; que o número, o peso, a dificuldade e a variedade dos trabalhos só ocupam, mas não o cansam; que, pela amplitude de sua visão e por sua penetração domina todos os acontecimentos; que em vez de consultar tudo o que está escrito sobre normas de governo e política, é talvez uma daquelas almas sublimes, nascidas para reger as outras e de quem provieram essas primeiras normas; que realiza coisas tão grandes, tão belas ou tão agradáveis que nada o interessa do que possa ler nos livros e que, pelo contrário, só ganha ao relembrar e a folhear, por assim dizer, sua vida e suas ações; a um homem desse porte pode facilmente afirmar, sem exagero, que não conhece nenhum livro e que nunca lê.

68. Queremos algumas vezes esconder nossas fraquezas ou diminuir a opinião que delas tenham os outros, confessando-as livremente. Aquele que nada sabe diz: "Sou um ignorante". Aquele que já tem mais de 60 anos declara: "Estou velho". Outro ainda: "Não sou rico"; e realmente é pobre.

69. A modéstia ou não existe ou é confundida com uma coisa de todo diferente, se a tomarmos por um sentimento interior que envilece o homem aos próprios olhos e que é uma virtude sobrenatural chamada humildade. O homem, por natureza, pensa de modo altivo e soberbo sobre si mesmo e só pensa assim de si próprio: a modéstia serve-lhe apenas para não incomodar os outros; é uma virtude exterior, que regula seus olhares, suas atitudes, suas palavras, seu tom de voz, e que o leva a agir externamente com os outros como se não fosse verdade que os considera como nada.

70. O mundo está cheio de pessoas que, comparando-se intimamente e por hábito com os outros, decidem sempre a favor do próprio mérito e agem de acordo.

71. Dizem que é preciso ser modesto; as pessoas bem nascidas não pedem outra coisa; cumpre exigir apenas que os homens não abusem daqueles que cedem por modéstia e não subjuguem aqueles que se curvam.

Dizem também: "Devemos vestir roupas modestas". As pessoas de merecimento não desejam senão isso, mas a sociedade gosta da elegância e isso se lhe concede; é ávida de superfluidades e lhe são mostradas. Alguns só consideram os outros por suas belas roupas ou por ricos trajes; nem sempre recusamos ser estimados a esse preço. Há locais em que é necessária a ostentação: uma divisa de ouro mais larga ou mais estreita permite entrar ou ser barrado.

72. Nossa vaidade e a demasiada estima que temos de nós mesmos nos leva a imaginar nos outros uma altivez com relação a nós que por vezes existe e que muitas vezes não existe: uma pessoa modesta não tem essa suscetibilidade.

73. Do mesmo modo que devemos defender-nos da vaidade que nos leva a supor que os outros nos olham com curiosidade e estima, a ponto de só falar de nosso mérito e nos tecer elogios quando se reúnem, assim também devemos ter certa confiança que nos impeça de pensar que só cochicham ao ouvido para falar mal de nós ou que só riem para zombar de nós.

74. Por que será que Alcipo me cumprimenta hoje, sorri para mim e se desvencilha de todos com medo de me perder? Não sou rico, ando a pé; por essas coisas, não deveria sequer me ver. Será que não é para que ele próprio seja visto para ser confundido com um grande?

75. Cada homem se considera tanto a si mesmo que julga que tudo deve girar em torno dele; gosta de ser visto, de ser apontado, de ser cumprimentado, até por desconhecidos; se os outros não o fazem é porque são orgulhosos; o que o homem quer é que os outros adivinhem aquilo que ele acha que é.

76. Procuramos nossa felicidade fora de nós mesmos e na opinião dos outros, que sabemos que são bajuladores, pouco sinceros, sem equidade, cheios de inveja, de capricho e de prevenções. Que coisa bizarra!

77. Parece que não podemos rir senão das coisas ridículas; vemos, no entanto, certas pessoas que riem igualmente das coisas ridículas e daquelas que não o são. Se és tolo irrefletido e se te escapa diante deles algumas impertinências, zombam de ti; se és sensato, se dizes coisas razoáveis e de maneira razoável, zombam também.

78. Aqueles que nos roubam os bens usando da violência ou da injustiça e que procuram nos desonrar pela calúnia, mostram bem que nos odeiam; mas não provam igualmente que tenham perdido a nosso respeito todo tipo de estima; por isso somos até capazes de reconsiderar e de lhes conceder um dia nossa amizade. A zombaria, pelo contrário, é de todas as injúrias a que menos se perdoa, pois é a linguagem do desprezo um dos melhores meios de manifestá-lo; ataca o homem em sua última trincheira, que é a boa opinião que tem de si próprio; quer torná-lo ridículo a seus próprios olhos; e assim ela o convence da pior falta de consideração que se pode manifestar a seu respeito e o torna irreconciliável.

São coisas monstruosas o prazer e a facilidade de zombar dos outros, de desaprovar e desprezar os outros; igualmente monstruosa é a cólera que sentimos contra aqueles que zombam de nós, que nos desaprovam e nos desprezam.

79. A saúde e as riquezas, tirando dos homens a experiência do mal, lhes inspiram dureza para com seus semelhantes; e são as pessoas mais habituadas à própria miséria que mais se compadecem da desgraça de outros.

80. Parece que, para as almas nobres, as festas, os espetáculos, a música aproximam e fazem sentir mais profundamente o infortúnio daqueles que as cercam e de seus amigos.

81. Uma grande alma está acima da injúria, da injustiça, da dor e da zombaria; seria invulnerável se não fosse compassiva.

82. Há uma espécie de vergonha em ser feliz diante de certas misérias.

83. Estamos prontos a reconhecer nossas boas qualidades, mas lentos para nos convencer-nos de nossos defeitos. Não ignoramos que temos belas sobrancelhas, unhas bem aparadas, mas nos esquecemos facilmente que somos vesgos, enquanto desconhecemos totalmente que somos tolos.

Argira tira as luvas para mostrar uma bela mão e não se esquece de exibir um sapatinho, prova evidente que tem pé pequeno; ri das coisas alegres ou das sérias para mostrar seus belos dentes; se o penteado lhe deixa a orelha à vista, é porque é bem feita; se nunca dança, é porque não está contente com seu figurino, está um tanto gorda. Defende todos os seus interesses, exceto um: fala constantemente e sem graça alguma.

84. Os homens quase não dão valor às virtudes do coração e idolatram os talentos do corpo e do espírito. Aquele que afirma friamente de si próprio, sem receio de ferir a modéstia, que é bom, constante, fiel, sincero, justo e grato, não se atreve a dizer também que é de temperamento vivo, que tem os dentes lindos e a pele macia. Já seria demais!

É verdade que existem duas virtudes que os homens admiram, a bravura e a liberalidade, porque há duas coisas que estimam muito, e que essas virtudes fazem desprezar, a vida e o dinheiro; por isso ninguém se vangloria de ser valente ou liberal.

Ninguém se vangloria, sobretudo sem fundamento, de que é bonito, generoso, sublime; essas qualidades têm um preço demasiado alto; todos se contentam em pensar que as possuem.

85. Quaisquer que sejam as semelhanças aparentes entre a inveja e a emulação, há entre elas a mesma distância que se verifica entre o vício e a virtude.

A inveja e a emulação exercem sua ação sobre o mesmo objeto, que é o bem ou o mérito dos outros, com esta diferença: a segunda é um sentimento voluntário, corajoso, sincero, que torna a alma fecunda, que a ensina a aproveitar a lição dos grandes exemplos e muitas vezes a eleva acima de quanto a admira; a primeira é, pelo contrário, um movimento violento e como que a forçada confissão do mérito que não subsiste nela; chega mesmo a negar a virtude nos indivíduos em que está presente ou, se é obrigada a reconhecê-la, recusa-lhe elogios ou lhe inveja as recompensas; paixão estéril que deixa o homem inerte, que o enche de si mesmo, da ideia de sua reputação, que o torna frio e seco diante das ações e obras dos outros, que se espanta ao ver no mundo outros talentos além dos dele ou outros homens com os mesmos talentos de que se vangloria; vício vergonhoso que, por seus excessos, não é mais que vaidade e presunção, que não persuade tanto aquele que foi ofendido com isso que ele tem mais espírito e mérito que os outros, quanto o leva a acreditar que só ele tem espírito e mérito.

A emulação e a inveja se encontram quase somente nas pessoas de mesma arte, de mesmos talentos e de mesma condição. Os artesãos mais insignificantes são os mais sujeitos à inveja; aqueles que exercem profissão de artes liberais ou de belas-letras, os pintores, os músicos, os oradores, os poetas, todos aqueles que escrevem, só deveriam ser capazes de emulação.

O ciúme nunca é isento de alguma espécie de inveja e muitas vezes essas duas paixões se confundem. A inveja, pelo contrário, algumas vezes aparece separada do ciúme, como aquela provocada em nossa alma pelas condições muito superiores às nossas: as grandes fortunas, os favores, os cargos.

A inveja e o ódio sempre se unem e se fortalecem uma ao outro no mesmo indivíduo; só se distinguem entre si porque ódio afeta a pessoa e a inveja incide sobre o estado e a condição.

Um homem inteligente não tem ciúme de um operário que fez uma boa espada ou de um escultor que produziu uma bela estátua. Sabe que nessas artes há regras e um método que não se adivinham, que há utensílios a manejar cujo uso, nome e aspecto desconhece; basta-lhe pensar que não aprendeu determinada profissão para se consolar de não saber exercê-la com maestria. Pode, pelo contrário, sentir inveja e até ciúme de um ministro e de governantes, como se a razão e o bom senso, que são comuns a todos, fossem os únicos instrumentos que servem para governar um Estado e presidir os negócios públicos e que só precisassem suprir as regras, os preceitos e a experiência.

86. Encontramos poucos espíritos inteiramente pesados e estúpidos; ainda menos daqueles que sejam sublimes e transcendentes. A maior parte dos homens nada entre esses dois extremos. O intervalo é preenchido por um grande número de talentos ordinários, mas que são de grande utilização, pois servem a república e reúnem em si o útil e o agradável, como o comércio, as finanças, os exércitos, a navegação, as artes, as profissões, a feliz memória, o espírito de jogo, o espírito da sociedade e da conversa.

87. Toda a inteligência que possa existir no mundo é inútil para quem não possui nenhuma: não tem visão e é incapaz de aproveitar daquela dos outros.

88. A primeira fase no homem depois do uso da razão, seria sentir que a perdeu; a própria loucura é incompatível com esse conhecimento. Do mesmo modo, o que haveria de melhor em nós depois do espírito, seria conhecer que ele nos falta. Dessa maneira se atingiria o impossível: sem espírito não poderíamos ser um tolo, nem um patife, nem um impertinente.

89. Um homem de espírito medíocre é sério e grave; não ri, não brinca, não tira nenhum proveito de uma brincadeira; tão incapaz de elevar-se a grandes coisas como de se acomodar, mesmo por relaxamento, às pequenas, só com dificuldade consegue brincar com seus filhos.

90. Todo mundo diz de um tolo que é um tolo, mas ninguém se atreve a dizê-lo ao próprio tolo; morre sem sabê-lo e sem que ninguém seja vingado.

91. Quanto desacordo entre a inteligência e o coração! O filosofo não vive de acordo com todos os seus preceitos, e o político, cheio de ideias e de grandes projetos, não sabe governar a si próprio.

92. A inteligência se desgasta como todas as coisas; as ciências são seu alimento, elas a nutrem e a consomem.

93. Os pobres são às vezes ricos de mil virtudes inúteis; não têm como pô-las em prática.

94. Há homens que suportam facilmente o peso dos favores e da autoridade, que se familiarizam com a própria grandeza e a quem as posições mais elevadas não fazem perder a cabeça. Aqueles, pelo contrário, que a fortuna cega, sem escolha nem discernimento, soterrou em benefícios, deles usufruem com orgulho e sem moderação: seus olhos, suas atitudes, seu tom de voz e seu acolhimento mostram bem quanto se julgam dignos de ser tão eminentes; tornam-se tão selvagens, que só sua queda pode domesticá-los.

95. O homem alto e robusto, de peito largo e largos ombros, carrega como se fosse leve e com alegria um peso enorme; sobra-lhe ainda um braço livre; um anão seria esmagado com metade de sua carga. Assim os cargos eminentes tornam maiores ainda os grandes homens e menores ainda os que já são pequenos.

96. Há homens que lucram em ser extraordinários; navegam, singram o mar, onde os outros naufragam e se despedaçam; chegam onde querem quebrando todas as regras para chegar; tiram de sua irregularidade e de sua loucura todos os frutos da mais profunda sensatez; devotados a outros homens, aos grandes que sacrificaram, em quem puseram suas últimas esperanças, não os servem, mas os divertem. Os homens de merecimento e de bons serviços são úteis aos grandes e estes lhes são necessários; envelhecem junto deles na prática de bons conselhos, em vez de explorá-los como os outros, e esperam por isso recompensas; conseguem, à força de ser agradáveis, empregos bons e alcançam, por sua boa disposição, altas dignidades; um dia morrem e encontram inopinadamente um futuro que não temiam nem esperavam. O que resta deles na terra é o exemplo de sua fortuna, exemplo fatal para aqueles que gostariam de segui-lo.

97. Poderíamos exigir de certas pessoas que foram uma vez capazes de uma ação nobre, heroica, e que foram admiradas por todos que, sem parecer esgotadas por um esforço tão grande, tivessem ao menos pelo resto da vida uma conduta sensata e ajuizada, que até os homens do povo possuem; que não caíssem em mesquinharias indignas da alta reputação que adquiriram; que, misturando-se menos com a multidão e não lhes dando tempo a que a vissem de perto, não deixassem a curiosidade e a admiração transformar-se em indiferença e até mesmo em desprezo.

98. Custa menos a certos homens enriquecer-se de mil virtudes do que emendar-se de um só defeito. São mesmo tão infelizes, que esse defeito é muitas vezes o que menos convém à sua situação e mais ridículos poderia torná-los, porque enfraquece o brilho de suas grandes qualidades e não os deixa ser homens perfeitos, de reputação íntegra. Não se pede a eles que sejam mais esclarecidos e mais incorruptíveis, mais amigos da ordem e da disciplina, mais fiéis a seus deveres, mais zelosos do bem público, mais honestos: o que se quer é apenas que não se apaixonem.

99. Alguns mudam tanto no decurso da própria vida, são tão diferentes pelo espírito e pelo coração, que não é possível julgá-los bem se nos ativermos só à recordação do que já foram na sua juventude. Estes eram piedosos, sensatos, sábios, coisa que, pela preguiça inseparável de uma ridente fortuna, não o são mais. Aqueles, pelo que se sabe, começaram a vida pelos prazeres e investiram o que tinham de espírito para experimentá-los todos, mas as desgraças que se seguiram os tornaram religiosos, sensatos, temperantes. Os últimos são, em geral, grandes sujeitos, nos quais se pode confiar; possuem a probidade provada pela paciência e pela adversidade; enxertam nessa extrema polidez, que as convivências femininas lhes ensinaram e que nunca perdem, uma noção de norma, de reflexão e algumas vezes uma alta capacidade, que devem ao quarto e ao lazer de uma fortuna adversa.

Todo o nosso mal provém de não conseguirmos ficar sozinhos; daí o jogo, o luxo, a dissipação, o vinho, as mulheres, a ignorância, a maledicência, a inveja e o esquecimento de si próprio e de Deus.

100. O homem parece algumas vezes não se bastar a si mesmo: as trevas, a solidão o perturbam e o lançam em temores frívolos e em vãos terrores; o menor mal que então poderá lhe acontecer será o de aborrecer-se.

101. O aborrecimento entrou no mundo pela preguiça; ela tem parte importante na sofreguidão dos homens pelos prazeres, pelo jogo e pelas companhias. Aquele que ama o trabalho basta-se a si mesmo.

102. A maioria dos homens emprega a melhor parte da vida para tornar a outra miserável.

103. Há obras que começam por A e terminam por Z; o bom, o mau, o pior, tudo cabe nelas; nada de certa espécie é esquecido; que pesquisa, que dedicação não representam essas obras! São chamadas de "jogos de espírito". De igual modo, há um jogo na conduta; começamos, é preciso terminar; devemos mostrar todo o percurso. Seria melhor mudar ou suspender, mas é mais custoso e mais difícil prosseguir; prosseguimos, nos animamos pelas contradições; a vaidade sustenta, supre a razão que cede e desiste. Levamos esse requinte até nas ações mais virtuosas, até mesmo naquelas em que a religião interfere.

104. Só o cumprimento de nossos deveres nos custa, porque sua prática, só considerando as coisas que estamos estritamente obrigados a fazer, não é seguida de grandes elogios e são os elogios que nos animam às ações dignas de louvor, nos encorajam em nossos feitos. Fulano de tal gosta de uma piedade ostentadora, que lhe atrai a intendência das necessidades dos pobres, o torna depositário do patrimônio deles e faz de sua casa uma repartição pública, onde se realiza a distribuição de auxílio; as pessoas mal vestidas e as freiras grisalhas têm entrada franca; toda a cidade vê suas esmolas e as divulga; quem poderia duvidar de que seja um homem de bem, se talvez esses que acorrem não pudessem ser seus credores?

105. Geronto morre de velhice e sem ter feito o testamento que projetava havia trinta anos: são dez pessoas que, *ab intestato,* partilham de sua herança. Há muito tempo não vivia senão pelos cuidados de Astéria, sua mulher, que jovem ainda se havia devotado a ele, não o perdia de vista, cuidou dele em sua velhice e, finalmente, lhe fechou os olhos. Mas não legou a ela fortuna suficiente para poder viver sem recorrer a outro velho.

106. Deixar perder cargos e benefícios em vez de vendê-los ou renunciar a eles mesmo na extrema velhice é convencer-se de não estar no número daqueles que morrem; ou então, se disso se está persuadido, é amar-se a si, ninguém mais que a si próprio.

107. Fausto é um dissoluto, um pródigo, um libertino, um ingrato, um violento, que Aurélio, seu tio, não conseguiu odiar nem deserdar.

Frontino, sobrinho de Aurélio, depois de vinte anos de probidade notória e de uma submissão cega a esse velho, não conseguiu dobrá-lo em seu favor e, da divisão de bens, não retira senão uma insignificante pensão que Fausto, único legatário, lhe deve pagar.

108. Os ódios são tão longos e tão obstinados, que o maior sintoma de morte num homem doente é a reconciliação.

109. Ganha-se influência junto de todos os homens, bajulando-os nas paixões que ocupam sua alma ou condoendo-nos das enfermidades que afligem seu corpo; nisso somente consistem os cuidados que podem ser prestados a eles; disso decorre que aquele que tem saúde e deseja pouco é menos fácil de governar.

110. A preguiça e a volúpia nascem com o homem e só com ele acabam; nem os acontecimentos alegres nem os tristes podem separá-lo delas; são para ele o fruto da boa fortuna ou o desdobramento da má.

111. Um velho apaixonado é uma grande deformidade da natureza.

112. Poucos se lembram de ter sido jovens e de quanto lhes era difícil a castidade e a temperança. A primeira coisa que sucede aos homens, depois de ter renunciado aos prazeres, por conveniência ou por relaxamento ou por doença, é de condená-los nos outros. Nessa conduta comparece uma espécie de apego pelas próprias coisas que acabamos de deixar; gostaríamos que um bem que perdemos não estivesse disponível para ninguém mais; é um sentimento de ciúme.

113. Não é o medo de ter um dia necessidade de dinheiro que torna os velhos avarentos, pois há alguns cuja grande fortuna não lhes consente essa inquietação; e, afinal, como poderiam recear que lhes faltassem na velhice as comodidades da vida, se destas se privam voluntariamente para satisfazer sua avareza? Não é também a vontade de deixar maiores riquezas a seus filhos, pois não é natural que amem qualquer outra coisa mais que a si próprios, além do que, há avarentos que não têm herdeiros. O vício da avareza é, antes, produto da idade e do estilo dos velhos, que a ele se entregam tão naturalmente como na juventude se entregavam aos prazeres ou, na idade adulta, à ambição; para ser avarento, não é necessário vigor, nem juventude, nem saúde; não se precisa de nenhuma atividade nem de cuidados especiais para poupar os rendimentos; basta deixar o dinheiro no cofre e privar-se de tudo; isso é cômodo para os velhos, a quem é indispensável ter uma paixão, pois são homens.

114. Há pessoas mal alojadas, mal vestidas e muito mal alimentadas que sofrem os rigores das estações; que se privam voluntariamente da companhia dos homens, passando seus dias na solidão; que se queixam do presente, do passado e do futuro; sua vida é como uma penitência constante, e assim descobriram o segredo de caminhar para sua perda pelo caminho mais penoso: são os avarentos.

115. A lembrança da juventude enternece os velhos; gostam dos lugares onde estiveram; as pessoas que conheceram nesse tempo lhes são caras; relembram certas expressões esquecidas e não deixam de usá-las com carinho; preferem a antiga maneira de cantar, de dançar; elogiam a moda que reinava então nos trajes, nos móveis e nas carruagens. Não podem ainda reprovar as coisas que serviam a suas paixões, que eram tão úteis a seus prazeres e que destes os fazem recordar. Como poderiam preferir novos usos e modas recentes de que não participam, de que nada esperam, que os jovens inventaram, os jovens que, com isso, levam tão grandes vantagens agora sobre a velhice?

116. Demasiada negligência ou excessiva elegância nos velhos multiplica suas rugas e revela melhor sua velhice.

117. Um velho é orgulhoso, desdenhoso e de convivência difícil, se não tiver muito espírito.

118. Um velho que viveu na corte, que é realmente sensato e possui memória fiel é um tesouro inestimável; é uma coleção viva de fatos e máximas; nele se encontra a história do século revestida de pormenores muito curiosos e que em parte alguma podem ser lidos; com ele aprendemos regras de conduta e lições sempre seguras, porque se alicerçam na experiência.

119. Os jovens, por causa das paixões que os distraem, suportam melhor a solidão que os velhos.

120. Fidipo, já velho, chega aos requintes na limpeza e na indolência; é refinado em delicadezas mínimas; faz do beber, do comer, do repouso e dos exercícios uma arte; as pequenas regras que se impôs, todas destinadas para sua higiene pessoal, ele as observa com escrúpulo e não as transgrediria nem por causa de uma amante, se o regime de vida lhe consentisse amores; está soterrado de superfluidades que o hábito tornou indispensáveis. Duplica assim e reforça os laços que o prendem à vida e quer empregar os anos que lhe restam para tornar mais dolorosa sua perda. Não será excessivo seu medo de morrer?

121. Gnaton só vive para si, e todos os homens juntos são, para ele, como se não existissem. Não contente de querer sempre o primeiro lugar à mesa, ocupa sozinho aqueles de dois outros; esquece que o jantar não é só para ele, mas também para os outros convivas; não come nenhuma das iguarias antes de ter provado de todas; gostaria saboreá-las todas ao mesmo tempo. Come com as mãos; agarra as carnes que lhe servem, examina-as, despedaça-as, escolhe os melhores bocados e que os outros, se quiserem comer, que se contentem com os restos. Não poupa a ninguém o espetáculo daquelas atitudes nojentas, capazes de tirar o apetite aos mais esfomeados. Os molhos os deslizam pelo queixo e gotejam da barba; levanta um prato e derrama seu conteúdo dentro de outro e sobre a toalha; para ele, a mesa é uma manjedoura. Mastiga com rumores e revira os olhos ao comer; limpa os dentes e continua comendo. Onde se encontra, instala-se à vontade e nunca admite que não o deixem sossegado, quer na igreja, quer no teatro, quer em casa. Nas carruagens, só o lugar do fundo lhe convém; se lhe dão outro, empalidece e diz que está desmaiando. Se faz uma viagem em grupo, consegue sempre que lhe guardem a melhor cama no melhor quarto. Em qualquer situação, volta tudo a seu favor; seus criados e os criados dos outros correm todos para lhe prestar serviços. De tudo se apodera, vestuários ou meios de transporte. Complica a vida de todos, não se constrange por causa de ninguém, de ninguém tem pena, só conhece suas doenças, sua obesidade e sua bílis, não chora a morte dos outros, só receia a sua e de tal maneira que a resgataria em troca da extinção do gênero humano.

122. Cliton nunca teve em toda a sua vida senão duas preocupações: almoçar e jantar. Parece que só nasceu para digerir. Só tem também um tipo de conversa: relembra as entradas que foram servidas na última refeição em que esteve presente; menciona todas as sopas e quais foram; a seguir, descreve o assado e outros pratos; lembra exatamente que tipo de louça foi usada no primeiro serviço; não esquece os frios, as frutas e as bandejas; descreve todos os vinhos e todos os licores que saboreou; sabe tudo de cozinha e, quando conta, me dá vontade de comer numa boa mesa em que ele não esteja presente. Possui um paladar refinado, que não se deixa iludir, e nunca sofreu o terrível inconveniente de comer um guisado mal preparado ou beber um vinho medíocre. É uma pessoa ilustre em seu gênero e que levou o talento de bem comer até onde podia chegar; nunca mais se tornará a ver um homem que coma tanto e tão bem; por isso é o árbitro dos bons bocados e já não é mais permitido ter gosto por aquilo que ele desaprova. Mas já morreu; teve o cuidado de fazer-se carregar à mesa até o último suspiro; oferecia um jantar no dia em que morreu. Em qualquer lugar onde estiver, come. Se voltar a este mundo, será para comer.

123. Rufino começa a ficar grisalho, mas ele é sadio, tem um rosto jovem e um olhar vivo, que lhe prometem ainda vinte anos de vida; é alegre, jovial, familiar e indiferente; ri à vontade, ri sozinho e sem motivo; está satisfeito consigo, com sua família e com sua pequena fortuna; diz que é feliz. Um dia perde o filho único, jovem de grandes esperanças, e que poderia vir a ser mais tarde a honra da família. Deixa aos outros o cuidado de chorá-lo e diz: "Meu filho morreu; isso levará sua mãe a morrer também". E assim se consola. Não tem paixões, não tem amigos nem inimigos, ninguém o incomoda, agrada-se de todos, tudo lhe serve; fala com aquele que vê pela primeira vez com a mesma liberdade e confiança que fala com aqueles que chama de velhos amigos e logo lhe conta suas anedotas e faz seus gracejos. É abordado e deixado sem que preste atenção, e a mesma história que começou a contar a alguém, ele a acaba ao que vem em seguida.

124. Fulano de tal está menos enfraquecido pela idade que pela doença, pois não passa dos 68 anos, mas sofre de gota e de cólicas renais; tem o rosto descarnado, a tez esverdeada, denunciadora de enfermidade grave; manda adubar suas terras e calcula que durante quinze anos não será obrigado a estrumá-la; planta um bosque e espera que em menos de vinte anos produzirá boa madeira; manda construir uma casa de pedra de cantaria, reforçada com vigas de ferro, que, assim o garante, com voz trêmula e fraca, nunca terá fim; passeia todos os dias em suas oficinas, apoiado ao braço de um criado; mostra a seus amigos o que fez e o que pretende fazer. Não é para os filhos que constrói, porque não os tem, nem para seus herdeiros, pessoas vis, que se encrencaram com ele; é só para ele, que vai morrer amanhã.

125. Antágoras tem um rosto trivial e popular: um porteiro de paróquia ou o santo de pedra que ornamenta o altar principal não é mais conhecido por todos do que ele. Percorre pela manhã todas as salas e todos os escritórios do parlamento, e pela tarde, as ruas e as praças da cidade; pleiteia por causas há quarenta anos, mais próximo de sair da vida do que de sair dos negócios. Não houve no palácio desde que ele deu entrada à sua petição causas célebres ou procedimentos longas e embrulhadas em que não tenha intervindo; por isso tem um nome feito para encher a boca do advogado que sela um acordo entre o pleiteante e o defensor como o substantivo e o adjetivo. Parente de todos e odiado por todos, não há quase famílias de que não se queixe e que elas não se queixem dele. Aplicado sucessivamente a tomar uma terra, a se opor ao carimbo, a servir-se de um *committimus* ou a colocar uma sentença em execução; além disso, assiste todos os dias a algumas assembleias de credores; em toda parte síndico de alguma coisa e perdendo todas as falências, ainda lhe restam algumas horas para visitas: velho móvel de um beco, onde fala de processos e conta novidades. Foi deixado numa casa em Marais, é encontrado logo no grande Faubourg, onde chegou antes e já contou novamente suas novidades e seus processos. Se alguém quer apresentar uma causa e se dirige no dia seguinte, ao raiar do dia, para a casa de um dos juízes para dar entrada à causa, o juiz espera que Antágoras se retire antes de conceder audiência.

126. Todos os homens passam uma longa vida a defender-se de uns e a prejudicar outros e morrem consumidos de velhice, depois de ter causado tantos males quantos males tiveram de sofrer.

127. Confesso que são necessários arresto de propriedades e penhoras de móveis, bem como prisões e suplícios; mas justiça, leis e necessidades à parte, é, para mim, uma coisa sempre nova a de contemplar a ferocidade com que os homens tratam outros homens.

128. Vemos certos animais selvagens, machos e fêmeas, espalhados pelos campos, negros, lívidos, queimados do sol, agarrados à terra que remexem e cavam com invencível teimosia; têm uma voz articulada e, quando erguem o corpo, mostram fisionomia humana e, de fato, são homens. À noite, recolhem-se a covis, onde vivem e se alimentam de pão negro, de água e de raízes; poupam aos outros homens o trabalho de semear, lavrar e colher para viver, e merecem assim que não lhes falte desse pão que não semearam.

129. Dom Fernando, em sua província, é ocioso, ignorante, maldizente, briguento, esperto, intemperante, impertinente; mas saca a espada contra seus vizinhos e por um nada expõe sua vida; já matou alguns homens, será morto.

130. O nobre de província, inútil à sua pátria, à sua família e a ele mesmo, muitas vezes sem teto, sem roupas e sem mérito algum, repete dez vezes ao dia que é cavalheiro, trata as peles e os barretes de coisa de burguês, ocupado toda a vida com seus pergaminhos e seus títulos, que não haverá de trocar com todos os de um chanceler.

131. Ocorrem geralmente em todos os homens combinações infinitas de poder, de favores, de gênio, de riquezas, de dignidades, de nobreza, de força, de indústria, de capacidade, de virtude, de vício, de fraqueza, de estupidez, de pobreza, de impotência, de plebeu e de mesquinho. Essas coisas, misturadas de mil maneiras diferentes e compensadas uma pela outra em diversos indivíduos, formam também os diversos estados e as diferentes condições. Os homens, por outro lado, todos sabendo o forte e o fraco uns dos outros, agem também reciprocamente como acreditam que devem fazer, conhecem aqueles que lhes são iguais, sentem a superioridade que alguns têm sobre eles e aquela que eles têm sobre outros; disso surgem entre eles a familiaridade ou o respeito e a deferência, ou o orgulho e o desprezo. Dessa fonte derivam atitudes em público, em que as pessoas se reúnem; encontramo-nos a todo momento entre aquele que procuramos abordar e cumprimentar e aquele que fingimos não conhecer e com o qual nem sequer queremos nos aproximar; sentimo-nos honrados com um e sentimos vergonha de outro; acontece até mesmo que aquele que honramos e que queremos detê-lo para conversar é aquele também que fica embaraçado conosco e nos deixa; o mesmo é muitas vezes aquele que cora diante de um, como nós, porquanto aqui ele despreza e acolá é desprezado. Ocorre ainda com frequência desprezar quem nos despreza. Que miséria! Como é verdade que, numa convivência tão estranha, o que pensamos ganhar de um lado perdemos do outro, não seria o caso de renunciar a todo cargo e a todo orgulho que convém tão pouco aos fracos homens e de compensar juntos, tratar-nos todos com mútua bondade, que, com a vantagem de nunca sermos mortificados, nos proporcionaria um bem tão grande como aquele de não mortificar ninguém?

132. Longe de se envergonhar ou de corar por ser chamado de filósofo, deve-se levar em conta que não há ninguém no mundo que não traga em si uma forte inclinação para a filosofia. Ela convém a todos; sua prática é útil a todas as idades, a ambos os sexos e a todas as condições; ela nos consola da felicidade alheia, das preferências indignas, dos insucessos, do declínio de nossas forças ou de nossa beleza; ela nos arma contra a pobreza, a velhice, a doença e a morte, contra os tolos e os maus zombadores; ela nos permite viver sem mulher ou suportar aquela com quem vivemos.

133. Os homens, num só e mesmo dia, abrem sua alma a pequenas alegrias e se deixam dominar por pequenos desgostos; nada é mais desigual e menos coerente do que aquilo que se passa em tão pouco tempo em seu coração e em seu espírito. O remédio para esse mal é não dar às coisas deste mundo senão o valor que merecem.

134. É tão difícil encontrar um homem fútil que se julgue bastante feliz, como um homem modesto que se considere demasiado infeliz.

135. O destino do vinhateiro, do soldado e do pedreiro impede que me julgue infeliz diante das fortunas dos príncipes e dos ministros.

136. Só há uma verdadeira desgraça para os homens: cair em falta e ter algum motivo de recriminar-se a si mesmo.

137. A maioria dos homens, para atingir seus fins, é mais capaz de um grande esforço do que uma longa perseverança: sua preguiça ou sua inconstância lhe faz perder o fruto das melhores iniciativas; deixa-se muitas vezes ultrapassar por outros que partiram mais tarde, e que caminham lentamente, mas constantemente.

138. Atrevo-me quase a afirmar que os homens sabem melhor ainda tomar medidas do que as seguir, resolver o que se deve fazer ou dizer o que fazer ou dizer o que é preciso. Nós nos propomos firmemente calar, numa questão que negociamos, certa coisa e em seguida, por paixão ou por uma intemperança da língua ou no calor da conversa, é a primeira que nos escapa.

139. Os homens procedem com moleza quando se trata de seu dever, ao passo que se vangloriam ou se envaidecem do empenho com que se dedicam às coisas que lhes são estranhas e que não convêm à sua situação nem a seu caráter.

140. A diferença de um homem que se reveste de um caráter que não é seu e depois retorna ao que lhe é próprio é a mesma da máscara com relação ao rosto.

141. Telefo é inteligente, mas dez vezes menos, contas feitas, do que supõe; vai, portanto, em tudo o que diz, no que faz, no que medita e projeta, dez vezes além daquilo de que realmente é capaz. Nunca está, portanto, dentro do âmbito de sua força e abrangência de seu espírito. Há uma barreira que o detém e que deveria impedi-lo de passar adiante; mas ele a ultrapassa e se lança para fora de sua esfera; encontra seu ponto fraco e não o esconde; fala do que não sabe ou que sabe mal; empreende acima de seu poder, deseja além de seu alcance; ele se iguala ao que há de melhor em todos os gêneros. Possui qualidades boas e louváveis, que ofusca pela mania do grande ou do maravilhoso; pode-se ver claramente o que ele não é e é preciso adivinhar o que de fato ele é. É um homem que não se avalia, que não se conhece; seu caráter consiste em não saber manter-se naquele caráter que lhe é próprio, que é o seu.

142. O homem mais inteligente é desigual; sofre de exaltações e de inibições; tem momentos de esplendor, mas acabam; então, se for sensato, fala pouco, não escreve, não procura dar asas à fantasia, nem agradar a ninguém. Por acaso, se canta estando gripado? Não se deve esperar que a voz retorne?

O tolo é autômato, é máquina, é mola; o peso o comanda, o faz mover, o faz girar, sempre no mesmo sentido e de maneira sempre igual; é uniforme, não se desmente; quem o viu uma vez, viu-o em todos os instantes e em todas as etapas de sua vida; quando muito, é o boi que muge ou o melro que assobia; é fixo e determinado por sua natureza e, atrevo-me a dizer, por sua espécie. O que menos aparece nele é sua alma; ela não age, ela não atua, ela repousa.

143. O tolo nunca morre; se, porventura, segundo nossa maneira de falar, isso ocorre, é verdadeiro dizer que lucra com a morte e que, no momento em que os outros morrem, ele começa a viver. Sua alma então pensa, raciocina, infere, conclui, julga, prevê, faz precisamente tudo o que não fazia; encontra-se livre de uma massa de carne onde estava como que sepultada, sem função, sem movimento, pelo menos sem nenhum que fosse digno dela; diria quase que se envergonha do próprio corpo e dos órgãos brutos e imperfeitos aos quais esteve presa por tanto tempo e com os quais só conseguiu fazer um tolo ou um estúpido; ela se iguala às almas grandes, aquelas que produzem boas cabeças e homens de espírito. A alma de Alain não se diferencia mais, portanto, daquelas do grande Condé, de Richelieu, de Pascal e de Lingendes.

144. A falsa delicadeza nas ações espontâneas, na moral ou na conduta, não é assim chamada porque seja fingida, mas porque se exerce em coisas ou em ocasiões que não merecem delicadeza. A falsa delicadeza de gosto ou de caráter só é falsa, ao contrário, porque é fingida ou afetada: é Emília que grita com toda a força por causa de qualquer pequeno perigo que não lhe mete nenhum medo; ou outra que, por pieguice, empalidece ao ver um rato ou delira com as violetas e desmaia ao cheirar tuberosas.

145. Quem ousaria prometer contentar os homens? Um príncipe, por melhor e mais poderoso que seja, tentaria fazê-lo? Que o experimente. Que se preocupe com os prazeres deles; que abra seu palácio a seus cortesãos; que os admita entre seus familiares; que, mesmo nos lugares onde a vista já é um espetáculo, lhes faça ver outros espetáculos; que lhes deixe escolher jogos, concertos e manjares; que lhes conceda liberdade plena; que entre em companhia deles nos mesmos locais de diversão; que, sendo grande homem, se torne afável e, sendo herói, seja humano e familiar; e não terá feito o bastante. Os homens se aborrecem com as mesmas coisas que antes os encantaram e desertariam da mesa dos deuses, e o néctar, com o tempo, se tornaria para eles insípido. Não hesitam em criticar coisas que são perfeitas; isso por vaidade e indelicadeza; seu gosto, acreditando neles, está longe ainda de ser satisfeito, e uma despensa real não conseguiria satisfazê-los; há nisso malignidade que chega até a querer enfraquecer nos outros a alegria que teriam de deixá-los contentes. Essas mesmas pessoas, geralmente tão bajuladores e tão complacentes, podem se desmentir: às vezes não as reconhecemos mais e nelas vemos o homem até no cortesão.

146. A afetação no gesto, na fala e nas maneiras é muitas vezes uma consequência da ociosidade ou da indiferença; parece que só uma grande paixão ou preocupações sérias fazem o homem retornar a seu natural.

147. Os homens não possuem qualidades bem específicas ou, se as tiverem, é o caso de não terem nenhuma que seja definitiva, que não se desminta e que elas sejam reconhecíveis. Sofrem muito por serem sempre os mesmos, em persistir da mesma forma na ordem e na desordem; se, de quando em quando, cansam de uma virtude e a trocam por outra virtude, com mais frequência se enjoam de um vício para adquirir outro vício. Têm paixões opostas e fraquezas que se contradizem; custa-lhes menos unir dois extremos do que ter uma conduta, na qual uma parte derive de outra. Inimigos da moderação, exageram todas as coisas, boas e más, cujos excessos afinal não podem suportar e os amenizam por mudanças. Adrasto era tão corrupto e tão libertino, que lhe foi menos difícil seguir a moda e tornar-se devoto: ter-lhe-ia custado muito mais ser homem de bem.

148. Por que será que os mesmos homens que se distinguem por uma fleuma sempre pronta a aceitar indiferentemente os piores desastres, se escapam deles, perdem a cabeça e se irritam violentamente diante dos menores inconvenientes? Semelhante conduta não demonstra sensatez, pois a virtude é sempre igual e não se desmente; é, portanto, um vício, e nada mais que vaidade, que não desperta e não se afirma senão nos acontecimentos capazes de interessar o mundo inteiro e que só procura o que lhe dá lucro, desprezando todo o resto?

149. Raras vezes nos arrependemos de falar pouco e muitas vezes de falar demais: máxima desgastada e trivial que todos conhecem e que todos não a praticam.

150. É vingança que se volta contra nós e vantagem considerável para nossos inimigos, atribuir-lhes coisas que não são verdadeiras e mentir para desacreditá-los.

151. Se o homem soubesse envergonhar-se de si mesmo, quantos crimes, não só ocultos, mas públicos e conhecidos, não deixaria de praticar?

152. Se certos homens não avançam no caminho do bem como poderiam, é por culpa da primeira instrução que receberam.

153. Há em alguns homens certa mediocridade de espírito que contribui para torná-los sensatos.

154. A férula e a vergasta são necessárias para as crianças; aos homens feitos são necessários uma coroa, um cetro, um chapéu de magistrado, fardas, dignidades, prêmios, recompensas. A razão e a justiça, despidas de todos os seus ornamentos, não persuadem nem intimidam. O homem que é espírito é conduzido pelos olhos e pelos ouvidos.

155. Timon, ou o misantropo, pode ter a alma austera e selvagem; mas exteriormente é bem educado e cerimonioso; não se indigna nem se familiariza demais com os outros homens; pelo contrário, trata-os honesta e seriamente; emprega tudo o que pode afastá-lo da familiaridade, não quer conhecê-los melhor, nem conquistar sua amizade, semelhante, nesse caso, a uma mulher que visita outra mulher.

156. A razão se equivale à verdade, e é una; só a alcançamos por um caminho e por mil caminhos dela nos afastamos. O estudo da razão é menos amplo daquele que poderia ser feito dos tolos e dos impertinentes. Quem só viu homens polidos e razoáveis não conhece o homem ou só o conhece pela metade; por maior diversidade que se encontre nos temperamentos e na moral, a convivência e a boa educação dão a todos a mesma aparência, revestem a todos dos mesmos aspectos exteriores e agradáveis que agradam a uns e outros, que parecem comuns a todos e que nos levam a acreditar que nada há que não se relacione a eles. Aquele, pelo contrário, que se mistura com o povo ou que anda pela província, logo faz, se tiver olhos, estranhas descobertas e vê coisas totalmente novas, de cuja existência nem sequer suspeitava; avança por meio de experiências contínuas no conhecimento da humanidade; quase consegue calcular de quantas maneiras diferentes o homem pode ser insuportável.

157. Depois de ter maduramente aprofundado o estudo dos homens e conhecido a falsidade de seus pensamentos, de seus sentimentos, de seus gostos e de seus afetos, fica-se reduzido a dizer que, para eles, há menos a perda pela inconstância do que pela obstinação.

158. Quantas almas fracas, moles e indiferentes, sem grandes defeitos e que podem provocar uma bela sátira! Quantas coisas ridículas difundidas entre os homens, mas que por sua singularidade não deixam nenhuma consequência e não são de qualquer serventia para a instrução e para a moral! São vícios únicos que não são contagiosos e que são menos da humanidade do que de cada pessoa em particular.

Dos juízos

1. Nada se parece mais com a viva persuasão que a teimosia: daí decorrem as facções, as maquinações, as heresias.

2. Não se pensa constantemente num mesmo assunto: a teimosia e o desgosto se acompanham de perto.

3. As grandes coisas surpreendem, as pequenas aborrecem; nós nos adequamos a umas e outras.

4. Duas coisas bem opostas nos predispõem igualmente: o hábito e a novidade.

5. Nada há mais baixo e que melhor convém ao povo que falar com palavras magníficas daqueles mesmos por quem tínhamos modesta consideração antes de assumirem um cargo.

6. O favor dos príncipes não exclui o mérito, mas também não o pressupõe.

7. É espantoso que, apesar de todo o orgulho que nos infla e da elevada opinião que temos de nós mesmos e da excelência de nosso juízo, negligenciemos em nos servirmos dele para apreciar o mérito dos outros. A moda, a simpatia popular, o favor do príncipe nos arrastam como uma torrente: elogiamos aquele que é elogiado, bem mais do que o merece.

8. Não sei se haverá no mundo alguma coisa que custe mais a aprovar e a elogiar do que aquilo que é digno de aprovação e de elogio e, se a virtude, o merecimento, a beleza, as boas ações, as belas obras, possuem um efeito mais natural e seguro que a inveja, o ciúme e a antipatia. Não é de um santo que um devoto sabe falar bem, mas de outro devoto. Se uma linda mulher admira a beleza de outra mulher, pode-se concluir que é mais bela a primeira que a segunda. Se um poeta elogia os versos de outro poeta, pode-se apostar que are ruins e sem valor.

9. Os homens não gostam uns dos outros senão com dificuldade, não possuem senão uma fraca disposição para admirar-se mutuamente: na ação, na conduta, no pensamento, na expressão; nada lhes agrada, nada os contenta; substituem o que lhes recitam, o que lhes dizem ou o que lhes leem por aquilo que teriam feito em semelhante circunstância, que teriam pensado ou que teriam escrito sobre esse assunto; estão tão cheios de ideias, que não há mais lugar para aquelas dos outros.

10. O comum dos homens é tão propício ao desregramento e às futilidades e o mundo está tão cheio de exemplos perniciosos ou ridículos, que sou levado a crer que o espírito da singularidade, se pudesse ter seus limites e não ir longe demais, se aproximaria muito da reta razão e de uma conduta normal.

"É preciso fazer como os outros": máxima suspeita que significa quase sempre "é preciso fazer mal", desde que seja aplicada a coisas puramente exteriores, que não têm consequência, que dependem do uso, da moda ou das conveniências.

11. Se os homens são realmente mais homens que ursos e panteras, se são equitativos e devolvem o que é dos outros, de que servem as leis, seu texto e o prodigioso requinte de seus comentários? De que serve a ação de petição, a ação de posse e tudo o que se chama jurisprudência? A que se reduzem até aqueles senhores, cujo prestígio e autoridade se devem apenas a circunstâncias de fazer respeitar essas mesmas leis? Se esses mesmos homens têm retidão e sinceridade, se estão curados da prevenção, na qual estão as disputas da escola, a escolástica e as controvérsias? Se são temperantes, castos e moderados, que lhes serve o misterioso jargão da medicina e que é uma mina de ouro para aqueles que gostam de usá-lo? Legistas, doutores, médicos, que tremenda queda a de vocês, se todos nós pudéssemos dar uns aos outros o segredo de nos tornarmos sensatos!

De quantos grandes homens nos diferentes exercícios da paz e da guerra terão dispensado os serviços! A que ponto de perfeição e de requinte não levamos certas artes e certas ciências que não deveriam ser necessárias e que são no mundo como remédios para todos os males, dos quais nossa maldade é a única fonte!

Quantas coisas depois de Varrão, que Varrão ignorou! Não nos bastaria ser apenas sábios como Platão ou como Sócrates?

12. Fulano de tal, durante um sermão, durante um concerto ou numa galeria de pintura ouviu, à direita e à esquerda, opiniões inteiramente contrárias sobre o mesmo assunto. Isso me levaria a dizer que podemos facilmente colocar, em toda espécie de obra, o bom e mau; o bom agrada a uns e o mau a outros. Não se arrisca mais ao colocar também o pior: tem seus partidários.

13. A fênix da poesia renasce de suas cinzas; viu morrer e reviver sua reputação num só dia. Esse próprio juiz, o público, tão infalível e tão firme em seus julgamentos, modificou a sentença: ou engana ou se enganou. Aquele que disser hoje que fulano de tal é mau poeta em certo gênero, falaria quase tão mal como se tivesse dito há algum tempo: é bom poeta.

14. C.P. era muito rico e C.N. não o era. Pucelle e Rodogune mereciam cada uma outra sorte. Assim, sempre se perguntou por que, em tal ou qual profissão, este havia feito fortuna e aquele havia falhado; nisso os homens procuram a razão dos próprios caprichos, que na conjuntura opressiva de seus negócios, de seus prazeres, de sua saúde e de sua vida, muitas vezes os levam a deixar os melhores e tomar os piores.

15. A condição dos comediantes era infame entre os romanos e honrosa entre os gregos. E entre nós, o que é? Pensa-se deles como os romanos, vive-se com eles como os gregos.

16. Era suficiente a Batila ser pantomima para ser procurado pelas damas romanas; bastava a Roé dançar no teatro, a Roscia e a Nerina representar nos coros para atrair uma multidão de amantes. A vaidade e a audácia, consequências de um grande poder, tinham tirado dos romanos o gosto do segredo e do mistério; gostavam de fazer do teatro público a cena de seus amores; não tinham ciúme da plateia e repartiam com a multidão os encantos de suas amantes. Seu gosto não era mostrar que amavam, não uma linda mulher ou uma excelente atriz, mas uma atriz.

17. Nada revela melhor a disposição dos homens perante as ciências e as belas-letras e o conceito que fazem de sua utilidade na república, do que o preço que estabeleceram por elas e a ideia que formam daqueles que as cultivam. Não existe arte tão mecânica nem de tão vil condição em que as vantagens não sejam mais seguras, mais rápidas e mais sólidas. O comediante, deitado em sua carruagem, arremessa lama ao rosto de Cornélia, que anda a pé. Para muitos, sábio e pedante são sinônimos.

Muitas vezes, onde o rico fala e emite opinião, convém aos sábios calar-se, ouvir e aplaudir, se quiserem pelo menos passar por sábios.

18. Há uma espécie de ousadia em sustentar diante de certos espíritos a vergonha da erudição; há entre eles uma prevenção bem generalizada contra os sábios, a quem negam boa educação, polidez, espírito de sociabilidade e que os remetem assim despojados a seus escritórios e a seus livros. Como a ignorância dá tranquilidade e não custa o menor trabalho, os ignorantes são legião e formam, na corte e na cidade, um partido numeroso, que vence o dos sábios. Se alegam em seu favor os nomes de Estrées, de Harlay, Bossuet, Seguier, Montausier, Wardes, Chevreuse, Novion, Lamoignon, Scudéry, Pélisson e tantas outras personalidades igualmente eruditas e polidas; se ousam até mesmo citar os grandes nomes de Chartres, de Condé, de Conti, de Bourbon, de Maine, de Vendrome, como príncipes que souberam unir aos mais belos e mais profundos conhecimentos tanto o aticismo dos gregos como a urbanidade dos romanos, não se pretende dizer a eles que esses são exemplos singulares; se recorrerem a razões sólidas, são fracas perante a voz da multidão. Parece, no entanto, que se deveria decidir o assunto com mais precaução e dar-se pelo menos ao trabalho de duvidar se essa mesma inteligência que leva a fazer tão grandes progressos na ciência, que faz pensar certo, julgar certo, falar e escrever bem, não poderia também ensinar a ser bem educado.

Pouco é preciso para alcançar polidez nas maneiras; muito, para atingir polidez do espírito.

19. Um político diz: "É um sábio, pois é incapaz de negócios; não lhe confiaria o cuidado de meu guarda-roupa"; e tem razão. Ossat, Ximénès, Richelieu eram sábios. Eram hábeis? Foram considerados bons ministros? O homem de Estado continua: "Sabe grego, então é um mau escritor, é um filósofo". Com efeito, uma vendedora de frutas em Atenas falava grego e, por esse motivo, era filósofa. Os Bignon, os Lamoignon eram simples maus escritores; quem duvida? Eles sabiam grego! Que visão, que delírio se apoderou do grande, sábio e judicioso imperador Antonino ao dizer que os povos seriam felizes se o imperador filosofasse ou se o filósofo ou o mau escritor governassem o império!

As línguas são a chave ou a entrada das ciências e nada mais; desprezar umas é desprezar as outras. Não se trata de saber se as línguas são antigas ou modernas, mortas ou vivas, mas, sim, se são grosseiras ou perfeitas e se os livros que inspiraram são de bom ou mau gosto. Suponhamos que a nossa língua pudesse ter um dia a sorte do grego ou do latim: seríamos pedantes, alguns séculos depois que não fosse mais falada, ao ler Molière ou La Fontaine?

20. Cito Euripilo e me dizem: "É um belo espírito". Dizem também do homem que aplaina uma trave: "É carpinteiro"; e daquele que repara um muro: "É pedreiro". Pergunto em que oficina trabalha esse profissional, esse belo espírito? Qual é sua insígnia? Qual o traje que o distingue? Quais são seus utensílios? É a cunha, o martelo ou a bigorna? Onde elabora, onde cunha sua obra? Onde expõe à venda o que fabrica? Um operário se gaba de ser operário. Euripilo se vangloria de ser um belo espírito? Se acaso se vangloria, é um ingênuo, um espírito plebeu, uma alma vil e mecânica, a quem nada do que define a beleza e o verdadeiro espírito deveria aplicar-se seriamente; se é verdade que não se vangloria de nada, é um homem sensato e realmente superior. Não dizem também do sabichão e do mau poeta: "É um belo espírito?" E vocês, acaso se julgam sem nenhum espírito? Se o possuem, sem dúvida é daquele que é belo e conveniente; vocês têm, portanto, um belo espírito; ou, se porventura, tomarem esta expressão como injúria, consinto em guardá-la só para Euripilo e empregar essa ironia somente para os tolos, sem o menor discernimento, ou como os ignorantes que desse modo se consolam de certa cultura que lhes falta e a veem somente nos outros.

21. Não me falem nunca mais de tinta, papel, caneta, estilo, de impressor e de gráfica; que não se atrevam mais a dizer-me: "Você escreve tão bem, Antisteno! Continue a escrever. Não nos brindará mais com um *in-folio*? Trate de todas as virtudes e de todos os vícios numa obra seguida, metódica, que não tenha fim." Deveriam acrescentar: "E sem venda." Renuncio a tudo que foi, isto é e será entregue. Berilo cai em síncope quando vê um gato, e eu quando vejo um livro. Vinte anos depois de publicar livros estou acaso melhor alimentado, melhor vestido, melhor alojado, tenho um colchão de penas? Tenho um grande nome, dizem-me, e muita glória: seria melhor dizer que a minha fortuna é vento que para nada serve. Porventura terei um grão daquele metal que permite obter tudo? O mais vil fornecedor exagera nas contas, recebe o que não lhe devem e tem como genro um conde ou um magistrado. Um criado se torna funcionário e dentro de pouco tempo é mais rico do que o amo; deixa-o na mediocridade e compra um título de nobreza. Há quem enriqueça fazendo representar fantoches ou vendendo em garrafas água do rio. Outro charlatão chega aqui de além das montanhas com uma mala; mal a descarrega e já está rico, pronto a regressar à terra natal com mulas e carroças carregadas. Mercúrio é Mercúrio e nada mais; o ouro não basta para pagar suas mediações e intrigas; acrescentam-lhe favores e distinções. E, sem falar dos lucros lícitos, paga-se ao telheiro a telha e ao operário seu tempo de trabalho. Paga-se ao autor o que pensa e escreve? Se pensa certo, paga-se muito? Instala-se, enobrece à força de pensar e de escrever bem? É necessário que os homens andem vestidos e barbeados; que, retirados em suas casas, tenham uma porta que feche bem; precisam também ser instruídos? Loucura, simplicidade, imbecilidade, continua Antisteno, isso de se intitular autor ou filósofo! Convém antes, se for possível, ter um lugar lucrativo que torne a vida agradável, que permita ser generoso com os amigos e dar àqueles que não podem restituir; escrever então por deleite, por distração, como o pastor Titiro que assobia ou toca flauta; isso ou nada; escrevo nessas condições e cedo assim à violência daqueles que me agarram pelo pescoço e me dizem: "Você vai escrever". Poderão ler o título de meu novo livro: "Do Belo, do Bom, do Verdadeiro, das Ideias, do Primeiro Princípio, por Antisteno, vendedor de peixe fresco".

22. Se os embaixadores dos soberanos estrangeiros fossem macacos adestrados a andar com as patas traseiras e a fazer-se entender por meio de intérpretes, não poderíamos mostrar mais espanto do que o que nos é dado perante a exatidão de suas respostas e o bom senso que às vezes surge em seus discursos. A prevenção do país, aliada ao orgulho da nação, nos fazem esquecer que a razão vive em todos os climas e que se pensa corretamente em toda parte onde há homens. Não gostaríamos de ser tratados assim por aqueles que chamamos bárbaros; se alguma barbárie existe em nós, reside no pavor de ver outros povos raciocinar como nós.

Nem todos os estrangeiros são bárbaros e nem todos nossos compatriotas são civilizados, do mesmo modo como nem todas as campanhas são agrestes, nem todas as cidades são educadas. Há na Europa um lugar de uma província marítima de um grande reino, onde o plebeu é afável e insinuante, o burguês e o magistrado, ao contrário, grosseiros e rústicos por herança.

23. Falando uma linguagem tão pura, sendo tão requintados nos trajes e tão instruídos nos costumes, tendo leis tão belas e um rosto branco, somos, no entanto, bárbaros para alguns povos.

24. Se ouvíssemos dizer que os orientais bebem habitualmente um líquido que lhes sobe à cabeça, que lhes faz perder o juízo e vomitar, diríamos: "Que coisa bárbara!".

25. Esse prelado se mostra pouco na corte, não tem convivência com ninguém, não o vemos com mulheres; não joga, não assiste às festas nem aos espetáculos, não é homem de tramas, não tem o espírito de intriga; sempre em seu bispado, sempre dentro de casa, só pensa em instruir seu povo pela palavra e a edificá-lo com seu exemplo; dissipa seus bens em esmolas e desgasta seu corpo em penitências; só tem o espírito de regularidade, é imitador do zelo e da piedade dos apóstolos. Os tempos mudaram e, sob esse reino, está ameaçado por um título mais eminente.

26. Não seria possível fazer compreender às pessoas de certo caráter e de profissão séria, para não dizer nada mais, que não são obrigadas a levar a dizer delas que jogam, que cantam e que gracejam como os demais homens; e, ao vê-los tão risonhos e afáveis, não se haveria de supor que fossem, por outro lado, tão ordeiros e severos? Seria excessivo insinuar-lhes que, afinal, se afastam da educação de que se vangloriam e de que a vantagem dessa educação consiste, ao contrário, em harmonizar as aparências e as condições, em evitar os contrastes e em não mostrar o mesmo homem sob aspectos diferentes, que o tornam um conjunto bizarro ou grotesco?

27. Não se deve apreciar os homens como um quadro ou uma figura, logo à primeira vista: há uma intimidade e um coração que é indispensável aprofundar. O véu da modéstia cobre o mérito e a máscara da hipocrisia esconde a maldade. São poucos os conhecedores que sabem discernir e que tenham o direito de pronunciar-se; só pouco a pouco e até forçados pelo tempo e pelas oportunidades, a virtude perfeita e o vício consumado acabam por declarar-se.

28. Fragmento - ... Dizia que o espírito nessa bela pessoa era um diamante bem posto e continuando a falar dela, acrescentava: "É como uma faceta de razão e de prazer que ocupa os olhos e o coração daqueles que lhe falam; não se sabe se deve ser amada ou admirada; há nela como fazer uma perfeita amiga, há também como aprofundar a amizade. Muito jovem e muito linda para não agradar, mas muito modesta para sonhar a agradar, só considera os homens por seu mérito e não acredita ter amigos. Cheia de vivacidade e capaz de sentimentos, surpreende e interessa; sem nada ignorar daquilo que pode ser mais delicado e mais refinado nas conversas, tem ainda essas saídas felizes, que, entre outros prazeres que dão, dispensam sempre a réplica. Ela fala como se não fosse sábia, que duvida e procura esclarecer; ouve como aquela que sabe muito, que conhece o valor daquilo que é dito e junto da qual nada se perde daquilo que escapa. Longe de se preocupar em contradizer com espírito e imitar, Elvira, que prefere passar por uma mulher viva do que realçar bom senso e retidão, se apropria de teus sentimentos, julga que sejam seus, ela os amplia e os embeleza; ficas contente de ter pensado tão bem e de ter expressado melhor ainda do que julgavas. Ela está sempre acima da vaidade, quer fale quer escreva; esquece os traços onde se faz necessária a razão; já compreendeu que a simplicidade é eloquente. Se se trata de servir a alguém e de envolver-te nos mesmos interesses, deixando a Elvira os belos discursos e as belas letras, que sabe usar de modo único, Artenice só emprega diretamente a sinceridade, o ardor, a presteza e a persuasão. O que domina nela é o prazer da leitura, como a sensibilidade das pessoas de nome e reputação, menos por ser conhecida deles do que por conhecê-los. Pode-se elogiá-la antecipadamente por toda a sabedoria que terá um dia e por todo o mérito que se prepara com os anos, porque com uma boa conduta tem melhores intenções, princípios seguros, úteis àquelas que como ela estão expostas aos cuidados e à bajulação; e que, sendo bastante reservada sem ser antipática, tendo até mesmo um pouco de inclinação pelo retiro, não lhe poderiam talvez faltar ocasiões, ou o que chamamos um grande teatro, para fazer brilhar todas as suas virtudes".

29. Uma linda mulher é atraente em seu modo natural; não perde nada em ser menos cuidadosa em sua elegância e em não ter outros encantos que não sejam sua beleza e juventude. Uma graça ingênua brilha em seu rosto, anima suas menores ações: seduziria menos se fosse revestida de todos os artifícios da moda. O mesmo sucede ao homem de bem, respeitável por si próprio, independentemente de todas as exterioridades que porventura buscasse para dar mais importância e mais gravidade à sua pessoa. Uma fisionomia compenetrada, uma modéstia arrogante, a singularidade nos trajes, nada acrescentam à probidade nem acentuam o mérito; acabam por sobrecarregá-lo e talvez o tornem menos puro e menos natural.

Uma gravidade muito rebuscada é cômica; lembra dois extremos que se tocam e cujo centro é a dignidade; isso não se chama ser grave, mas fingir que é grave; aquele que pretender sê-lo, nunca o será; a gravidade não existe ou é natural; será menos difícil perdê-la do que realmente obtê-la.

30. Um homem de talento e de reputação, se é austero e triste, assusta os jovens, leva-os a pensar mal da virtude e a suspeitar que esta se atinge apenas através de práticas difíceis e aborrecidas. Se, pelo contrário, é de convivência agradável, é para eles uma lição útil; ensina que se pode viver alegre e laboriosamente, possuir objetivos sérios sem renunciar aos prazeres honestos; torna-se um exemplo que é possível seguir.

31. A fisionomia não basta para julgar os homens: pode servir apenas de conjetura.

32. O ar de esperteza é nos homens o que a regularidade dos traços é nas mulheres: é o gênero de beleza a que os mais frívolos podem aspirar.

33. Um homem de muito merecimento e de muita inteligência e que é assim conhecido, nunca é feio, mesmo que seus traços sejam disformes; mesmo sendo realmente feio, não causa impressão.

34. Quanta arte para voltar ao natural! Quanto tempo, quantas regras, quanta atenção e quanto trabalho para dançar com a mesma liberdade de quem anda; para cantar como se fala; para falar e expressar-se como se pensa; para usar, num discurso público, aquela vivacidade, força, paixão e persuasão que se tem algumas vezes naturalmente e sem preparação nas conversas mais familiares!

35. Aqueles que, sem nos conhecer bastante, pensam mal de nós, não nos prejudicam; não é a nós que atacam, mas o fantasma de sua imaginação.

36. Há pequenas normas, deveres e amabilidades que dependem dos lugares, do tempo, das pessoas, que não são adivinhadas com a reflexão profunda e que o hábito ensina sem o menor esforço; julgar os homens pelos erros que lhes escapam nesse gênero, antes que sejam instruídos, é julgá-los pelas unhas ou pela ponta dos cabelos; é querer ser um dia desmentido.

37. Não sei se é lícito julgar os homens por uma falta única e se uma necessidade extrema, uma violenta paixão ou um movimento descontrolado têm alguma importância.

38. O contrário dos rumores que correm sobre negócios ou pessoas é muitas vezes a verdade.

39. Sem uma grande firmeza e uma contínua atenção vigilante a todas as próprias palavras, estamos expostos a dizer, em menos de uma hora, o sim e o não a propósito de uma mesma coisa ou de uma mesma pessoa, determinada somente por um espírito de sociedade e de convivência, que levam naturalmente a não contradizer este e aquele que falam de modo diverso.

40. Um homem parcial se expõe a pequenas mortificações, pois é igualmente impossível que aqueles que ele favorece ou elogia sejam sempre felizes e sensatos, e que aqueles contra quem investe sejam sempre culpados ou infelizes, disso decorre que lhe acontece seguidamente perder o sangue-frio em público, seja por falta de êxito dos amigos seja por nova glória que conquistam aqueles que não estima.

41. Um homem sujeito a prevenções, se acaso é revestido de uma dignidade secular ou eclesiástica, é um cego que pretende pintar, um mudo que se encarregou de um discurso, um surdo que critica uma sinfonia: fracas imagens que só imperfeitamente exprimem a miséria da prevenção. Cumpre acrescentar que ela é uma doença grave, incurável, que contagia todos aqueles que se aproximam do doente, que faz desertar seus iguais, os inferiores, os parentes, os amigos e até os médicos; não conseguirão curá-lo, se não puderem convencê-lo de sua doença, nem dos remédios que seriam de ouvir, duvidar, informar-se e esclarecer-se. Os bajuladores, os espertos, os caluniadores, todos aqueles que só mexem a língua para a mentira e o interesse, são os charlatães em quem confia e que lhe fazem engolir tudo aquilo que lhes agrada; são eles também que, por fim, o envenenam e matam.

42. A regra de Descartes, que não quer que se decida sobre as menores verdades antes de conhecê-las clara e distintamente, é bastante bela e justa, para poder estendê-la na apreciação que fazemos dos homens.

43. Nada nos vinga melhor dos maus juízos que os homens têm de nossa inteligência, de nossas ações e de nossa moral, do que a indignidade e o mau caráter daqueles que eles apoiam.

Pelas mesmas razões que desprezamos um homem de merecimento, sabemos também admirar um tolo.

44. Um tolo é aquele que não tem até mesmo o que é necessário de inteligência para ser bobo.

45. Um bobo é aquele que os tolos julgam homem de merecimento.

46. O impertinente é um bobo desmedido. O bobo cansa, aborrece, enjoa, cria repulsa; o impertinente cria repulsa, azeda, irrita, ofende. Começa onde o outro termina.

O bobo está entre o impertinente e o tolo: compõe-se dos dois.

47. Os vícios derivam de uma depravação da alma; os defeitos, de um vício de temperamento; o ridículo, de um defeito da inteligência.

O homem ridículo é aquele que, enquanto assim se mostra, tem a aparência de tolo.

O tolo nunca escapa do ridículo; é seu caráter; o homem inteligente também pode ser ridículo, mas por pouco tempo.

Um erro de fato transforma o homem sensato em ridículo.

A tolice reside no tolo, a bobice no bobo, a impertinência no impertinente; parece que o ridículo ora reside naquele que é realmente ridículo, ora na imaginação daqueles que supõem ver o ridículo onde não está, nem pode estar.

48. A grosseria, a rusticidade, a brutalidade podem ser os vícios de um homem inteligente.

49. O estúpido é um tolo que não fala, mais suportável, portanto, que o tolo que fala.

50. A mesma palavra é muitas vezes, na boca de um homem inteligente, uma ingenuidade ou uma bela palavra; na boca do tolo, é sempre uma tolice.

51. Se o bobo pudesse recear de dizer asneiras, mudaria de caráter.

52. Um dos indícios da mediocridade do espírito é a mania de falar sempre.

53. O tolo fica embaraçado consigo mesmo; o bobo tem uma atitude livre e segura; o impertinente torna-se descarado; só o mérito tem pudor.

54. O presunçoso é aquele que reúne à prática de certas ações mínimas, honradas com o nome de importantes, uma grande mediocridade de inteligência.

Um grão de inteligência e uma onça de trabalho mais do que entrar na composição do presunçoso, formam o homem importante.

Enquanto nos rimos do importante, não lhe damos outro nome; se temos motivo de nos queixarmos dele, passa a chamar-se arrogante.

55. O homem honesto está entre o homem hábil e o homem de bem, embora a uma distância desigual desses os dois extremos.

A distância existente entre o homem honesto e o homem hábil se encurta dia após dia e está prestes a desaparecer.

O homem hábil é aquele que esconde suas paixões, que sabe seus interesses, que neles sacrifica muitas coisas, que soube fazer fortuna e sabe conservá-la.

O homem honesto é aquele que não rouba nas estradas, que não mata ninguém, no qual, enfim, os vícios não são escandalosos.

Sabe-se quando um homem de bem é um homem honesto, mas é engraçado imaginar que todo homem honesto não é homem de bem.

O homem de bem é aquele que não é santo nem devoto e que se limitou a ter somente virtude.

56. Talento, gosto, espírito, bom senso, coisas diferentes, não incompatíveis.

Entre o bom senso e o bom gosto há a diferença da causa a seu efeito.

Entre espírito e talento há a proporção do todo à sua parte.

Chamaria homem de espírito aquele que, limitado e encerrado no exercício de alguma arte ou mesmo numa determinada ciência que exerce com grande perfeição, não revela fora disso nem critério, nem memória, nem vivacidade, nem bons costumes, nem boa conduta, que não me compreende, que não pensa, que se exprime mal? Um músico, por exemplo, que, depois de me ter encantado com seus acordes, parece ter-se metido no mesmo estojo onde guarda seu alaúde, ou ser apenas, sem esse instrumento, uma máquina desmontada, à qual falta alguma coisa e da qual nada mais se pode esperar?

Que diria ainda do espírito do jogo? Alguém se arrisca defini-lo? Não serão necessárias nem previdência, nem argúcia, nem habilidade para jogar cartas ou xadrez? Se são necessárias, por que vemos tantos imbecis que neles se sobressaem e gênios magníficos que nem sequer atingiram ali a mediocridade, e para quem um dado ou uma carta nas mãos perturba a vista e faz perder a serenidade?

Há no mundo uma coisa, por assim dizer, ainda mais incompreensível. Um homem parece grosseiro, pesado, estúpido; não sabe falar, nem contar o que acaba de ver; tenta escrever e é um modelo de bom contista; faz conversar os animais, as árvores, as pedras, tudo o que não fala; não há senão graça, leveza, elegância e delicadeza em suas obras.

Outro é simples, tímido e sua conversa aborrece; troca as palavras e julga o valor de suas peças de teatro pelo dinheiro que lhe dão; não sabe recitar, nem ler o que escreve. Mas leiam suas obras: não fica abaixo de Augusto, de Pompeu, de Nicomédio, de Heráclio; é rei e um grande rei; é político, é filósofo; fala e age pela boca e pela ação dos heróis; descreve os romanos e logo são mais romanos e maiores em seus versos que na história.

Querem outro prodígio? Imaginem um homem fácil, amável, complacente, agradável e, de repente, violento, colérico, fogoso, caprichoso. Imaginem um homem simples, ingênuo, crédulo, alegre, enlevado, uma criança de cabelos grisalhos; mas deixem se recolher ou, melhor, entregar-se a um gênio que atua dentro dele, sem que, ouso dizê-lo, ele tome parte e como que sem saber. Que veia feliz, que elevação, que imagens, que latinidade!

– Trata-se da mesma pessoa? perguntarão.

– Sim, da mesma, de Teodas e só dele. Grita, agita-se, rola no chão, levanta, troveja, estoura; e do meio dessa tempestade sai uma luz que brilha e nos alegra. Vamos dizê-lo sem metáforas: fala como um louco e pensa como um sábio; profere ridiculamente coisas verdadeiras a razoáveis; ficamos surpresos ao ver nascer e eclodir o bom senso do seio da palhaçada, entre caretas e contorções. Que poderia acrescentar? Diz e faz melhor do que sabe; há nele como que duas almas que não se conhecem, que não dependem uma da outra, que cada uma tem sua vez ou que funcionam separadas. Faltaria um traço a essa pintura surpreendente, se me esquecesse de acrescentar que ele é ao mesmo tempo ávido e insaciável de elogios, pronto a atirar-se contra os críticos e, no fundo, bastante dócil para aproveitar essas críticas. Começo a persuadir-me de que fiz o retrato de dois personagens totalmente diversos. Não seria mesmo impossível encontrar um terceiro em Teobas, porque ele é um homem bom, um homem simpático, um homem excelente.

57. Depois do espírito de discernimento, o que há de mais raro no mundo são os diamantes e as pérolas.

58. Fulano, conhecido no mundo por seus grandes talentos, honrado e estimado em toda parte aonde vai, pouco vale aos olhos de seus criados e parentes e não conseguiu fazer-se estimar por eles; sicrano, pelo contrário, profeta em sua terra, goza de prestígio entre os seus e que se limita ao recinto de sua casa, saboreia um mérito raro e singular que a família, onde é ídolo, lhe outorga, mas que deixa em casa cada vez que fecha a porta atrás de si e que não leva a qualquer lugar.

59. Todos se levantam contra o homem que começa a gozar de grande prestígio; aqueles que julga seus amigos, a muito custo lhe perdoam a fama nascente e uma primeira celebridade que parece associá-lo à glória que já desfrutam; só se rendem no extremo instante e somente depois que o príncipe declarou que vai recompensá-lo; todos então se reaproximam dele e somente a partir desse dia conquista seu lugar como homem ilustre.

60. Empenhamo-nos muitas vezes em elogiar com exagero homens bastante medíocres e tratamos de elevá-los, se possível, à altura daqueles que se sobressaem, porque cansamos de admirar sempre as mesmas pessoas ou porque sua glória, assim repartida, ofende menos nossa vista e se torna assim mais amena e suportável.

61. Vemos homens que o vento da sorte impele primeiro a plenas velas; num momento perdem de vista a terra e ganham o amplo mar; tudo lhes sorri, tudo é sucesso; ação, obras, tudo é cumulado de elogios e recompensas; só aparecem para serem abraçados e felicitados. Mas há um rochedo imóvel próximo da praia; as ondas quebram contra ele; o poder, as riquezas, a violência, a bajulação, a autoridade, os favores, todos os ventos não o abalam: é o público, contra quem eles, ao bater, naufragam.

62. É usual e de certo modo natural julgar o trabalho alheio só em relação àquele que nos ocupa. Assim, o poeta, cheio de grandes e sublimes ideias grandes, dá pouco apreço ao discurso do orador que muitas vezes só versa sobre simples fatos; e aquele que escreve a história de seu país não pode compreender que uma inteligência esclarecida empregue sua vida para imaginar ficções e procurar uma rima; de igual modo o erudito, mergulhado no estudo dos quatro primeiros séculos, considera fútil, triste e inútil qualquer outra ciência, e é talvez, nesse ínterim, desprezado pelo geômetra.

63. Há quem tenha bastante inteligência para ser excelente em determinada matéria e ensiná-la, mas ao mesmo tempo não compreende que deve calar-se em outro assunto, do qual só possui conhecimento rudimentar; sai audaciosamente dos limites de seu gênio, mas se perde no caminho e isso faz com que o homem ilustre fale como um tolo.

64. Herílio, quer fale, quer discurse ou escreva, tem a mania das citações; faz dizer ao príncipe dos filósofos que o vinho embriaga, leva o orador romano a afirmar que a água o tempera. Se trata de moral, não é ele, mas o divino Platão que assegura que a virtude é amável, o vício é odioso ou que uma e outro se transformam em hábito. As coisas mais comuns, mais triviais e que até ele próprio é capaz de pensar, quer atribuí-las aos antigos, aos latinos e aos gregos; não é para dar mais autoridade ao que enuncia, nem talvez para se orgulhar daquilo que sabe: ele quer é citar.

65. É frequente arriscar uma bela expressão e querer depois esquecê-la que reconhecer a própria autoria; não é levado em consideração, topa com pessoas de espírito e que se julgam como tais, que não a proferiram e que deviam tê-lo feito. Mas, pelo contrário, confere-se mais valor a ela, atribuindo-a a outra pessoa; não passa de um caso qualquer, que não se acha que se deva conhecer; é contado com mais insinuação e é recebido com menos ciúme; ninguém se alvoroça; riem, se há motivo para rir e se é preciso admirar, admiram.

66. Disseram de Sócrates que delirava, que era um louco cheio de espírito; mas aqueles gregos que assim falavam de um homem tão sensato passavam por doidos. Afirmavam: "Que retratos bizarros pinta esse filósofo! Que estranhos e singulares costumes descreve! Como sonhou, inventou e juntou ideias tão extraordinárias? Que cores! Que pincel! São puras quimeras!" Enganavam-se, Sócrates pintava monstros, vícios, mas pintados ao natural; pareciam vivos, metiam medo. Mas Sócrates não tinha nada de cínico; poupava as pessoas e criticava a moral, que era má.

67. Certo homem, que é rico por sua habilidade, conhece um filósofo, seus preceitos, sua moral e sua conduta. Mas não imaginando outra vida e outra finalidade para a vida senão aquelas que se propôs a atingir, diz em seu íntimo: "Lamento esse rígido censor, considero-o perdido; anda longe e fora de rota; não é assim que se aproveita do vento e se chega ao delicioso porto da fortuna". E, segundo seus princípios, raciocina bem.

"Perdoo, diz Antístio, aqueles que elogiei em minhas obras, caso tenham esquecido; que fiz por eles? Eram dignos de meu elogio. Perdoaria menos aqueles de quem ataquei os vícios sem tocar em seus nomes, se acaso me devessem um bem tão grande como aquele de se corrigir; mas como isso nunca se verifica, segue-se disso que nem uns nem outros têm obrigação alguma com relação a mim.

"Pode-se – acrescenta esse filósofo – dar ou recusar a meus escritos sua recompensa; não se poderia diminuir sua fama; se alguém o fizer, quem me impedirá de desprezá-lo?"

68. É bom ser filósofo, mas não é útil que assim nos considerem. Não se deve tratar ninguém por filósofo: seria injuriá-lo, como sempre, até que os homens decidam pensar de outra forma e, restituindo a um título tão belo seu conceito próprio e conveniente, dedicar-lhe toda a estima que lhe é devida.

69. Há uma filosofia que nos eleva acima da ambição e da fortuna, que nos iguala – que digo? –; que nos coloca acima dos ricos e dos grandes e dos poderosos; que nos faz negligenciar os cargos e aqueles que os procuram; que nos exime de desejar, de pedir, de suplicar, de solicitar, de importunar e que nos salva mesmo da emoção e da excessiva alegria de ser atendidos em nossos desejos. Há outra filosofia que nos submete e nos sujeita a todas essas coisas, a favor de nossos parentes ou de nossos amigos: é a melhor.

70. É abreviar e poupar-se de mil discussões pensar de certas pessoas que são incapazes de falar de modo sensato, condenando logo o que dizem, o que disseram e o que dirão.

71. Não aprovamos os outros senão pelas relações que julgamos que eles têm conosco; parece que estimar alguém é igualá-lo a nós.

72. Os mesmos defeitos, que nos outros nos parecem pesados e insuportáveis, não os consideramos assim, quando nossos: não pesam, não os sentimos. Há quem fale de outro e dele trace um retrato horrível, não vendo que se pinta a si próprio.

Nada nos corrigiria mais depressa de nossos defeitos, se fôssemos capazes de confessá-los e reconhecê-los tão bem como observamos os defeitos dos outros; a essa justa distância, aparecendo-nos tais como são, aprenderíamos a odiá-los como merecem.

73. A conduta sábia se apoia sobre dois eixos, o passado e o futuro. Aquele que possui a memória fiel e uma grande previsão está fora do perigo de censurar nos outros o que talvez já o tenha feito ele próprio ou de condenar uma ação em semelhante caso e em todas as circunstâncias, em que ela lhe será um dia inevitável.

74. O guerreiro e o político, como o jogador mais hábil, não criam o acaso, mas o preparam, o atraem e parece que quase o determinam. Não só sabem o que o tolo e o poltrão ignoram, quero dizer, servir-se do acaso quando ocorre, mas sabem também aproveitar, por suas precauções e medidas, desse ou daquele acaso ou de vários ao mesmo tempo. Se isso acontecer, ganham; se acontecer outro, ganham ainda; a mesma oportunidade os leva a ganhar muitas vezes de diversas maneiras. Esses homens sensatos podem ser elogiados por sua sorte como por sua conduta e o acaso deve ser recompensado neles como se fosse virtude.

75. Só coloco acima de um grande político o homem que não o quer ser e que se persuade sempre mais que o mundo não merece que dele nos ocupemos.

76. Nos melhores conselhos, há coisas que desagradam. Vêm de fora, não de nosso espírito; é o bastante para serem repelidos desde logo por presunção e por disposição e seguidos somente por necessidade ou por reflexão.

77. Que felicidade surpreendente acompanhou aquele favorito a vida inteira! Que fortuna solidamente estabelecida, sem interrupção, sem a menor desgraça! Os primeiros postos, a amizade do príncipe, imensos tesouros, uma saúde perfeita e uma morte suave! Mas que estranhas contas a prestar de uma vida passada com favores, dos conselhos dados, daqueles que não foram dados ou não foram seguidos, do bem que não foi praticado, dos males que pelo contrário foram praticados diretamente ou por meio dos outros; numa palavra, de toda a sua prosperidade.

78. Ao morrer, ganhamos por sermos elogiados por aqueles que nos sobrevivem, muitas vezes sem outro mérito que aquele de termos morrido; o mesmo elogio serve então para Catão e para Pisão.

"Corre o boato que Pisão morreu; é uma grande perda; era um homem de bem e merecia vida mais longa; tinha espírito e era simpático, tinha firmeza e coragem; era leal, generoso, fiel." Acrescente-se: "Contanto que tenha morrido".

79. A maneira como protestamos contra alguns que se distinguem pela boa fé, pelo desinteresse e pela probidade, não é tanto pelo elogio a eles como pelo descrédito do gênero humano.

80. Este socorre os miseráveis, negligencia a família, deixando o filho na indigência; aquele manda edificar um novo prédio e ainda não pagou o encanamento de uma casa que está pronta há dez anos; um terceiro distribui presentes e liberalidades e arruína seus credores. Pergunto: a piedade, a liberalidade, a magnificência são virtudes de um homem injusto? Ou antes a excentricidade e a vaidade não serão as causas de injustiça?

81. Uma condição essencial da justiça que se deve aos outros é fazê-la prontamente e sem demora: esperar muito tempo a justiça, é injustiça.

Procedem bem ou fazem o que devem aqueles que fazem o que realmente devem fazer. Aquele que em toda a sua conduta repete durante muito tempo que vai fazer o bem, faz muito mal.

82. Dizemos de um grande homem que faz duas refeições ao dia e que passa sua vida fazendo digestão, que morre de fome, para afirmar que não é rico ou que seus negócios estão indo muito mal; é uma figura de linguagem; poderíamos dizer literalmente isso de seus credores.

83. A honestidade, as amabilidades e a polidez das pessoas de idade avançada, de ambos os sexos, me transmitem claramente o que significa "velhos tempos".

84. É excesso de confiança da parte dos pais esperar tudo da boa educação dos filhos; mas é também grande erro não esperar nada e negligenciar sua educação.

85. Ainda que seja verdade, o que muitos dizem, que a educação não confere ao homem outro coração nem outro caráter, que não muda nada no íntimo e que só toca a superfície, nunca deixarei de dizer que não é inútil.

86. Não há senão vantagem para aquele que fala pouco: logo se presume que é inteligente; se for verdade que não lhe falta inteligência, presume-se então que tem inteligência privilegiada.

87. Só pensar em si e no presente é fonte de erros na política.

88. A maior desgraça, depois daquela de ter sido acusado de um crime, é muitas vezes ter de se justificar. Há sentenças que nos inocentam e nos absolvem, mas que são anuladas pela voz do povo.

89. Um homem é fiel a certas práticas religiosas e as cumpre com exatidão; ninguém o elogia nem o reprova; ninguém pensa nisso. Outro retorna à prática religiosa, depois de tê-la negligenciado por dez anos inteiros: todos se admiram e o exaltam; isso é livre; quanto a mim, censuro-o por tão longo esquecimento de seus deveres e o considero feliz por ter retornado.

90. O bajulador não tem opinião bastante boa de si nem dos outros.

91. Alguns são esquecidos na distribuição de favores e dizem deles: "Por que esquecê-los?" Se tivessem sido lembrados, diriam: "Por que foram lembrados? Por que logo esses?" Isso provém do caráter das pessoas ou da incerteza de nossos juízos ou mesmo de ambos?

92. Dizem geralmente: "Depois de fulano, quem será chanceler? Quem será o primaz dos gauleses? Quem será Papa?" Vão mais longe: cada um, segundo seus desejos ou seus caprichos, inventa uma promoção, muitas vezes designando pessoas mais idosas e mais caducas daquelas que ora ocupam o cargo; como não há razão para que um dignitário mate aquele que ora o desempenha, que, pelo contrário, serve para rejuvenescer, dando ao corpo e ao espírito novos recursos, não é coisa rara ver o titular em função enterrar seu suposto sucessor.

93. A desgraça extingue ódios e invejas. Pode fazer muito bem aquele que nos amargura mais por um grande favor: não há nenhum mérito, não há espécie de virtude que lhe possamos perdoar; poderia ser herói impunemente.

Nada vai bem para um homem em desgraça: virtudes, mérito, tudo é desprezado ou mal explicado ou atribuído a um vício; pode ter um grande coração, pode não temer nem ferro nem fogo, pode enfrentar intrepidamente o inimigo, como Bayard e Montrevel, é um fanfarrão, todos riem dele; não tem como tornar-se herói.

Eu me contradigo, é verdade; mas a culpa é dos homens, cujas opiniões tão somente relato; não falo de homens diferentes, mas dos mesmos, que julgam tão diversamente.

94. Não são necessários vinte anos completos para ver os homens mudarem de opinião sobre as coisas mais sérias, como sobre aquelas que lhe pareceram mais seguras e mais verdadeiras. Não arriscaria antecipar senão o fogo em si e, independentemente de nossas sensações, que não emitem nenhum calor, isto é, nada de semelhante ao que provamos em nós mesmos com a aproximação, de medo que algum dia se torne tão quente como nunca. Asseguraria tão pouco que uma linha reta caindo sobre outra linha reta forme dois ângulos retos ou iguais a dois retos, de medo que os homens, ao descobrirem nisso algo de mais ou de menos, eu não seja criticado por minha proposição. Por isso, em outro gênero, diria com esforço com toda a França: "Vauban é infalível, ninguém duvida". Quem me garantiria que dentro de pouco tempo não se insinuaria que, mesmo em seu posto, que é seu forte e onde decide soberanamente, erre algumas vezes, sujeito aos erros como Antífilo?

95. Se fosse o caso de acreditar nas pessoas zangadas umas com as outras e que a paixão domina, o homem douto é um sabichão, o magistrado um burguês ou um prático, o administrador de finanças um cobrador de impostos, e o fidalgo um fidalgote; mas é estranho que designativos tão feios, que a ira e o ódio inventaram, se tornem familiares e que o desdém, frio e sereno como é, deles se atreva a servir-se.

96. Tu te agitas, andas de um lado para outro, sobretudo quando os inimigos começam a fugir e que a vitória não é mais duvidosa ou passeias diante de uma cidade que capitulou; num combate ou durante um assédio, gostas de aparecer em cem lugares para não estar em nenhum, de te antecipar às ordens do general por medo de segui-las, e de buscar oportunidades em vez de esperá-las e colhê-las: tua coragem seria falsa?

97. Mandem os homens conservar algum cargo no qual possam ser mortos e no qual, contudo, não devam ser mortos: eles gostam da honra e da vida.

98. Vendo como os homens amam a vida, podia-se suspeitar que amassem alguma outra coisa mais que a vida? Que a glória, que eles preferem à vida, não teria sido senão certa opinião estabelecida por eles mesmos no espírito de mil pessoas que não conhecem ou que não estimam?

99. Aqueles que, não sendo guerreiros nem cortesãos, vão para a guerra e seguem a corte, que não tomam parte em cercos, mas que a eles assistem, depressa esgotam sua curiosidade sobre uma praça de guerra, por mais surpreendente que seja, sobre a trincheira, sobre o efeito das bombas e do canhão, sobre os golpes à mão, como sobre a ordem e o sucesso de um ataque que entreveem. A resistência continua, as chuvas aparecem, as fadigas aumentam, vive-se mergulhando em lama, tem de se combater as estações do tempo e o inimigo, pode-se ser forçado em seus linhas e fechado entre uma cidade e um exército; que extremos! Perde-se a coragem, murmura se: "Será assim tão perigoso levantar o cerco? A salvação do Estado dependerá de uma cidadela a mais ou a menos? Não seria melhor obedecer às ordens do céu, que parece voltar-se contra nós, e transferir a luta para outra oportunidade?" Não compreendem então a firmeza do general, a obstinação desse general, que resiste aos obstáculos, que se anima pela dificuldade da empresa, que não dorme nunca e se expõe o dia inteiro para chegar a seus objetivos. Mas, se o adversário capitula, esses homens, ainda ontem tão desanimados, exaltam a importância da conquista, preveem seus ótimos resultados, exageram a necessidade que havia de realizá-la e o perigo e a vergonha de desistir, provam que o exército vitorioso era desde sempre invencível. Regressam com a corte, passam por cidades e aldeias, todos orgulhosos de ver às janelas tanta gente que aplaude a aclama as tropas, que marcham em triunfo pelos caminhos, e julgam-se valentes. De volta à casa, atordoam a todos falando de tiros, bombas, flancos, manobras complicadas, caminhos cobertos, avanços e retiradas; descrevem os lugares para onde o desejo de ver os levou, e onde não deixava de haver perigo, narram as situações difíceis em que se encontraram, prestes a ser presos ou mortos pelo inimigo; não falam somente que tiveram medo.

100. É o menor inconveniente do mundo esquecer o que se queria dizer num sermão ou num discurso: deixa margem ao orador para recuperar-se com espírito, bom senso, imaginação, moral e doutrina; não lhe tira nada; mas não se deixa de ficar surpreso que os homens, querendo ligar a isso uma espécie de vergonha e de ridículo, se exponham a longos e, muitas vezes, inúteis discursos, correndo todo o risco.

101. Aqueles que empregam mal seu tempo são os primeiros a se queixar de sua brevidade; como o consomem em vestir-se, em comer, dormir, em discursos tolos, em resolver o que devem fazer e, muitas vezes, em não fazer nada, falta-lhes para seus negócios e suas diversões. Aqueles, pelo contrário, que empregam bem seu tempo, ainda lhes sobra mais tempo.

Não há ministro tão ocupado que não saiba perder cada dia duas horas de seu tempo; no fim de uma longa vida, a soma é grande; se o mal é maior ainda em outras condições dos homens, que infinita perda não será no mundo a de coisa tão preciosa e da qual nos queixamos de não ter bastante!

102. Há criaturas de Deus chamadas homens que têm uma alma, que é espírito, e cuja vida inteira é ocupada e toda a atenção concentrada em serrar mármore: isso é bem simples, é bem pouca coisa. Há outras que se admiram desse caso, mas que são inteiramente inúteis e passam os dias sem fazer nada: é menos ainda que serrar mármore.

103. A maior parte dos homens esquece tanto que tem alma e se derramam em tantas ações e práticas onde parece que ela é inútil, que se julga falar favoravelmente de alguém ao dizer o que pensa; esse elogio tornou-se mesmo popular e, no entanto, que só coloca o homem acima do cão e do cavalo.

104. "Quais são teus divertimentos? Como é que passas o tempo?" perguntam os tolos e os homens de espírito. Se eu replicar que é abrindo os olhos e observando, prestando atenção e entendendo, vendo a saúde, o repouso e a liberdade, é o mesmo que não dizer nada. Os bens sólidos, os grandes bens, os únicos bens não se contam, não se sentem. Você está jogando? Você se esconde? É preciso responder.

A liberdade é um bem para o homem, se pode ser tão grande, tão ampla, tal enfim que não serve senão para levá-lo a desejar alguma coisa, isto é, de ter menos liberdade?

A liberdade não é ociosidade; é o livre emprego do tempo, é a escolha do trabalho e da ação. Ser livre, numa palavra, não é não fazer nada, é ser o único árbitro daquilo que se faz ou não se faz. Neste sentido, que imenso bem é a liberdade!

105. César não era muito velho para pensar na conquista do universo; não tinha outra felicidade a conferir a si mesmo senão uma bela vida e um grande nome após sua morte; nascido orgulhoso, ambicioso, e portando-se bem como fazia, não podia empregar melhor seu tempo do que em conquistar o mundo. Alexandre era bem jovem para um projeto tão sério; é surpreendente que nessa idade as mulheres ou o vinho não tenham interrompido mais cedo seu empreendimento.

106. Um jovem príncipe, de uma linhagem augusta. O amor e a esperança dos povos. Dado pelo céu para prolongar a felicidade na terra. Maior que seus ancestrais. Filho de um herói que é seu modelo, já mostrou ao universo, por suas divinas qualidades e por uma virtude antecipada, que os filhos dos heróis estão mais próximos de ser também heróis que os outros homens.

107. Se o mundo durar mesmo só cem milhões de anos, hoje ainda está em todo o seu viço e praticamente apenas começou; nós mesmos estamos muito próximos dos primeiros homens e dos patriarcas e quem, um dia, não nos confundirá com eles? Mas se julgarmos o futuro pelo passado, quantas coisas novas nas artes, nas ciências e na natureza, ainda nos são desconhecidas! E ouso dizer, na história, quantas descobertas não serão feitas! Que diferentes revoluções não deverão sobrevir em toda a face da terra, nos estados e nos impérios! Como é grande nossa ignorância! Que experiência frágil a nossa, de apenas seis ou sete mil anos!

108. Não há caminho demasiado longo para quem anda lentamente e sem se apressar; não há vantagens inatingíveis para quem resolve obtê-las pela paciência.

109. Não cortejar ninguém nem esperar que alguém te corteje, agradável situação, idade de ouro, condição mais natural do homem!

110. O mundo é para aqueles que seguem as cortes ou que povoam as cidades; a natureza é somente para aqueles que habitam os campos; só estes vivem, só estes, pelo menos, sabem que vivem.

111. Por que me incomodar e lamentar aquilo que me escapou a respeito de jovens que povoam as cortes? És viciado, Trasilo? Eu não sabia e agora o dizes; o que sei é que não és mais jovem.

E tu, que sentes ofendido pessoalmente por aquilo que eu disse a respeito de alguns grandes, não choras por causa da ferida de outro? És desdenhoso, nocivo, antipático, bajulador, hipócrita? Eu o ignorava e não pensava isso de ti; falei dos grandes.

112. O espírito de moderação e uma certa sensatez na conduta deixam os homens na obscuridade; necessitam de grandes virtudes para serem conhecidos e admirados, ou talvez de grandes vícios.

113. Os homens, com relação à conduta dos grandes e dos pequenos, indiferentemente, ficam deslumbrados e encantados pelo sucesso; falta pouco para que o crime bem-sucedido seja elogiado como virtude em si e que a felicidade não tome o lugar de todas as virtudes. É um atentado obscuro, é um empreendimento sujo e odiosa, o sucesso que não pode ser justificado.

114. Os homens, seduzidos por belas aparências e pretextos fúteis, admiram facilmente um projeto ambicioso que alguns grandes elaboraram; falam dele com interesse; mostram seu agrado pela novidade ou audácia que nele se manifesta; já estão acostumados com isso e só esperam seu sucesso; quando, pelo contrário, acabam abortando, falam com confiança, sem nenhum receio de se enganar, que o projeto era temerário e não poderia ser bem-sucedido.

115. Há projetos de tal natureza, tão brilhantes e de tão vasto alcance, que fazem os homens comentarem tanto tempo, que fazem esperar tanto ou recear tanto, segundo os diversos interesses dos povos, que toda a glória e toda a fortuna de um homem está comprometida ali. Não pode aparecer em cena com um aparato tão belo para se retirar sem dizer nada; alguns espantosos perigos que começa a prever na sequência de seu empreendimento não o detêm; o menor mal para o ambicioso é falhar.

116. Num homem mau, não há elementos para fazer um grande homem. Podem ser elogiados sua visão e seus projetos, ser admirado seu procedimento, ser exagerada sua habilidade para se servir dos meios mais apropriados e mais curtos para chegar a seus fins; se seus fins forem maus, a prudência não pode ajudar a consegui-los; onde falta a prudência, encontrem a grandeza, se puderem.

117. Um inimigo, que estava à frente de um exército formidável, destinado a passar o Reno, morreu; sabia a arte da guerra e sua experiência poderia ser ajudada pela sorte; quantos foguetes de alegria foram lançados! Que festa pública! Há homens, pelo contrário, naturalmente odiosos e a aversão por eles afeta o povo; não é precisamente pelos progressos que fazem, nem pelo medo daqueles que podem ainda fazer, que a voz do povo se ergue quando morrem e que tudo estremece, até as crianças, logo que se murmura em toda parte que a terra está finalmente livre.

118. "Ó tempos! Ó moral! – exclama Heráclito. Ó século infeliz, cheio de maus exemplos, em que a virtude sofre, em que o crime domina e triunfa! Eu quero ser um Licaon, um Egisto; a ocasião não pode ser melhor, nem as conjunturas mais favoráveis, se pelo menos desejo florescer e prosperar. Um homem disse: 'Atravessarei o mar, despojarei o meu pai de seu patrimônio, expulsarei a ele e sua mulher e herdeira de suas terras e de seus Estados'; e como disse, assim o fez. Deveria decerto recear o ressentimento de muitos reis que ultrajou na pessoa de um só. Mas o defendem e quase lhe disseram: 'Sim, atravessa o mar, mostra a todo o universo que se pode expulsar um rei de seu reino, como um fidalgo do seu castelo ou um plebeu de sua propriedade; ensina a todos que já não existe diferença entre nós, reis, e um simples particular; estamos fartos dessas distinções; que se saiba em toda parte que esses povos, que Deus nos entregou, podem abandonar-nos, trair-nos, entregar-nos, entregarem-se eles mesmos a um estrangeiro e que têm menos a recear de nós que nós deles e de seu poder'."Quem poderia ver essas coisas tão tristes de olhos enxutos e alma tranquila? Não há cargos que não tenham seus privilégios; não há nenhum titular que não fale, que não pleiteie, que não se agite para defendê-los; somente a dignidade real não tem mais privilégios; os próprios reis renunciaram a eles. Só um, sempre bom e magnânimo, abriu os braços a uma família infortunada. Todos os outros se juntam como para se vingar deste último e vingar-se do apoio que ele dá à causa que lhes é comum. A inveja e a malquerença prevalece neles, sobre a honra, a religião e o interesse do Estado. É suficiente? Para seu interesse pessoal e doméstico; acabou, não falo de sua eleição, mais de sua sucessão, de seus direitos de herança; finalmente, em tudo o homem vence o soberano. Um príncipe ia libertar a Europa, libertar-se ele mesmo de um inimigo fatal, gozar a glória de ter destruído um grande império. Troca essa glória por uma guerra duvidosa. Aqueles que nasceram árbitros e mediadores contemporizam; quando já poderiam ter empregado utilmente sua mediação, a prometem. "Ó pastores – continua Heráclito –, ó rústicos habitantes das choupanas! Se os acontecimentos não chegam até vós e não tendes o coração ferido pela maldade dos homens, se mesmo não se fala de homens em vossas terras, mas só de raposas e de lobos, recebei-me, acolhei-me em vossos lares, para comer o pão negro e beber a fria água das vossas cisternas."

119. "Pequenos homens, de quase 6 pés de altura, no máximo 7, que percorrem as feiras como gigantes e como peças raras, cuja visão você tem de comprar, desde que se cheguem a 8 pés; que dão alteza e eminência, que é tudo o que se poderia conceder a essas montanhas próximas do céu e que veem as nuvens se formar abaixo delas; espécie de animais gloriosos e soberbos, vocês que desprezam qualquer outra espécie, respondam um pouco a Demócrito. Não dizem vocês como o provérbio: lobos salteadores, leões furiosos, maliciosos como um macaco? E vocês, o que são vocês? Sinto zunir sem cessar em meus ouvidos: O homem é um animal racional. Quem passou a vocês essa definição? Foram os lobos, os macacos e os leões ou vocês o conferiram pessoalmente? Já é coisa agradável que deem aos animais, seus coirmãos, o que há de pior para tomar para vocês o que há de melhor. Deixem que eles se definam a si mesmos e verão como se esquecerão e como vocês serão tratados. Não falo, ó homens, de suas leviandades, de suas loucuras e de seus caprichos, que os colocam abaixo da toupeira e da tartaruga, que seguem sabiamente seu caminho e que seguem sem variar o instinto de sua natureza; mas escutem um momento. Falam de um falcão que é muito leve e que descreve uma bela descida sobre a perdiz: "Aí está um belo pássaro". E de um cão que agarra uma lebre corpo a corpo: "É um belo cão lebreiro". Sei que dizem de um homem que persegue um javali, que o atinge e o traspassa: "É um bravo homem". Mas se vocês virem dois cães que latem, que se enfrentam, que se mordem e se dilaceram, dizem: "Aí estão dois animais tolos"; e vocês apanham um bastão para separá-los. Se, contudo, se dissesse a vocês que todos os gatos de uma grande região se reuniram aos milhares numa planície e que, depois de ter miado bastante, se lançaram uns contra os outros com furor e guerrearam com garras e dentes; que dessa briga ficaram de parte e de outra nove a dez mil gatos estendidos na praça, que infectaram o ar a dez léguas de distância pelo mau cheiro, vocês não diriam: "Aí está o mais abominável 'sabbat' de que jamais se teve notícia?" Se os lobos fizessem a mesma coisa: "Que uivos! Que carnificina!" Se uns e outros lhes dissessem que amam a glória, vocês concluiriam desse discurso que a colocariam à prova, destruindo-se desse modo e aniquilando a própria espécie? Ou, depois de concluir, não haveriam de rir da ingenuidade desses pobres animais? Vocês, como animais racionais e para distinguir aqueles que não se servem senão de seus dentes e de suas unhas, já imaginaram as lanças, os dardos, os sabres, as cimitarras; de fato, somente com as mãos que poderiam vocês provocar uns nos outros, mais que arrancar os cabelos, arranhar o rosto ou, quanto muito, arrancar os olhos? Em vez disso, aí estão vocês munidos de instrumentos cômodos, que servem para abrir largas feridas uns nos outros, das quais pode escorrer seu sangue até a última gota, sem que vocês possam pensar em escapar.

Mas como vocês se tornam, ano após outro, mais racionais, aperfeiçoaram essa antiga maneira de se exterminar; vocês têm pequenos globos que matam de um só golpe, se atingirem o peito ou a cabeça; vocês têm outros, mais pesados e consistentes, que cortam em duas partes ou que abrem o ventre, sem contar aqueles que caem nos telhados, afundam tudo, vão do teto ao porão, derrubam as abóbadas, fazem saltar, com as casas, suas mulheres grávidas, o filho e a criada. Nisso reside a glória. Mas vocês têm ainda armas defensivas e, segundo o regulamento, vocês devem ser hábeis com o ferro na guerra, o que é, sem mentir, um belo traje e que me faz lembrar dessas quatro pulgas célebres que uma vez um charlatão mostrava num frasco, onde havia descoberto o segredo de fazê-las viver; armou-as todas de elmo, couraça, braçadeiras, joelheiras, com a lança na coxa; nada lhes faltava, e nessa armadura saltavam em sua garrafa.

 Imaginem um homem do porte do monte Atos, por que não? Uma alma ficaria embaraçada em animal tal corpo? Se esse homem tivesse a vista bastante aguçada para descobrir vocês em algum lugar da terra com suas armas ofensivas e defensivas, que acham que pensaria desses bichinhos assim equipados e daquilo que vocês chamam de guerra, cavalaria, infantaria, um memorável cerco, uma famosa batalha? Que deveria ainda murmurar a vocês? O mundo não se divide em regimentos e companhias? Tudo se tornou batalhão e esquadrão? Ele tomou uma cidade, tomou uma segunda, uma terceira; ganhou uma batalha, duas batalhas; expulsa o inimigo, vence no mar, vence em terra; é de algum de vocês, é de um gigante, de um Atos que vocês falam? (...)

Da moda

1. Uma coisa disparatada e que mostra bem nossa pequenez é a sujeição à moda quando é estendida ao que concerne ao gosto, à vida, à saúde e à consciência de cada um. A carne de vaca está fora de moda e por isso é insípida; seria um pecado, porque não é moda, curar a febre com sangrias. De igual modo, já ninguém queria morrer ouvindo as exortações de Teotimo, suas palavras já não salvavam mais o povo e deram-lhe logo um sucessor.

2. A curiosidade não é um gosto por aquilo que é bom ou por aquilo que é belo, mas por aquilo que é raro, único, que se possui e os outros não. Não é um apego ao que é perfeito, mas ao que é procurado, ao que está na moda. Não é um divertimento, mas uma paixão e às vezes tão violenta que só se diferencia do amor e da ambição pela mesquinhez de seu objeto. Não é uma paixão que se tem geralmente pelas coisas raras e que têm valor, mas que se tem somente por certa coisa, que é rara e, portanto, está na moda.

O florista tem um jardim num bairro; a ele corre ao nascer do sol e retorna no fim do dia. É cultivado e se desenvolveu em torno das tulipas, junto de uma solitária; ele arregala os olhos, esfrega as mãos, se abaixa, a vê de perto, nunca a tinha visto tão bela, tem o coração se expandindo em alegria; ele a deixa e se dirige a outras flores, de onde retorna finalmente para sua solitária, onde se fixa, se cansa, senta, esquece o almoço; ele a contempla e admira. (...) Deus e a natureza estão em tudo aquilo que não admira; não passa além do bulbo de sua tulipa que não entregaria por mil escudos e que não daria por nada quando as tulipas estiverem em baixa no mercado. Esse homem razoável, que tem uma alma, que tem um culto e uma religião, retorna para casa fatigado, faminto, mas muito contente por seu dia: viu tulipas. (...)

3. O duelo é o triunfo da moda e o local onde ela exerce sua tirania com mais brilho. Essa moral não deixou ao covarde a liberdade de viver; levou-o a ser morto por um mais bravo que ele e o confundiu com um homem de bom coração; conferiu honra e glória a uma ação louca e extravagante; foi distinguido pela presença dos reis; teve por vezes uma espécie de religião a sustentá-lo; defendeu a inocência dos homens das acusações falsas ou reais de crimes capitais; finalmente, ele se havia enraizado tão profundamente na opinião do povo, se havia tão fortemente apegado a seu coração e a seu espírito, que um dos mais belos atos da vida de um grande rei foi de curá-lo dessa loucura.

4. Fulano andou na moda quer pelo comando de exércitos e pela negociação, quer pela eloquência na tribuna, quer pelos versos que declamou, mas já a abandonou. Há homens que degeneram e abandonam o passado? É seu mérito que se desgastou ou a simpatia que por eles se alimentava?

5. Um homem à moda dura pouco, pois as modas passam; se por acaso é homem de merecimento, não está aniquilado e subsiste ainda sob algum aspecto: igualmente estimado, é somente menos estimado.

A virtude tem esta vantagem: basta-se a si própria e sabe dispensar admiradores, partidários e protetores; a falta de apoio e de aprovação não só não a prejudica, mas a conserva, a depura e a torna perfeita; que esteja na moda ou que não esteja, é sempre virtude.

6. Se disseres aos homens e sobretudo aos grandes que fulano tem virtude, retrucam: "Que a conserve!" Se disseres que é muito inteligente e que se empenha em agradar aos outros, respondem: "Melhor para ele!" Se acrescentares que é muito culto, que sabe muito, perguntam que horas são ou como está o tempo. Mas se anunciarmos que um sujeito qualquer faz malabarismos de todo tipo e, coisa maravilhosa!, repete as mesmas artes várias vezes num jantar, exclamam logo: "Onde está? Que esteja presente amanhã, esta noite; tu vais trazê-lo?". Chega esse sujeito, mais próprio a animar uma feira ou a ser mostrado ao público numa barraca, e eles o admitem em seu ambiente familiar.

7. Não há nada que introduza subitamente um homem na moda e que o prestigie mais que o jogo; isso anda junto com a trapaça. Gostaria muito de ver um homem polido, jovial, espiritual, fosse ele um Catulo ou seu discípulo, fazer alguma comparação com aquele que acaba de perder oitocentos escudos numa partida.

8. Uma pessoa na moda é comparável a uma flor azul que nasce espontaneamente nos sulcos, onde asfixia as espigas, diminui a colheita e toma o lugar de coisa mais útil; flor que não tem preço e beleza que não sejam esses que proveem de um capricho efêmero que nasce e que fenece quase ao mesmo tempo. Hoje todos a admiram e as mulheres se enfeitam com ela; amanhã é desprezada e devolvida ao povo.

Pelo contrário, uma pessoa de valor é uma flor que não se designa pela cor, mas pelo nome, que se cultiva por sua beleza ou por seu perfume; é uma das graças da natureza, uma dessas coisas que embelezam o mundo; é de todos os tempos e seu cultivo é antigo e popular; nossos pais a estimaram e a estimamos depois deles; nenhuma antipatia a prejudica, nenhuma desafeição poderia diminuí-la: é um lírio, é uma rosa.

9. Vemos Eustrato sentado no barco, no qual usufrui de um ar puro e de um céu sereno; prevê um vento favorável e que tem todas as aparências de durar; mas de repente muda, o céu se cobre, a tempestade se avizinha, um turbilhão envolve o barco que submerge. Vemos Eustrato aparecer sobre as ondas e fazer alguns esforços; esperamos que possa pelo menos se salvar e subir a bordo, mas uma onda o afunda e achamos que se afogou; aparece uma segunda vez e as esperanças renascem, quando sobrevém uma onda mais forte que o leva; não é mais visto, ele se afogou.

10. Voiture e Sarrazin surgiram para sua época e apareceram num período em que parece que eram esperados. Se não tivessem tanta pressa em chegar, teriam chegado tarde demais; duvido que hoje fossem o que foram na época. As conversas fúteis, os grupos, o gracejo livre, as cartas joviais e familiares, os pequenos divertimentos em que eram admitidos somente aqueles que fossem simpáticos, tudo desapareceu. Não se diga que serão revividos esses tempos; o que posso fazem em favor desse espírito alegre é concordar que talvez eles tinham outra mentalidade; mas as mulheres de nossos dias ou são devotas, ou galantes, ou alegres, ou ambiciosas, algumas até mesmo tudo isso ao mesmo tempo; o gosto pelos favores, pelo jogo, os galãs e os dirigentes tomaram isso para si e o proíbem para as pessoas de espírito.

11. Um homem gordo e ridículo veste um chapéu grande, uma jaqueta de mangas largas, meias enfeitadas e botinas; sonha na véspera o que vai vestir para se fazer notar no dia seguinte. Um filósofo deixa seu alfaiate pensar no que deve vestir; há tanta fraqueza em fugir da moda como em ostentá-la.

12. Criticamos uma moda que, dividindo o corpo dos homens em duas partes iguais, cobre o busto com uma peça e deixa a outra para o resto do corpo; condenamos aquela que faz da cabeça das mulheres a base de um edifício de vários andares, cuja estrutura muda de acordo com seus caprichos, feitura que afasta os cabelos do rosto, embora só cresçam para acompanhá-lo, que os levanta e eriça à moda das sacerdotisas de Baco, parecendo colaborar para que as mulheres mudem sua fisionomia doce e modesta em outra, orgulhosa e audaciosa; finalmente protestamos contra essa e aquela moda que, no entanto, por mais bizarra que seja, embeleza enquanto dura e da qual se tira toda vantagem que se pode esperar, que é de agradar. Parece-me que deveríamos somente admirar a inconstância e a leviandade dos homens que conferem sucessivamente o agrado e as conveniências a coisas totalmente opostas, empregando para o cômico e para o mascaramento o que lhes serviu de paramento grave e ornamentos mais sérios, notando-se que fazem diferença por tão pouco tempo.

13. Fulana de tal é rica, come bem, dorme melhor ainda, mas os penteados mudam; quando menos pensa e quando se acha feliz, seu penteado está fora de moda.

14. Ífis vê na igreja um sapato de nova moda; olha o seu e cora de vergonha; já não se julga bem vestido. Tinha vindo à missa para se mostrar e se esconde; fica trancado no quarto o resto do dia, olhando seus pés. Tem as mãos macias e as massageia com pomadas; gosta de sorrir para mostrar seus dentes; torce a boca e raro é o momento em que não procura sorrir; olha suas pernas, mira-se no espelho; ninguém anda mais satisfeito com a própria pessoa do que ele; tem uma voz clara e delicada e, felizmente, fala com tom grave; move a cabeça e tem não sei qual meiguice nos olhos que não esquece de embelezar; tem um passo indolente e o porte mais lindo de que é capaz de produzir; maquia o rosto, mas raramente, pois não tem o hábito de fazê-lo. É verdade também que usa calças e chapéu, que não usa brincos nem colar de pérolas; por isso não coloquei no capítulo das mulheres.

15. Essas mesmas modas que os homens seguem com tanto gosto quando se trata de sua pessoa, não as querem nos retratos, como se sentissem ou previssem a indecência e o ridículo em que podem cair quando tiverem perdido o que chamamos a flor ou o encanto da novidade; preferem um traje simples, uma roupa indiferente, fantasia do pintor que não se inspiram no aspecto habitual, que não evoquem nem a moral da época nem a singularidade da pessoa. Gostam das atitudes forçadas ou imodestas, de um aspecto duro, selvagem, estranho, que de um abade faz um fanfarrão, de um magistrado um mata-mouros; uma Diana de uma senhora da cidade, como de uma mulher tímida e simples, uma amazona ou uma Minerva, de uma jovem séria uma Laís; e um Cita, um Átila de um príncipe bom e magnânimo.

Mal uma moda substituiu outra, esta é abolida por uma mais nova, que cede seu lugar à outra seguinte e que não será a última; assim se manifesta nossa frivolidade. Durante essas mudanças, passou um século que pôs todas essas modas na categoria das coisas ultrapassadas e que não subsistem mais. Então, a moda mais curiosa e que dá mais gosto ver é a mais antiga: ajudada pelo tempo e pelos anos, tem o mesmo encanto nos retratos que o traje romano no teatro, que o manto, o véu e a tiara em nossas tapeçarias e quadros.

Nossos pais nos transmitiram, com o conhecimento deles, aquele de seus trajes, de seus penteados, de suas armas e de todos os outros enfeites que preferiam usar durante a vida. Não poderíamos reconhecer de modo conveniente essa espécie de benefício senão fazendo o mesmo a favor de nossos descendentes.

16. Outrora o cortesão tinha seus cabelos, usava calças e jaqueta, era libertino. Isso não existe mais; hoje usa uma peruca, um traje justo, é devoto: tudo é regulamentado pela moda.

17. Aquele que, frequentando havia algum tempo a corte, era devoto e, com isso e contra qualquer motivo, pouco distante do ridículo, poderia pensar algum dia seguir a moda?

18. De quanto não seria capaz um cortesão ambicioso se, para alcançar o que deseja, se torna devoto?

19. As tintas estão preparadas e a tela está pronta; mas como pintar esse homem inquieto, leviano, inconstante, que toma milhares de figuras? Vou pintá-lo devoto e acho que consegui pegar seu jeito, mas me escapa e já é libertino. Que fique pelo menos nessa má atitude e poderei pegá-lo num ponto de desregramento do coração e do espírito em que será reconhecível, mas a moda pressiona: ele é devoto.

20. Aquele que penetrou na corte, sabe o que é virtude e o que é devoção; não pode mais se enganar.

21. Negligenciar as vésperas como uma coisa antiga e fora de moda, guardar seu próprio lugar para a bênção, saber os recantos da capela, conhecer o flanco, saber o canto em que se pode ser visto e onde não; pensar na igreja em Deus e em seus negócios, receber nela visitas, dar ordens e recados e esperar respostas; ter um diretor de consciência mais ouvido que o evangelho; endereçar toda a própria santidade e toda a sua importância segundo a reputação desse diretor de consciência, desdenhar aqueles cujo diretor não está na moda e concordar com dificuldade sobre sua eventual salvação; não gostar da palavra de Deus a não ser daquela que é pregada na capela particular de casa ou por seu diretor, preferir sua missa às outras e os sacramentos ministrados pela mão desse diretor que aqueles que possuem menos aparato; só se alimentar de livros de espiritualidade, como se não houvesse evangelho, nem epístolas dos apóstolos, nem moral dos Padres da Igreja; ler ou falar uma gíria inexistente nos primeiros séculos; mostrar os defeitos dos outros e disfarçar os seus; revelar seus sofrimentos, sua paciência; reconhecer como um pecado seu ínfimo progresso no heroísmo; estar em ligação secreta com alguns contra outros; só estimar a si próprio e suas artimanhas, suspeitar da própria virtude; saborear a prosperidade e os favores; só querer para si, não se valer do mérito, levar a piedade a servir à própria ambição, procurar a sua salvação pelo caminho da fortuna e dos cargos; esse é, pelo menos até hoje, o mais condigno esforço em prol da devoção.

Um devoto é aquele que, sob um rei ateu, seria ateu.

22. Os devotos só conhecem crimes como a incontinência, falando com maior precisão, o boato ou as aparências da incontinência. Se Ferecides é considerado curado da loucura que tem pelas mulheres ou Ferenice por se considerar fiel a seu marido, isso lhes basta; deixem que façam seu jogo ruinoso, que façam seus credores perder, que se alegrem com a desgraça dos outros e dela aproveitem, que idolatrem os grandes, que desprezem os pequenos, que se inebriem com seus méritos, que morram de inveja, que mintam, maldigam, trapaceiem, prejudiquem, é seu modo de viver. Querem que usurpem aquele dos homens de bem que, com seus vícios ocultos, ainda fogem do orgulho e da injustiça?

23. Quando um cortesão for humilde, curado do luxo e da ambição; quando não basear sua fortuna sobre a ruína dos outros; quando for equitativo, ajudar seus vassalos, pagar seus credores; quando não for esperto nem maldizente; quando renunciar aos grandes banquetes e aos amores ilegítimos; quando não rezar somente com os lábios e mesmo sem a presença do príncipe; quando não for acima de tudo selvagem e difícil; quando não mostrar o semblante austero e triste; quando não for preguiçoso e contemplativo; quando souber distribuir escrupulosa atenção diversos empregos compatíveis; quando puder e quiser voltar seu espírito e seus cuidados aos grandes e complicados negócios, sobretudo para aqueles que beneficiam mormente o povo e o Estado; quando seu caráter me deixar temeroso em nomeá-lo determinado cargo e sua modéstia o impedir, se não o nomear, de se reconhecer digno desse cargo, então direi dessa pessoa que "é devoto" ou, melhor, que "é um homem devotado a seu mundo pelo modelo de uma virtude sincera e pelo discernimento do hipócrita".

24. Onofre só tem como leito uma coberta de tecido cinza, mas deita sobre algodão e colchão de penas; de igual modo, veste-se de modo simples, mas com elegância, isto é, com um tecido bem leve no verão e outro bem espesso no inverno; usa camisas muito finas, que tem cuidado extremo em esconder. Passaria por aquilo que é, um hipócrita, mas quer passar por aquilo que não é, um homem devoto. Tem alguns livros espalhados ao acaso em sua casa, *A Guerra Espiritual*, *O Cristão Interior* e *O Ano Santo*; outros estão trancados. Se caminha pela cidade e descobre ao longe um homem diante do qual deve mostrar-se devoto, os olhos baixos, o caminhar lento e modesto, o aspecto recolhido lhe são familiares: ele desempenha seu papel. Se entra numa igreja, logo observa por quem pode ser visto; de acordo com o caso, ajoelha e reza, do contrário, nem pensa em pôr-se de joelhos e rezar. Se dele se aproxima um homem de bem e com autoridade, não somente reza, mas medita e lança suspiros; se o homem de bem se retira, fica quieto e deixa de suspirar. Outra vez entra num lugar sagrado, atravessa a multidão, escolhe um local para se recolher e onde possa ser visto por todos e se prostra humildemente. (...) Evita uma igreja deserta e solitária, onde não pudesse assistir a duas missas seguidas, o sermão, vésperas e completas, tudo isso entre Deus e ele. Ama sua paróquia, frequenta os templos nos quais o público é grande, não falta, neles é visto. (...) Sabe onde encontrar as mulheres. Aquelas que florescem e prosperam à sombra da devoção lhe convêm, somente com a pequena diferença que despreza aquelas que envelheceram; aproxima-se das jovens e, entre elas, as mais belas e as de corpo mais bem talhado; essas o atraem; elas partem, ele parte; elas retornam, ele retorna; elas ficam, ele fica; em todas as horas e em todos os lugares tem o privilégio de vê-las; quem não poderia ficar edificado com isso? Elas são devotas, ele é devoto...

25. Ri, Zélia, continua alegre e divertida como sempre; onde foi parar tua alegria? "Sou rico, alguém pode dizer, vivo muito bem e começo a respirar." Ri mais ainda, Zélia, solta gargalhadas; para que serve uma fortuna maior, se com ela traz gravidade e tristeza? Imita os grandes que nasceram na opulência; eles riem algumas vezes, cedem a seu temperamento; segue o teu, não deixes falar de ti que um novo cargo ou algumas mil libras de renda a mais ou a menos te fizeram passar de um extremo a outro. (...) "Sou devota", respondes. É o suficiente, Zélia, e devo lembrar-me que não é a serenidade e a alegria, mas o sentimento de uma consciência em paz que se mostra em teu rosto; as paixões tristes e austeras se instalaram por dentro e espalham na aparência exterior e levam mais longe; não é mais de se admirar ver que a devoção sabe mais que a beleza e a juventude tornar uma mulher altiva e desdenhosa.

26. Há um século estamos longe nas artes e nas ciências, todas levadas a um alto requinte, até mesmo a arte e a ciência de salvar a alma, fixada em leis certas e aumentada com tudo quanto o espírito humano pode inventar de mais belo e sublime. A devoção e a geometria têm suas expressões, o que se chama "os termos da arte":

aquele que os ignora não é devoto nem geômetra. Os primeiros devotos, aqueles mesmos que os apóstolos dirigiram, desconheciam esses termos; gente simples que só possuía a fé e as obras e que se limitava a crer e a viver honestamente.

27. É coisa delicada para um príncipe religioso reformar a corte e torná-la piedosa; instrui até onde o cortesão quer agradar e à custa do que quer fazer fortuna; administra com prudência, tolera, dissimula, com medo de imergi-lo na hipocrisia ou no sacrilégio; espera mais de Deus e do tempo que de seu zelo e arte.

28. É uma prática antiga nas cortes dar pensões e conceder benefícios a um músico, a um mestre de dança, a um palhaço, a um tocador de flauta, a um bajulador, a um que diverte: eles têm um mérito fixo e talentos vistos e reconhecidos que divertem os grandes e que minimizam o peso de sua grandeza... Quem sabe se o homem devoto tem virtude?

29. Espera-se que a devoção da corte não deixe de inspirar os que nela residem.

30. Não duvido que a verdadeira devoção seja fonte de sossego; ela faz suportar a vida e torna a morte amena; não se lucra tanto assim com a hipocrisia.

31. Cada hora em si e em relação a nós é única: tendo passado, pereceu inteiramente, nem milhões de séculos a farão voltar. Os dias, os meses, os anos mergulham e se perdem sem retorno no abismo do tempo; o próprio tempo será destruído: não passa de um ponto no espaço imenso da eternidade, será apagado. Há leves e frívolas circunstâncias do tempo que não são estáveis, que passam, e que eu chamo moda, grandeza, favores, riquezas, poder, autoridade, independência, prazer, alegrias, superfluidade. Que serão essas modas quando o próprio tempo tiver desaparecido? Só a virtude, tão pouco na moda, vai para além do tempo.

DE ALGUNS COSTUMES

1. Há homens que não têm como ser nobres. Há alguns que, se tivessem obtido um prazo de seis meses de seus credores, seriam nobres.
Alguns deitam plebeus e acordam nobres.
Quantos nobres cujos pais e antepassados eram plebeus!

2. Fulano abandona seu pai, que é conhecido e do qual se conhece o cartório ou a loja, para se agarrar a seu avô, que, morto há muito tempo, é desconhecido; mostra em seguida rendimentos consideráveis, um belo cargo, belas alianças e, para ser nobre, lhe faltam unicamente os títulos.

3. Reabilitações, palavra em uso nos tribunais que fez envelhecer e tornar gótico aquele homem com título de nobreza outrora tão francês e tão usado; ser reabilitado supõe que um homem que se tornou rico em sua origem é nobre, que é de uma necessidade mais que moral que o seja...

4. Um homem do povo, à força de afirmar que viu um prodígio, persuade-se que o viu realmente. Aquele que continua escondendo sua idade, chega a pensar que é realmente tão jovem que quer fazer acreditar isso aos outros. Assim também o plebeu que se habitua a dizer que é descendente de algum antigo barão ou castelão, de quem realmente não descende, tem o prazer de sentir-se descendente desse nobre.

5. Qual é o plebeu um pouco feliz e estabelecido que não tenha armas e, nessas armas, uma peça honrosa, um escudo, uma cimeira, uma divisa? O nome e o uso foram abolidos; não se trata mais de trazê-los de frente ou de lado, abertos ou fechados; não há mais a busca das minúcias, passa-se logo às coroas, isso é mais simples, de que se considera digno. Ainda se nota entre os melhores burgueses certo pudor que os impede de adornar-se de uma coroa de marquês, contentando-se com a de conde.

6. Basta não ter nascido numa cidade, mas sob o teto de uma cabana dispersa nos campos ou sob o teto de uma ruína que se ergue no meio de um pântano e que é chamada castelo, para ser considerado nobre.

7. Um cavalheiro quer passar por pequeno senhor e consegue. Um grande senhor aspira ao principado e lança mão de tantas precauções que, à força de belos nomes, de disputas sobre a classe e a precedência, de novas armas, de uma genealogia feita por não sei quem, se torna, enfim, um pequeno príncipe.

8. Em todas as coisas os grandes se espelham e se moldam aos mais poderosos, que, de sua parte, para não terem nada em comum com seus inferiores, renunciam de boa vontade a todas as honras e distinções próprias de sua condição e, a essa servidão, preferem uma vida mais livre e mais cômoda. Aqueles que seguem seu exemplo já observam por emulação essa simplicidade e essa modéstia; todos se reduzirão assim a viver naturalmente e como o povo. Horrível inconveniente!

9. Alguns usam três nomes, de medo que lhes façam falta: próprios para os campos e para a cidade, para os locais de serviço ou de seu emprego. Outros têm um só nome dissílabo que enobrecem por partículas a partir do momento em que sua fortuna começa a crescer. Este, pela supressão de uma sílaba transforma seu nome obscuro em ilustre; aquele, pela troca de uma letra o transforma, passando de Siro para Ciro. Muitos suprimem seus nomes, que poderiam conservar sem vergonha, para adotar outros mais belos, nos quais só ganham pela comparação que sempre se faz daqueles que os trazem com os grandes homens que os usaram. Finalmente, há aqueles que, nascidos à sombra de um campanário, querem ser flamengos ou italianos, como se o plebeu não existisse em qualquer país, alongam seus nomes franceses com uma terminação estrangeira e acreditam que vir de longe significa vir de um ótimo lugar.

10. A necessidade de dinheiro reconciliou o nobre com o plebeu e fez desaparecer a prova das insígnias nos brasões.

11. Para muitos filhos seria útil a lei que decidisse que é o ventre que enobrece! Mas para tantos outros seria o contrário!

12. Há poucas famílias no mundo que estejam ligadas aos maiores príncipes num extremo e ao povo simples no outro.

13. Não há nada a perder em ser nobre: liberdade, imunidades, isenções, privilégios, que falta àqueles que possuem um título? Seria pela própria nobreza que solitários se tornaram nobres? Não são tolos: é para usufruírem de todos os benefícios...

14. Eu o declaro abertamente, a fim de que se preparem e que ninguém um dia fique surpreso: se porventura ocorrer que algum grande me ache digno de seus cuidados, se eu fizer uma bela fortuna, há um Geoffroy de la Bruyère que todas as crônicas classificam entre os grandes senhores da França que seguiram Godefroy de Bouillon na conquista da Terra Santa: aí está, pois, de quem descendo em linha direta.

15. Se a nobreza é virtude, pode perdê-la quem não é virtuoso; se não é virtude, é bem pouca coisa.

16. Há coisas que, repostas em seus princípios e em sua primeira instituição, são espantosas e incompreensíveis.

17. Que impudências dos deuses foram introduzidas pelos príncipes da Igreja e que se dizem sucessores dos Apóstolos o palácio Farnese é a prova.

18. As coisas belas o são menos fora de lugar; a conveniência confere perfeição e a razão confere a conveniência.

19. Não poderia concordar com o que se chama na sociedade um belo discurso, quando tudo está fora de lugar, fora de propósito e não há respeito e distinção pelo que é profano e pelo que deveria ser sagrado...

20. Não vemos fazer promessas nem peregrinações para obter de um santo ter o espírito mais amável, a alma mais reconhecida, ser mais justo e menos nocivo, ser curado da vaidade, da inquietude e da crítica infundada.

21. Que ideia mais bizarra mostrar uma multidão de cristãos de ambos os sexos que se reúne em determinados dias numa sala para aplaudir uma tropa de excomungados, não pelo prazer que lhe dão e do qual já foram pagos antecipadamente? Acredito que deveriam fechar os teatros ou controlar mais severamente os comediantes.

22. Nos dias chamados santos, o monge confessa, enquanto o padre troveja do púlpito contra o monge e aqueles que o seguem... Não há na Igreja um poder que tenha competência para fazer calar o pastor ou suspender por um tempo o poder do barnabita?

23. A retribuição nas paróquias é maior para um casamento do que para um batismo, maior para o batismo que para a confissão; parece que seja uma taxa sobre os sacramentos e por isso parecem ser mais apreciados. Nada há demais nesse costume e aqueles que recebem compensação pelas coisas santas não pensam em vendê--las, como aqueles que contribuem não pensam em pagá-las; são talvez aparências que poderiam ser poupadas aos simples e aos que não são devotos.

24. Um pastor jovem e cheio de saúde... vem pregar a palavra de Deus e pela pregação recebe seu salário como se paga uma peça de tecido... Certo, mas é um costume bizarro e desprovido de fundamento e que não posso aprovar, bem como aquele de cobrar quatro vezes de alguém as mesmas exéquias, isto é, por si, por seus direitos, por sua presença e por sua assistência.

25. Tito, por vinte anos de serviço num segundo posto, não é digno ainda do primeiro, que está vago; nem seus talentos, nem seu conhecimento, nem sua vida exemplar, nem os votos dos paroquianos conseguiriam garantir-lhe o cargo. Surge do nada outro clérigo para ocupá-lo. Tito é preterido e dispensado; não se queixa; é o costume.

26. Os sinos tocam numa noite tranquila. Sua melodia, que desperta os cantores e os meninos do coro, adormece os cônegos, mergulha-os em sono pacífico e fácil e lhes proporciona belos sonhos; levantam tarde e vão à igreja fazer-se pagar por terem dormido.

27. Quem poderia imaginar, se a experiência não o comprovasse, quanta dificuldade têm os homens para se decidir por si próprios em conquistar a felicidade? De fato, necessitam de homens de certa envergadura, que, com um discurso elaborado, terno e patético, certas inflexões de voz, lágrimas e movimentos que os levam até a suar e a esgotá-los, para finalmente consentir um homem cristão e sensato, com doença grave e desenganado, a não perder-se e conquistar pelo menos a salvação.

28. A filha de Aristipo está doente e em perigo; manda mensageiro a seu pai, quer se reconciliar com ele e morrer de bem com ele. Esse homem tão sensato, conselheiro de toda uma cidade, fará esse passo tão razoável por si mesmo? Levará junto sua mulher? Não será necessária para dispor os dois a isso a máquina do diretor de consciência?

29. A mãe, não aquela que cede à vocação da filha, mas aquela que a obriga a ser freira, toma a si a salvação de duas almas: a de sua filha e a própria, é avalista. Para que a alma dessa mãe se não perca, é preciso que sua filha se salve.

30. Um jogador se arruína. Apesar disso, consegue casar a filha mais velha com aquilo que conseguiu salvar de um credor. A mais nova está prestes a fazer os votos como religiosa; sua vocação é a consequência do jogo de seu pai.

31. Houve jovens que tinham virtude, saúde, fervor e uma bela vocação, mas que não eram bastante ricas para fazer, num rico convento, o voto de pobreza.

32. Aquela que decide sobre a escolha de uma abadia ou de um simples mosteiro para nele se encerrar traz à tona a antiga questão da condição popular e da despótica.

33. Chama-se loucura casar por amor com Melita, que é jovem, bonita, ajuizada, econômica, que agrada, que ama, preferindo-a a Egina, que é proposta pela família e que, trazendo um belo dote, traz também magníficas disposições para consumi-lo e para consumir ainda toda a tua fortuna juntamente com seu dote.

34. Antigamente era coisa delicada casar-se; era um longo processo, um negócio sério e que merecia refletir muito bem; ficava-se marido por toda a vida de sua mulher, boa ou má: mesma mesa, mesma residência, mesma cama; uma única pensão não era suficiente; com filhos e uma economia doméstica às costas, não se tinha realmente a aparência e as delícias de um solteiro.

35. Que se evite aparecer em público com mulher que não é a sua, eis um pudor bem compreensível. Que não se goste de ser visto com pessoas cuja reputação é duvidosa, não é coisa também incompreensível. Mas não se entende por que razão um homem se envergonhará de aparecer em público com a mulher que livremente escolheu para companheira inseparável, que deve ser sua alegria, seu encanto e sua melhor sociedade; que ama e estima; que é seu adorno, e cujo espírito, merecimento, virtude e aliança o honram. Por que começa a ter vergonha de seu casamento?

Conheço a força dos costumes e até onde dominam os espíritos e constrangem nosso comportamento, mesmo nas coisas mais desprovidas de razão e fundamento; sinto, no entanto, que teria a ousadia de passear em público com minha própria mulher.

36. Não é uma vergonha nem erro para um jovem desposar uma mulher de mais idade; às vezes é prudência, precaução. A infâmia é aproveitar-se de sua benfeitora com tratamentos indignos e que deixam transparecer que ela é vítima de um hipócrita e de um ingrato.

37. Há muito tempo persiste no mundo uma maneira de fazer valer sua fortuna que continua sempre a ser praticada por homens honestos e a ser condenada por hábeis doutores.

38. Sempre houve na república cargos importantes que parecem ter sido só inventados a primeira vez para enriquecer um só à custa de muitos; o dinheiro dos particulares para lá corre sem fim e sem interrupção. Diria que não volte mais ou que só volta mais tarde? Trata-se de um abismo, de um mar que recebe água de vários rios e que não a restitui; ou se a restitui é por tubulações secretas e subterrâneas, sem que se veja, ou que pelo menos, se note que seu volume diminui. Só depois de ter sido muito usada e usufruída e que não pode mais ser retida, é que reaparece.

39. A propriedade perdida, outrora tão segura, tão sagrada e tão inviolável, tornou-se com o tempo e pelos cuidados daqueles que estavam encarregados, um bem perdido.

40. Tens uma moeda de prata ou mesmo de ouro? Não basta, o número é que conta; arranja muitas, se puderes, um monte, que se eleve como em pirâmide, que do resto me encarrego eu. Não possuis poder, espírito, talento, experiência? Não importa! Não diminuas teu dinheiro, e te colocarei tão alto que até, se tiveres amo, diante do amo não precisarás tirar o chapéu; por mais ilustre que ele se julgue, com teu metal que se multiplica dia após dia, fica certo de que será o primeiro a te cumprimentar.

41. Orante pleiteia há dez anos um juiz para resolver uma questão justa, capital e da qual depende sua fortuna; talvez dentro de cinco anos poderá saber quais serão os juízes e em qual tribunal deverá continuar a pleitear pelo resto da vida.

42. Aplaudimos o costume nos tribunais, pelo qual se pode interromper os advogados no meio de sua ação, impedi-los de ser eloquentes e demonstrar espírito, reconduzi-los ao fato e às provas claras que estabelecem as causas e o direito das partes; essa prática tão severa que deixa aos oradores o pesar de não terem pronunciado os mais belos discursos, que bane a eloquência do único local em que está em seu lugar e que deverá fazer do parlamento uma jurisdição muda, concorda-se que é por uma razão sólida e sem réplica, a da rapidez; deseja-se somente que não seja esquecida em qualquer outra reunião, que regulamente, ao contrário, os gabinetes como as audiências e que se procure eliminar tantos papéis, como foi feito com os pleiteantes.

43. O dever dos juízes é fazer justiça; seu trabalho, adiá-la. Alguns sabem seu dever e cumprem as normas de sua profissão.

44. Quem pede qualquer coisa ao juiz, não o honra, pois desconfia de sua inteligência e mesmo de sua probidade ou procura iludi-lo ou lhe pede uma injustiça.

45. Há juízes para quem os favores, a autoridade, os direitos de amizade e de parentesco prejudicam uma boca causa e uma demasiada afetação em passar por incorruptíveis expõe ao perigo de ser injustos.

46. O magistrado galanteador é pior em suas consequências que o dissoluto; este esconde suas relações e suas ligação e não se sabe muitas vezes como chegar até ele; aquele está a descoberto por mil pontos fracos que são conhecidos e chega-se a ele por todas as mulheres a quem ele quer agradar.

47. Falta pouco para que a religião e a Justiça andem juntas na República e que a magistratura consagre homens como o sacerdócio. O homem de toga não poderia dançar num baile, aparecer nos teatros, renunciar aos trajes simples e modestos, sem consentir ao próprio aviltamento; é estranho que tenha sido necessária uma lei para regular sua aparência externa e obrigá-lo, assim, a ser circunspecto e mais respeitado.

48. Não há nenhuma profissão que não tenha sua aprendizagem e, partindo das menores condições até as maiores, nota-se em todas um tempo de prática e de exercício que prepara para os empregos, nos quais os erros não têm consequências e, ao contrário, levam à perfeição. A própria guerra, que não parece surgir e manter-se senão pela confusão e a desordem, tem seus preceitos; não se efetuam massacres com pelotões e tropas em campo aberto sem ter avisado antes e os exércitos se matam metodicamente. Há a escola de guerra, mas onde está a escola do magistrado? Há um uso, leis, costumes; onde está o tempo, e o tempo bastante longo, que se emprega para digeri-los e aprendê-los? O experimento e a aprendizagem de um jovem que passa da palmatória à púrpura, cuja consignação fez dele um juiz, decide soberanamente sobre a vida e a fortuna dos homens.

49. O principal merecimento do orador é a probidade; sem ela, degenera em declamador, disfarça ou exagera os fatos, cita errado, calunia, toma o partido das paixões e dos ódios daqueles em cujo nome fala; pertence àquela categoria de advogados que o provérbio afirma serem pagos para dizer injúrias.

50. "É certo, dizem, que esta soma lhe é devida e que tem o direito de recebê-la. Mas, para isso, precisa não esquecer uma pequena formalidade; se a esquecer, não há o que fazer e, consequentemente, perde o dinheiro e, incontestavelmente, perde seu direito; ora, o mais natural é que de fato esqueça essa formalidade." A isso chamo uma consciência de prático.

Uma bela máxima para o tribunal, útil para o público, repleta de razão, de sabedoria e de equidade, seria precisamente a parte contraditória daquela que diz que a forma leva a melhor sobre os bens.

51. A tortura é uma invenção maravilhosa e muito segura para perder um inocente de saúde fraca e salvar um culpado que nasceu robusto.

52. Um culpado punido é um exemplo para a canalha; um inocente condenado é a angústia de todas as pessoas honestas.

Quase posso dizer a meu respeito: "Nunca serei um ladrão ou um assassino". Mas seria ousadia afirmar: "Nunca serei condenado como tal".

Condição lamentável é aquela de um inocente que a precipitação e as artimanhas encontraram nele um crime; mas a do próprio juiz que o condenou não será pior?

53. Se me contassem que houve outrora um preboste ou um desses magistrados criados para seguir os ladrões e exterminá-los, que os conhecia todos há muito tempo pelo nome e pelo semblante; sabia quais eram seus roubos, isto é, a espécie, o número e a quantidade, penetrava bem antes em todas essas profundezas, e era tão seguro em todos esses espantosos mistérios que chegou até a devolver a um homem de crédito uma joia que lhe haviam furtado no meio da multidão ao sair de uma assembleia... eu consideraria esse fato como uma dessas coisas que a história se encarrega de esclarecer; como poderia, portanto, acreditar que se deva presumir, por fatos recentes, conhecidos e circunstanciados, que uma conivência tão perniciosa dure ainda, que tenha até mesmo se tornado um jogo e tenha se estabelecido como costume?

54. Quantos homens que são fortes contra os fracos, inflexíveis diante das solicitações do povo simples, duros com os pequenos, rígidos e severos nas minúcias, que recusam pequenas dádivas e não ouvem nem amigos nem parentes e que somente as mulheres podem corromper!

55. Não é absolutamente impossível que um homem poderoso chegue a perder um processo.

56. Os moribundos que falam em seus testamentos podem esperar ser ouvidos como oráculos; cada um os entende como mais lhe convém, os interpreta à sua maneira, quero dizer, segundo seus desejos e seus interesses.

57. É verdade que há homens dos quais podemos dizer que a morte fixa menos a última vontade do que lhe tira com a vida a irresolução e a inquietude.

58. Se não houvesse testamentos para regular o direito dos herdeiros, não sei se haveria necessidade de tribunais para dirimir as contendas dos homens; os juízes ficariam quase reduzidos à triste função de mandar enforcar os ladrões e os incendiários. Quem aparece nos tribunais, à porta ou na sala do magistrado? Os herdeiros *ab intestato*? Não, a lei regulou seus direitos. São vistos os testamenteiros que questionam sobre uma cláusula ou um artigo do testamento, as pessoas deserdadas, aquelas que se queixam de um testamento feito com vagar e reflexão por um homem sensato, hábil, conscioso e que foi auxiliado por um conselheiro. Discute-se um documento em que o advogado nada esqueceu de seu jargão e de suas argúcias costumeiras e que foi assinado pelo testador e por testemunhas públicas. Pois bem, assim mesmo é cassado e declarado nulo.

59. Titius assiste à leitura de um testamento de olhos vermelhos e úmidos e o coração apertado pela perda daquele cuja herança espera receber. Uma cláusula lhe confere o cargo, outra, certos rendimentos na cidade, uma terceira o torna dono de uma terra nos campos; há uma cláusula que, bem entendido, lhe concede uma casa como se encontra e com seus móveis no centro de Paris; sua aflição aumenta, as lágrimas correm. Como contê-las? Vê-se em boa situação, instalado no campo e na cidade, com boa mesa e bela carruagem: "Haveria no mundo homem mais honesto e melhor que o defunto?" Mas surge um codicilo, é preciso lê-lo: faz de Mévio seu herdeiro universal e recoloca Titius em sua casa simples, sem sendas, sem títulos, a pé. Seca suas lágrimas; agora é Mévio que se emociona.

60. A lei que proíbe matar um homem não abrange nessa proibição o ferro, o veneno, o fogo, a água, as escaramuças, a força aberta, todos os meios enfim que podem ser utilizados no homicídio? A lei que tira aos maridos e às esposas o poder de dar-se reciprocamente não conheceu senão as vias diretas e imediatas de dar? Falhou em prever as indiretas? Introduziu os fideicomissos ou os tolera?... Não me convém dizer aqui "A lei peca", nem "Os homens se enganam".

61. Ouço dizer de alguns ou de grupos de pessoas: "Esse e aquele grupo contestam entre si a precedência; o magistrado e o político disputam o passo". Parece-me que aquele desses dois que evita comparecer às assembleias é aquele que cede e que, percebendo seu ponto fraco, ele próprio julga em favor de seu concorrente.

62. Tifon fornece um grande número de cães e de cavalos; a quem não os fornece? Sua proteção o torna audacioso; em sua província é tudo o que gosta de ser impunemente, assassino, perjuro; queima as propriedades de seus vizinhos, não precisa fugir. Finalmente, é preciso que o próprio príncipe tome providências para conseguir puni-lo.

63. Ensopados, licores, entradas, aperitivos, todas palavras que deveriam ser bárbaras e ininteligíveis em nossa língua; se é verdade que não deveriam ser usadas em plena paz, quando não servem senão para entreter o luxo e a gula, como podem ser ouvidas em tempos de guerra e de uma desgraça pública?

64. Hermipo é escravo daquilo que chama suas pequenas comodidades; sacrifica-lhes o uso, o costume, a moda, a conveniência. Procura-as em tudo, deixa a menor pela maior, não negligencia nenhuma que seja possível, estuda-as e não passa nenhum dia sem que descubra alguma. Deixa aos outros o hábito de almoçar e jantar em horas certas; come quando sente fome e só o que lhe apetece. Vigia o criado que faz sua cama: quem saberia, mais do que ele, arrumá-la para um bom sono? Sai raramente. Prefere seu quarto, onde não fica ocioso nem atarefado demais, onde realmente não trabalha, mas onde se agita, em trajes que o deixam à vontade. Para ele, precisar de um ferreiro ou de um marceneiro é dependência servil; se é preciso limar, ele lima; serrar, ele serra; se precisa de torquês, não lhe falta. Não há utensílios que não possua, e dos melhores e mais cômodos; possui até alguns novos e desconhecidos, sem nome, de sua invenção, cujo manejo esqueceu. Ninguém pode ser comparado a ele para realizar em pouco tempo e sem esforço um trabalho inútil. Dava dez passos para ir da cama ao guarda-roupa; agora só dá uns nove, pela maneira como atravessava o quarto; quantos passos poupados ao longo de uma vida! Todos, para abrir uma porta, dão volta à chave: que fadiga! É um movimento a mais que ele sabe evitar, mas como? É um mistério que não revela a ninguém. Ele é, na verdade, um grande mestre de mecânica, pelo menos da mecânica que todos dispensam. Na casa de Hermipo a luz não vem pela janela, vem de qualquer outro lugar; descobriu o segredo de subir e descer não usando da escada e agora procura a maneira de entrar e sair comodamente que não seja pela porta.

65. Há muito tempo que falamos mal dos médicos e que deles nos servimos; o teatro e a sátira não os prejudicam com as suas zombarias; dão seus dotes às filhas, colocam seus filhos nos parlamentos e na prelatura e os próprios críticos é que fornecem o dinheiro. Aqueles que têm saúde adoecem; precisam de alguém cuja profissão lhes garanta que não vão morrer. Enquanto os homens forem mortais e gostarem de viver, o médico será criticado, mas bem pago.

66. Um bom médico é aquele que possui remédios apropriados ou, se não os tem, permite a quem os possua que trate e cure seu doente.

67. A temeridade dos charlatães e seus tristes insucessos, que são sua consequência, dão valor aos médicos e à medicina: se estes deixam morrer, aqueles matam.

68. Carro Carri aparece com uma receita que denomina remédio eficaz e que às vezes é um veneno de efeito lento; é um ... de família, mas melhorado em suas mãos; de específico que era ..... as cólicas, passa a curar a febre, a pleurisia, a hidropisia, a apoplexia, a epilepsia. Forcem a memória, citem uma doença, a primeira que vier à mente: a hemorragia? Ele a cura. Não ressuscita ninguém, é verdade, não dá vida aos homens, mas os conduz necessariamente até a decrepitude e não é por acaso que seu pai e seu avô, que detinham esse segredo, morreram muito jovens. Os médicos recebem por suas visitas o que cada um pode dar; alguns se contentam de um agradecimento; Carro Carri está tão convencido de seu remédio e do efeito que deve seguir-se, que não hesita de cobrar adiantado e de receber antes de dar. Se a doença é incurável, tanto melhor, ele é o mais competente em tratá-la e medicá-la. Comecem por entregar-lhe alguns pacotes de mil francos, passem-lhe uma procuração, deem-lhe propriedades, desde a menor, e em seguida quem há de ficar mais inquieto que ele sobre a cura serão vocês mesmos...

69. São permitidos na República os quiromantes e os adivinhos, aqueles que escrevem o horóscopo e que jogam as cartas, aqueles que conhecem o passado pelo movimento da peneira, aqueles que fazem ver num espelho ou num copo de água a clara verdade; essas pessoas têm, de fato, alguma utilidade; predizem aos homens a fortuna, às moças um bom casamento, consolam os filhos cujos pais não morrem nunca e encantam a inquietação das jovens que têm maridos velhos; enganam, enfim, por pouco dinheiro aqueles que querem ser enganados.

70. Que pensar da magia e do sortilégio? A teoria é obscura, os princípios vagos, incertos e se aproximam do visionário; mas há fatos perturbadores, afirmados por homens sérios que os observaram ou que os ouviram contar por homens de crédito; admiti-los ou negá-los todos, me parece igualmente inconveniente; atrevo-me a dizer que, neste assunto, como em todas as coisas extraordinários e que transcendem as leis comuns, há uma posição a estabelecer entre as almas crédulas e os espíritos fortes.

71. Nunca será demais ensinar às crianças o conhecimento de muitas línguas e me parece que se deveria colocar toda a aplicação para ensiná-las; são úteis a todas as condições dos homens e dão igualmente acesso a uma profunda e fácil erudição. Se esse estudo se guarda para mais tarde, para a mocidade, falta a perseverança ou o gosto ou, caso não falte, é perder tempo estudar uma disciplina que então deveria ser utilizada para obter outros conhecimentos; é limitar à ciência das palavras o esforço de uma idade que quer ir mais longe; é, pelo menos, ter perdido os primeiros e mais belos anos da vida. Uma coisa tão útil só se adquire bem quando se imprime na alma profunda e naturalmente; portanto, quando a memória é nova, rápida e fiel, quando o espírito e o coração estão vazios de paixões, de preocupações e de desejos, e que se é obrigado a trabalhar, obedecendo à autoridade daqueles de quem se depende. Convenço-me de que o pequeno número de pessoas capazes de pensar e saber ou o grande número de pessoas superficiais provêm do esquecimento desta prática.

72. O estudo dos textos nunca será bastante aconselhado; é o caminho mais curto, mais seguro e mais agradável para qualquer gênero de erudição. Usa das coisas em primeira mão; vai à origem; maneja e torna a manejar o texto; aprende-o de cor; cita-o nas ocasiões oportunas; trata, sobretudo, de penetrar-lhe o sentido em toda sua amplitude e particularidades, capta o pensamento original, ajusta seus princípios, tira as devidas conclusões. Os primeiros comentadores encontram-se na mesma situação em que te desejo ver; não lhes copies as interpretações nem os conceitos senão quando os teus forem limitados demais; as explicações que eles deixaram podem facilmente não ser bem entendidas por ti, ao passo que as observações e reflexões de teu espírito nascem e ali se aperfeiçoam. A conversa, a discussão, a consulta da opinião alheia ajudam a esclarecê-las. Busca o prazer de não te deter diante das dificuldades insuperáveis, daquelas que nem os comentadores, aliás muito dados a vã erudição nas passagens mais claras, nem os escoliastas souberam explicar. Acaba assim por convencer-te, por esse método de estudar, que a preguiça dos homens encorajou o pedantismo para aumentar mais do que para enriquecer as bibliotecas, para fazer perecer o texto sob o peso dos comentários. E que desse modo agiu seus interesses mais caros, multiplicando as leituras, as pesquisas e o trabalho, que afinal procurava evitar.

73. Quem regula os homens em sua maneira de viver e de usar os alimentos? A saúde ou o regime? É duvidoso. Uma nação inteira come carnes depois das frutas, outra faz precisamente o contrário; alguns começam suas refeições com frutas e terminam com outras. É assim? É costume? É por determinado cuidado de sua saúde que os homens se vestem até o queixo, usam golas pregueadas e coletes, eles, que por tanto tempo traziam o peito nu? É por conveniência, sobretudo numa época em que haviam encontrado o segredo de parecer nus embora totalmente vestidos? Por outro lado, as mulheres que mostram sua garganta e seus ombros são de compleição menos delicada que os homens ou menos sujeitas às conveniências? Qual é o pudor que leva a essas a cobrir suas pernas e quase também seus pés e que lhes permite andar de braços nus acima do cotovelo? Quem pôs na cabeça dos homens que se estava na guerra para se defender ou para atacar e que lhes havia insinuado o uso de armas ofensivas e defensivas? Quem os obriga hoje a renunciar a essas e, enquanto calçam as botas para ir ao baile, ficar sem armas e vestir uma jaqueta de trabalhadores expostos ao fogo de bandidos? Nossos antepassados, que não julgavam semelhante conduta útil ao príncipe e à pátria, eram sábios ou insensatos? E nós, que heróis celebramos em nossa história?

Do púlpito

1. O discurso cristão tornou-se um espetáculo. Essa tristeza evangélica que está na alma não se nota mais; é suprida pela força do semblante, pelas inflexões da voz, pela regularidade do gesto, pela escolha das palavras e pelas longas enumerações. Não se ouve mais a palavra sagrada com seriedade; é uma espécie de divertimento entre mil outros; é um jogo em que há emulação e apostadores.

2. A eloquência profana foi transportada, por assim dizer, da banca dos advogados, onde Le Maître, Pucelle e Fourcroy a fizeram reinar e onde não é mais usada, para o púlpito, onde não deveria estar.

... Um aprendiz é dócil, ouve seu mestre, tira proveito de suas lições e se torna mestre. O homem indócil critica o discurso do pregador, como o livro do filósofo, e não se torna nem cristão nem racional.

3. Até que retorne um homem que, com um estilo repleto das sagradas Escrituras, explique ao povo a palavra divina de modo familiar, os oradores e os declamadores serão seguidos.

4. As citações profanas, as frias alusões, o mau patético, as antíteses, as figuras exageradas terminaram; os perfis acabarão e darão lugar a uma simples explicação do evangelho, unida aos movimentos que inspiram a conversão.

5. Esse homem que eu desejava impacientemente e que não sonhava em esperar em nosso século, finalmente chegou. Os cortesãos, pelo gosto e pelo conhecimento das conveniências, o aplaudiram;

eles, coisa incrível!, abandonaram a capela do rei para ouvir com o povo a palavra de Deus pregada por esse homem apostólico. A cidade não teve a mesma opinião da corte; onde ele pregava, os paroquianos desertaram, até os guaras da igreja desapareceram; os pastores ficaram firmes, mas as ovelhas se dispersaram e os oradores próximos viram aumentar o número de seus ouvintes. Eu devia prevê-lo e não dizer que tal homem só tinha que se mostrar para ser seguido, só falar para ser ouvido; eu não sabia qual é nos homens e em todas as coisas a força indomável do hábito?... O comum dos homens gosta de frases e de períodos, admira o que não entende, julga-se instruído, contente em decidir entre um primeiro e um segundo ponto ou entre o último sermão e o penúltimo.

6. Há menos de um século, um livro francês era composto de um número de páginas em latim, entre as quais se descobriam algumas linhas ou algumas palavras em francês. As passagens, as citações primavam pelo latim: Ovídio e Catulo acabavam por decidir os casamentos e os testamentos; as pandectas vinham em auxílio das viúvas e dos pupilos. O sagrado e o profano não se deixavam; estavam juntos até no púlpito: São Cirilo, Horácio, São Cipriano, Lucrécio, falavam alternadamente... Falava-se latim durante muito tempo diante das mulheres e dos paroquianos; falava-se até grego. Era preciso saber prodigiosamente para pregar tão mal. Outros tempos, outros costumes; o texto está ainda em latim, mas todo o discurso é em francês e de um bom francês; o evangelho, porém, não é citado. Hoje é preciso saber muito pouco para pregar bem.

7. Finalmente, a escolástica foi abolida de todos os púlpitos das grandes cidades e foi relegada às pequenas cidades e aos vilarejos para a instrução e para a salvação do agricultor e do vinhateiro.

8. É demonstrar espírito agradar ao povo num sermão por um estilo floreado, uma moral alegre, figuras repetidas, trechos brilhantes e descrições vivas; mas não é o bastante. Um espírito mais arguto negligencia esses estranhos ornamentos, indignos de servir ao evangelho: prega de modo simples, forte, cristão.

9. O orador pinta com tão belas imagens certas desordens, inclui circunstâncias tão delicadas, coloca tanto espírito, jeito e requinte naquele que peca que, se eu não concordar com suas descrições, necessito pelo menos que algum apóstolo, com um estilo mais cristão, me leve a detestar vícios que me são descritos de maneira tão agradável.

10. Um belo sermão é uma peça de oratória com todas as suas regras, purgada de todos os seus defeitos, conforme aos preceitos da eloquência humana e com todos os ornamentos da retórica. Aqueles que entendem muito bem não perdem o menor detalhe nem um só pensamento; seguem sem dificuldade o orador em todas as enumerações por onde passeia, como em todas as exaltações que profere; é um verdadeiro enigma só para o povo.

11. Que discurso sólido e admirável que acabamos de ouvir! Os pontos mais essenciais da religião, como os motivos mais prementes de conversão foram tratados; que grande efeito não deve ter feito no espírito e na alma de todos os ouvintes! Estão rendidos, emocionados e tocados, a ponto de decidir em seu coração, de acordo com este sermão de Teodoro, que é ainda mais belo que o último que ele pregou.

12. A moral amena e relapsa cai com aquele que a prega; ela não tem nada que desperte e que aguce a curiosidade de um homem deste mundo, que receia menos que se pense numa doutrina severa e que até mesmo gosta daquele que cumpre seu dever ao anunciá-la. Parece, portanto, que há na Igreja duas situações em que devem compartilhá-la: aquela de dizer a verdade em toda a sua amplitude, sem receio, sem disfarce; e aquela de ouvi-la com avidez, com gosto, com admiração, com elogios, e não fazer, contudo, nada, nem de pior nem de melhor.

13. Pode-se fazer esta recriminação à virtude heroica dos grandes homens, ou seja, que corrompeu a eloquência ou, pelo menos, amoleceu o estilo da maioria dos pregadores. Em lugar de unir-se somente com os povos para louvar a Deus pelos tão raros presentes que dele vieram, se associaram com os escritores e os poetas; tornaram-se panegiristas, privilegiaram a dedicatórias, as instâncias, os prólogos; transformaram a palavra sagrada num tecido de louvores, justos na verdade, mas mal dispostos, interesseiros, que ninguém exige deles e que não convêm a seu caráter...

14. Teódulo não teve tanto sucesso quanto alguns de seus ouvintes receavam; estão contentes com ele e com seu discurso; agradou-

-os realmente porque encantou seu espírito e seus ouvidos, o que é a mesma coisa que bajular sua inveja.

15. A profissão da palavra se assemelha numa coisa àquela da guerra: há mais risco que em outro lugar, mas a fortuna é mais rápida.

16. Se tiveres alguma qualidade e.não tiveres outro talento senão o de proferir discursos frios, prega, profere discursos frios; não há nada pior para a própria fortuna que ser inteiramente ignorado. Teodato era pago por suas frases ruins e por sua aborrecedora monotonia.

17. Houve grandes bispados que se tornaram famosos pelo púlpito e que agora não rendem a seu bispo um mísero tostão.

18. O nome desse panegirista parece gemer sob o peso dos títulos de que é portador; seu grande número enche cartazes que são distribuídos pelas casas, que são lidos nas ruas e que não podem mais ser ignorados em praça pública. A bela figura que formamos com essa propaganda leva-nos a ouvi-lo; após algumas frases dele, descobrimos que na lista de suas qualidades falta aquela de mau pregador.

19. A ociosidade das mulheres e o hábito que os homens têm de procurá-las onde quer que se reúnam fornece assunto a oradores frios e sustentam por algum tempo aqueles que entraram em declínio.

20. Bastaria ter sido grande e poderoso no mundo para ser elogiado ou não e, diante do Santo Altar e no púlpito da verdade, ser louvado e celebrado em seus funerais? Não há porventura outra grandeza que não venha da autoridade e da nascença? Por que não se faz publicamente o panegírico de um homem que se destacou durante sua vida pela bondade, pela equidade, pela doçura, pela fidelidade, pela piedade? A chamada oração fúnebre só é bem recebida hoje pela maioria dos ouvintes à medida que mais se afasta do discurso cristão ou, se se preferir, à medida que mais se aproxima de um elogio profano.

21. O orador procura por seus discursos ser nomeado bispo; o apóstolo procura fazer conversões e merece receber a nomeação que o outro procura.

22. Vemos clérigos vindos de algumas províncias onde não estiveram por muito tempo, sem terem feito conversões, pois haviam sido feitas por outros, além de algumas que não conseguiram realizar, e já se comparam a São Vicente, a São Francisco Xavier, considerando-se homens apostólicos; segundo pensam eles, tão grandes obras e missões de tanto sucesso mereceriam a nomeação para abade.

23. Fulano de tal, de repente, sem ter pensado a respeito na véspera, apanha papel, uma caneta e diz: "Vou escrever um livro", sem outro talento para escrever que a necessidade que tem cinquenta escudos para mandar imprimir... Quer escrever e mandar imprimir; como não se envia papel em branco para uma tipografia, rabisca o que lhe agrada; escreve que o rio Sena atravessa Paris, que há sete dias na semana, que o tempo é de chuva; como esse texto não é contra a religião nem contra o Estado e que não causará nenhuma desordem no público, além daquela de lhe estragar o gosto e de acostumá-lo a coisas tolas e insípidas, passa no exame, o livro é impresso e, para vergonha do século e humilhação dos bons autores, reimpresso. De igual modo, um homem diz para si mesmo: "Vou pregar". E prega. Sobe no púlpito, sem outro talento ou vocação que a necessidade de dinheiro.

24. Um clérigo mundano ou irreligioso, se subir ao púlpito, é declamador. Há, pelo contrário, homens santos e só seu caráter é eficaz para a persuasão; aparecem e todo o povo que vai ouvi-lo já está emocionado e persuadido por sua presença; o discurso que pronunciarem fará o resto.

25. Meaux e Bourdaloue me relembram Demóstenes e Cícero. Ambos, mestres na eloquência do púlpito, tiveram o destino dos grandes modelos: um fez maus censores, e o outro, maus copistas.

26. A eloquência do púlpito, no que se refere ao humano e ao talento do orador, é oculta, conhecida de poucos e de difícil execução. Que arte se necessita nesse gênero para agradar e persuadir! É preciso seguir caminhos batidos, dizer o que já foi dito e aquilo que já se prevê que vai dizer. As matérias são amplas, mas desgastadas e triviais; os princípios são seguros, mas dos quais os ouvintes penetram as conclusões de antemão. Há temas sublimes, mas quem pode tratar o sublime? Há mistérios a explicar e que se explicam melhor com uma aula na escola do que com um discurso de oratória. A própria moral do púlpito, que compreende uma matéria tão vasta e tão diversificada como o são os costumes dos homens, rola sobre os mesmos eixos, retraça as mesmas imagens e se prescreve limites bem mais estritos que a sátira; depois da invectiva usual contra as honras, as riquezas e o prazer, não resta ao orador senão concluir seu discurso e dispensar a assembleia...

A função do advogado é penosa, laboriosa, e supõe, naquele que a exerce, uma base sólida e grandes recursos. Não é somente encarregado, como o pregador, de certo número de orações compostas com vagar, recitadas de cor, com autoridade, sem contraditores... O advogado pronuncia graves discursos de defesa diante dos juízes, que podem lhe impor silêncio, e conta com adversários que o interrompem; deve estar pronto para a réplica; fala num mesmo dia em diversos tribunais e de diferentes assuntos...

Distinguindo desse modo a eloquência da banca advocatícia na função de advogado e a eloquência do púlpito no ministério do pregador, parece que é mais fácil pregar do que defender uma causa, e é mais difícil pregar bem do que defender bem uma causa.

27. Que vantagem não tem um discurso pronunciado sobre uma obra escrita! Os homens são as vítimas da ação e da palavra. Por menor que seja a estima que nutrem por aquele que fala, o admiram e procuram em seguida compreendê-lo; antes de começar, já dizem que vai falar bem; logo cochilam e o discurso termina. Despertam para dizer que falou muito bem...

28. Se acontece que os maus te odeiam e te perseguem, os homens de bem te aconselham a humilhar-te perante Deus para te proteger contra a vaidade que poderia te levar a desprezar homens com esse caráter; de igual modo, se certos homens, acostumados a criticar o medíocre, desaprovam uma obra que escreveste ou um discurso que acabaste de pronunciar em público, na banca dos advogados ou no púlpito ou em outro local, humilha-te; é difícil evitar uma tentação de orgulho tão delicada e tão próxima.

29. Parece-me que um pregador deveria escolher em cada discurso uma verdade única mas capital, terrível ou instrutiva, tratá-la a fundo e por completo; abandonar todas essas divisões tão rebuscadas, tão repetitivas, tão remanejadas e tão diferenciadas; não supor o que é falso, quero dizer, que os grandes ou os convencidos deste mundo sabem sua religião e seus deveres; não recear catequizar essas belas cabeças e esses espíritos tão refinados; entregar-se, depois de certa preparação, a seu gênio e ao movimento que um grande tema pode inspirar; poderia, finalmente, poupar esses prodigiosos esforços de memória que mais parecem uma aposta que um assunto sério, que corrompem o gesto e desfiguram o rosto; fazer penetrar, pelo contrário e por um belo entusiasmo, a persuasão nos espíritos e o alarme no coração, tocando seus ouvintes com um temor totalmente diferente daquele de esquecer o que foi dito.

30. Que aquele que ainda não chegou à perfeição para se entregar totalmente ao ministério da palavra sagrada não perca a coragem em razão das severas normas que lhe são prescritas, como se lhe tirassem os meios de mostrar sua inteligência e de conquistar as dignidades a que aspira. Qual melhor talento do que pregar de modo apostólico? Que outro mérito mais digno para conquistar um bispado? Fénelon era indigno desse cargo? O príncipe poderia ter-se furtado de indicá-lo e preferir outro?

Dos espíritos fortes

1. Os espíritos fortes sabem que são assim chamados por ironia? Que fraqueza maior haverá de estar incerto de suas origens, de sua vida, de seus sentidos, de seus conhecimentos e de qual será o fim? Que maior desânimo do que duvidar se nossa alma é ou não matéria como a pedra e os répteis e corruptível como essas vis criaturas? Não haverá mais força e grandeza em receber em nosso espírito a ideia de um ser superior a todos os seres, que a todos criou e de quem todos dependem; de um ser soberanamente perfeito, puro, que não tem princípio nem fim, cuja imagem é nossa alma e, atrevo-me a dizer, uma parte sua, uma parcela dele, como espírito e como imortal?

2. O dócil e o fraco são igualmente suscetíveis de receber impressões. Um recebe as boas, o outro as más, isto é, o primeiro é convicto e fiel, o segundo é teimoso e corrupto. Assim, o espírito dócil admite a verdadeira religião; o espírito fraco não admite nenhuma, ou admite a falsa. O espírito forte não tem religião ou inventa uma; portanto, o espírito forte é um espírito fraco.

3. Chamo mundanos, terrestres ou grosseiros aqueles cujo espírito e coração estão apegados a uma pequena porção do mundo que habitam, que é a terra; que nada estimam, que nada amam do além: homens de tão estreitos limites como aquilo que julgam seus domínios e possessões, cujo tamanho pode ser medido e cujas fronteiras podem ser mostradas. Não me surpreende que homens que se apoiam assim num átomo cambaleiem em seus mínimos esforços para sondar a verdade e que sua visão tão curta não lhes deixe atingir a Deus, através do céu e dos astros. Não percebendo a excelência do que é espírito nem a dignidade da alma, sentem menos ainda como esta é difícil de satisfazer, como a terra inteira é inferior a ela, como lhe é necessária a existência de um ser soberanamente perfeito, que é Deus, e quanto é indispensável uma religião que o revele e o garanta. Compreendo facilmente, pelo contrário, que é natural a esses espíritos caírem na incredulidade ou na indiferença e fazer com que Deus e a religião sirvam a política, isto é, a ordem e o ornamento deste mundo, única coisa, segundo eles, que merece atenção.

4. Alguns acabam por se corromper por longas viagens e perdem o pouco de religião que lhes restava. De um dia para outro veem um novo culto, costumes diferentes, cerimônias curiosas; assemelham-se àqueles que entram nas lojas, indefinidos sobre a escolha dos tecidos que querem comprar; o grande número daqueles que lhes são mostrados os torna indiferentes; cada um dos tecidos tem seu encanto e sua aparência; não se fixam em nenhum e saem sem comprar nada.

5. Há homens que esperam, para ser devotos e religiosos, que todos se declarem ímpios e libertinos: já que este se tornou o partido da plebe, dele se desvencilham. A singularidade é o que lhes agrada em assunto tão sério e tão profundo; só seguem a moda e o uso comum nas coisas sem importância. Quem sabe até se não puseram uma intrepidez e audácia para arriscar assim todo o seu futuro? Aliás, pensam que, em certas situações, com certa amplitude de espírito e de critério, não se deve crer como os sábios e o povo.

6. Duvida-se de Deus quando se está em plena saúde e quase se duvida que seja pecado ter amores com uma mulher libertina. Quando se adoece e que a hidropisia aumenta, abandona-se a concubina e passa-se a acreditar em Deus.

7. Quem pretende se declarar espírito forte, deve examinar-se e estudar-se bem antes de fazê-lo, de modo a morrer segundo os princípios em que viveu; não havendo força para ir tão longe, o melhor é viver como se quer morrer.

8. Um moribundo fazer graça é coisa fora de lugar; se acaso se referir a certos fatos, é funesta. Extrema miséria é fazer rir à nossa custa aqueles de quem nos despedimos.

Qualquer que seja nossa ideia sobre a morte ou sobre aquilo que a ela se segue, morrer é coisa séria; nesse momento, não fica bem gracejar, mas mostrar-se calmo.

9. Houve sempre pessoas de belo espírito e agradável literatura, escravos dos poderosos, de quem seguiram a libertinagem e carregaram o jugo por toda a vida, contra seu modo de pensar e contra sua consciência. Esses homens não viveram senão para os outros e parece que os consideram sua razão de existir. Têm vergonha de salvar-se, de parecer como realmente eram em seu coração e se perderam por deferência ou fraqueza. Haverá, então, na terra alguém grande o suficiente e poderoso o suficiente para merecer de nós que acreditemos e vivamos segundo suas determinações, seus gostos e seus caprichos, levando tão longe nossa complacência a ponto de morrer como eles gostariam e não da maneira mais segura para nós?

10. Daqueles que não aceitam e não cumprem a norma geral, exigiria que soubessem mais que os outros, que tivessem razões claras e argumentos capazes de convencer.

11. Gostaria de ver um homem sóbrio, moderado, casto, equitativo dizer que Deus não existe; falaria certamente sem convicção; mas esse homem não existe.

12. Teria imensa curiosidade em ver alguém que está persuadido que Deus não existe; ele haveria de me dizer pelo menos a razão invencível que conseguiu convencê-lo.

13. A impossibilidade em que me encontro em provar que Deus não existe me revela sua existência.

14. Deus condena e pune aqueles que o ofendem, único juiz em causa própria; o que repugna é que ele próprio não seja a justiça e a verdade, isto é, que seja Deus.

15. Sinto que Deus existe e não sinto que não exista; isto me basta e qualquer outro raciocínio é inútil; concluo que Deus existe. Esta conclusão está em minha natureza, que me transmitiu esses princípios facilmente desde a infância e que os conservei desde então muito naturalmente na idade mais avançada, para suspeitar agora que sejam falsos. Há espíritos, no entanto, que se desfazem desses princípios. É muito estranho que haja desses espíritos; se encontrados, isso prova somente que há monstros.

16. O ateísmo não existe. Os poderosos, os mais suspeitos de ateísmo, são preguiçosos demais para decidir em seu espírito se há ou não Deus; sua indolência chega a torná-los frios e indiferentes sobre esse tema tão capital, assim como sobre a natureza da alma e sobre as consequências de uma verdadeira religião; não negam nem afirmam essas coisas; não pensam nelas.

17. Nada medimos em nossa saúde, em nossas forças e em nosso espírito para pensar nos homens ou no menor de nossos interesses; parece-me, ao contrário, que a conveniência e a moral exigem de nós que só pensemos em Deus numa situação em que não reste mais razão senão para não dizer que ele não existe.

18. Um grande julga que sua vida está terminando e morre; outro grande perece de modo insensível e perde cada dia alguma coisa de si antes de se extinguir; formidáveis lições, mas inúteis! Circunstâncias tão marcantes e tão sensivelmente opostas não são levadas em conta e não tocam a ninguém; os homens não dão mais atenção a isso que a uma flor que fenece ou a uma folha que cai; eles anseiam pelos postos que ficam vacantes ou se informam se foram ocupados e por quem.

19. Serão os homens tão bons, tão justos, tão fiéis, para merecer nossa confiança e não permitir sequer que um Deus exista, a quem seja possível apelar das sentenças humanas e recorrer quando somos perseguidos ou traídos?

20. Se é o grande e o sublime da religião que deslumbra ou que confunde os espíritos fortes, não são mais espíritos fortes, mas gênios fracos e espíritos pequenos; se, ao contrário, é o que há de humilde e de simples que os afasta, são na verdade espíritos fortes e mais fortes que muitos grandes homens tão esclarecidos, tão elevados e, contudo, tão fiéis, como os Leão, os Basílio, os Jerônimo, os Agostinho.

21. "Um padre da Igreja, um doutor da Igreja, que nomes! Que tristeza em seus escritos! Que secura, que devoção fria e talvez que escolástica!" É o que dizem aqueles que nunca os leram...

22. O homem nasceu mentiroso; a verdade é simples e ingênua, e ele quer o ilusório e o adorno. A verdade não pertence a ele, vem do céu pronta, por assim dizer, e em toda a sua perfeição. O homem só gosta da própria obra, a ficção e a fábula...

23. Toda música não é própria para louvar a Deus e ser ouvida no santuário; toda filosofia não fala dignamente de Deus, de seu poder, dos princípios de suas obras e de seus mistérios; quanto mais essa filosofia é sutil e ideal, mais é vazia e inútil explicar coisas que não requerem dos homens senão um sentido direto para serem conhecidas até certo ponto e que, além dele, são inexplicáveis. Querer pedir explicações a Deus, de suas perfeições e, ouso dizer, de suas ações, é ir mais longe que os antigos filósofos, que os apóstolos, que os primeiros doutores, mas não é agir de modo justo; é cavar por muito tempo e profundamente, sem encontrar as fontes da verdade...

24. Até quando os homens vão se portar sem interesse perante a religião, a respeito da qual não demonstram qualquer persuasão, e vão praticar o mal!

25. Essa mesma religião que os homens defendem com calor e zelo contra aqueles que possuem outra contrária, eles próprios a alteram em seu espírito por sentimentos particulares; acrescentam e cortam mil coisas muitas vezes essenciais, como melhor lhes convém e ficam firmes e inabaláveis nessa forma que lhes foi transmitida. Assim, para falar popularmente, pode-se dizer de uma única nação que vive sob um mesmo culto e uma só religião, mas, para falar exatamente, é verdade que há muitas nações onde quase cada um tem a sua.

26. Duas espécies de homens florescem nas cortes e nelas dominam em diferentes fases, os libertinos e os hipócritas; aqueles, de modo alegre, aberto, sem arte e sem dissimulação; estes, de modo requintado, por artifícios, por trapaças...

27. Há duas espécies de libertinos: os libertinos ou aqueles que acreditam sê-lo e os hipócritas ou falsos devotos, isto é, aqueles que não querem ser tachados de libertinos; os últimos, nesse gênero, são os melhores.

O falso devoto não acredita em Deus ou zomba dele; falemos dele sem rodeios: não acredita em Deus.

28. Se toda religião é um temor respeitoso a Deus, que pensar daqueles que ousam feri-la em sua imagem mais viva, o príncipe?

29. Se nos fosse assegurado que o motivo secreto da embaixada do Sião (atual Sri Lanka – N. do T.) fosse incitar o cristianíssimo rei a renunciar ao cristianismo, a permitir a entrada de siameses em seu reino, deixando-os penetrar em nossas casas para infundir sua religião a nossas mulheres, a nossos filhos e a nós mesmos com seus livros e suas pregações, deixando-os erigir pagodes nas cidades, nos quais pudessem colocar imagens de metal para serem adoradas, com que risadas e com que estranho desprezo não enfrentaríamos coisas tão extravagantes? Fazemos isso, contudo, a 6 mil milhas de distância além-mar para a conversão da Índia, do reino de Sião, da China e do Japão, ou seja, tentando apresentar com seriedade a todos esses povos propostas que lhes devem parecer muito loucas e ridículas. Suportam, contudo, nossos religiosos e nossos padres; eles os ouvem às vezes, deixam construir igrejas e organizar suas missões. Quem faz isso neles e em nós? Não seria a força da verdade?

30. Não convém a toda espécie de pessoa levantar o estandarte de benfeitor e ter todos os pobres de uma cidade reunidos à sua porta, onde recebem suas porções. Quem não sabe, ao contrário, que misérias mais secretas pode enfrentar para aliviar o sofrimento, de modo imediato e por seu auxílio ou pelo menos por sua mediação!...

31. Há dois mundos: um, onde se reside por pouco tempo e do qual se sairá para nunca mais voltar; outro, onde se entrará em breve e de onde não se sairá mais. Os favores, a autoridade, os amigos, a fama e a fortuna são vitais para o primeiro; o desprezo de todas essas coisas serve para o segundo. Trata-se de escolher.

32. Quem viveu um só dia viveu um século: mesmo sol, mesma terra, mesmo mundo, mesmas sensações; nada se parece melhor a hoje do que amanhã. Haveria alguma curiosidade em morrer, isto é, a não ser mais um corpo, mas a ser somente espírito; o homem, no entanto, impaciente pela novidade, não é muito curioso sobre esse ponto; nascido inquieto e que se aborrece de tudo, não se aborrece em viver; gostaria de viver para sempre. O que vê na morte o impressiona mais violentamente que aquilo que sabe; a doença, a dor, o cadáver, o desolam por saber que existe outro mundo. Só toda a força da religião ajuda a superar isso.

33. Se Deus tivesse dado a escolha de morrer ou de viver para sempre, depois de ter meditado profundamente sobre o que é não ver nenhum fim para a pobreza, a dependência, o desânimo, a doença ou não experimentar riquezas, grandeza, prazeres e saúde senão para vê-los mudar inviolavelmente pela revolução dos tempos em seus opostos e assim serem joguetes do bem e do mal, dificilmente saberíamos o que fazer para decidir. A natureza nos fixa e nos tira o embaraço de escolher, e a morte que ela necessariamente nos dá pode ainda ser amenizada pela religião.

34. Se minha religião fosse falsa, confesso, seria a melhor armadilha do que se pode imaginar. Seria inevitável tentar todas as formas de desviar-se para não cair nela...

35. A religião é verdadeira ou falsa, se não for senão uma vã ficção, aí estão, se assim se quiser, sessenta anos perdidos para o homem de bem, para o monge ou para o solteiro; não correm outro risco. Mas se for fundada na verdade, então é uma terrível desgraça para o homem cheio de vícios; só a ideia dos males que se prepara me perturba a imaginação; o pensamento é muito fraco para imaginá-los e as palavras muito vazias para expressá-los. Certamente, supondo até mesmo no mundo menos certeza que existe de fato sobre a verdade da religião, não há para o homem uma coisa melhor que a virtude.

36. Não sei se aqueles que ousam negar a Deus merecem que se faça um esforço para provar a existência dele e que sejam tratados mais seriamente do que o fiz neste capítulo; a ignorância, que é sua característica, os torna incapazes dos princípios mais claros e dos raciocínios mais seguidos. Permito-me, contudo, pedir-lhes que leiam o que vou escrever, contanto que não se convençam que é tudo o que se poderia dizer sobre uma verdade tão transparente...

Penso que Deus existe, pois o que penso em mim, não o devo a mim mesmo, porque não dependeu de mim de me dá-lo uma primeira vez, mas depende de mim conservá-lo até por único instante. Não o devo a um ser que esteja acima de mim e que seja matéria, porquanto é impossível que a matéria esteja acima do que penso; devo-o, portanto, a um ser que está acima de mim e que não é matéria; esse, é Deus.

37. Pelo fato de uma natureza universal que pensa excluir de si geralmente tudo o que é matéria, segue-se necessariamente um ser particular que pensa não poder também admitir em si a menor matéria, pois, embora um ser universal que pensa encerre em sua ideia infinitamente mais grandeza, poder, independência e capacidade que um ser particular que pensa, não encerra, contudo, maior exclusão da matéria, porquanto essa exclusão em um e em outro desses dois seres é tão grande que pode ser tanto como infinita quanto que é impossível que aquilo que pensa em mim seja matéria, que é inconcebível que Deus seja matéria; assim, como Deus é espírito, minha alma também é espírito.

38. Não sei se o cão escolhe, se se recorda, se se afeiçoa, se teme, se imagina, se pensa; quando, portanto, me dizem que todas essas coisas não são nele paixões, nem sentimento, mas o efeito natural e necessário da disposição de sua máquina preparada pelo diverso arranjo das partes da matéria, posso pelo menos concordar com essa doutrina. Mas eu penso e estou certo de que penso; ora, que proporção há de tal ou qual arranjo das partes da matéria, isto é, de uma amplidão segundo todas as suas dimensões, que é comprida, larga, profunda e que é divisível em todos esses sentidos, com o que pensa?

39. Se tudo é matéria e se o pensamento em mim, como em todos os outros homens, não passa de um efeito do arranjo das partes da matéria, quem pôs no mundo qualquer outra ideia além daquela das coisas materiais? A matéria tem em sua base uma ideia tão pura, tão simples, tão imaterial como a do espírito? Como pode ser o princípio daquilo que a nega e a exclui de seu ser? Como subsiste no homem o que pensa, isto é, o que é para o próprio homem uma convicção de que não é matéria?

40. Há seres que duram pouco porque são compostos de coisas muito diferentes que se prejudicam reciprocamente. Há seres que duram mais porque são mais simples, mas perecem porque não deixam de ter partes segundo as quais podem ser divididos. O que pensa em mim deve durar muito porque é um ser puro, isento de toda mistura e de toda composição; não há razão para que deva perecer, pois quem pode corromper ou separar um ser simples e que não tem partes?

41. A alma vê a cor por meio dos olhos e ouve os sons por meio do ouvido, mas pode cessar de ver ou de ouvir quando esses sentidos ou esses instrumentos lhe faltarem, sem que por isso ela cesse de ser, porque a alma não é precisamente o que vê a cor ou o que ouve os sons; ela não é senão o que pensa. Ora, como poderia cessar de ser tal? Não é pela falta de órgão, porquanto está provado que ela não é matéria; nem por falta de instrumento, enquanto houver um Deus e verdades eternas; ela é, portanto, incorruptível.

42. Não consigo conceber que uma alma que Deus quis preencher da ideia de seu ser infinito e soberanamente perfeito deva ser aniquilada.

43. ... Se supusermos que esses grandes corpos (os astros) não têm movimento, não nos perguntaríamos mais, na verdade, quem os pôs em movimento, mas estaríamos propensos a perguntar o que fez esses corpos. Quando cada um desses grandes corpos fosse suposto como um amontoado fortuito de átomos que se ligaram e encadearam juntos pela conformação de suas partes, eu tomaria um desses átomos e diria: Quem criou este átomo? É matéria? É inteligência? Teve alguma ideia de si próprio, antes de fazer-se a si mesmo? Existia, portanto, um momento antes de ser; existia e não existia ao mesmo tempo; se ele é autor de seu ser e de sua maneira de ser, por que se fez corpo antes que espírito? Mais ainda, esse átomo não teve começo? É eterno? É infinito? Vocês fariam um deus desse átomo?

44. ... Uma mancha de bolor do tamanho de um grão de areia aparece no microscópio como um amontoado de várias plantas bem distintas, umas com flores, outras com frutos; outras ainda com botões semiabertos e outras fenecendo; de que estranha pequenez devem ser suas raízes e os filtros que separam os alimentos dessas pequeníssimas plantas! Se considerarmos que essas plantas têm suas sementes, como os carvalhos e os pinheiros, e que os pequenos animais se multiplicam por geração, como os elefantes e as baleias, para onde isso nos leva? Quem soube trabalhar obras tão delicadas, tão diminutas, que escapam à vista dos homens e que refletem o infinito como os céus, embora no outro extremo? Não seria aquele que fez os céus, os astros, essas massas enormes, espantosas por seu tamanho, por sua elevação, pela rapidez e pela extensão de seu curso e que se entretém em fazê-los mover-se?

45. É um fato que o homem usufrui do sol, dos astros, dos céus e de suas influências, como usufrui do ar que respira e da terra sobre a qual caminha e que o sustenta; se fosse necessário acrescentar à certeza de um fato a conveniência ou a verossimilhança, ela está presente integralmente, porquanto os céus e tudo o que eles contêm não podem ser comparados, pela nobreza e dignidade, com o menor dos homens na terra e que a proporção existente entre eles e ele é a da matéria incapaz de sentimento, que é somente uma extensão em três dimensões, e ao que é espírito, razão ou inteligência...

46. Tudo é grande e admirável na natureza; nada se vê que não tenha a marca de seu autor; o que pode ser visto às vezes de irregular e imperfeito supõe regra de perfeição... A ordem, a decoração, os efeitos da natureza são conhecidos; as causas, os princípios não o são. Perguntem a uma mulher como seus belos olhos só têm que se abrir para ver, perguntem o mesmo a um homem douto.

47. ... Do que penso não deduzo mais claramente que sou espírito do que concluo daquilo que faço ou não faço, a meu bel-prazer, pois sou livre; ora, liberdade é escolha, uma determinação voluntária para o bem ou para o mal, e assim uma ação boa ou má, aquilo que se chama virtude ou crime. Que o crime seja absolutamente impune, é verdade, é injustiça; que esteja na terra, é um mistério...

48. Supondo que todos os homens que povoam a terra, sem exceção, são ricos e que nada lhes falta, deduzo que nenhum que está na terra é rico e que tudo lhe falta. Só há duas espécies de riqueza, o dinheiro e as propriedades. Se todos são ricos, quem cultivará as terras e trabalhará nas minas? Supondo, pelo contrário, que todos os homens são pobres, em vão o sol se levanta para eles no horizonte, em vão aquece a terra e a torna fecunda, em vão o céu derrama sobre ela suas influências, os rios em vão regam e espalham a fertilidade e a abundância; inutilmente também o mar deixa sondar seus abismos profundos, os rochedos e as montanhas se abrem para deixar tirar todos os tesouros que encerram. Mas se for aceito que todos os homens espalhados pelo mundo são ricos uns e pobres e indigentes outros, aceita-se que a necessidade aproxima uns dos outros, os une, os reconcilia; estes servem, obedecem, inventam, trabalham, cultivam, aperfeiçoam; aqueles usufruem, alimentam, socorrem, protegem, governam; toda ordem é estabelecida e descobre-se Deus.

49. Ponham a autoridade, os prazeres e a ociosidade de um lado; do outro, a dependência, as preocupações e a miséria. Ou estas coisas estão fora de seu lugar, deslocadas pela maldade dos homens, ou Deus não é Deus.

Certa desigualdade nas condições, que mantém a ordem e a subordinação, é obra de Deus ou supõe uma lei divina. Uma desproporção excessiva, como se nota entre os homens, é obra deles ou a lei dos mais fortes.

Os extremos são viciosos e partem do homem; toda compensação é justa e vem de Deus.

50. Se estes *Personagens* não foram apreciados, fico surpreso; se o foram, fico surpreso igualmente.

Impressão e Acabamento
Gráfica Oceano